广视角 · 全方位 · 多品种

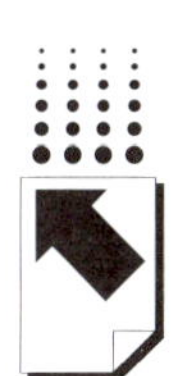

BLUE BOOK

权威 · 前沿 · 原创

北京市社会科学院／编　　谭维克／总编　戚本超／副总编

北京文化发展报告（2009~2010）

ANNUAL REPORT ON CULTURAL DEVELOPMENT OF BEIJING (2009-2010)

主编／张　泉

社会科学文献出版社
SOCIAL SCIENCES ACADEMIC PRESS (CHINA)

法律声明

中文摘要

2009年适逢中华人民共和国成立60周年，五四运动90周年。

面对国际金融危机的挑战，北京全面推进“人文北京、科技北京、绿色北京”建设，努力提升城市文化实力和影响力，使首都的思想文化、事业文化[①]和产业文化在调整中持续繁荣发展。本书通过系统的个案分析，分三个部分描述北京文化发展概况，并提出进一步发展的对策建议。

第一部分“文化建设新思路及重大活动”，阐述“人文北京”建设对首都和中国未来发展的深远意义，人文奥运遗产与人文北京建设的关系，以及国际比较视野中的“人文北京”。还专题探讨了举世瞩目的北京国庆庆典，以及丰富多彩的五四运动纪念研讨活动，两项重大活动的思想内核，都与实现中华民族伟大复兴这一时代命题紧密相连。

第二部分“文化创意产业及产业政策”，及时追踪产业发展的新动态，呼吁加强新业态的产业政策建设，如新媒体产业政策、动漫产业政策等，以及尝试构建扩展北京创意文化产业的地域模型。分门别类的产业报告涉及北京文艺演出业、出版业、电影业、动画业、游戏业和旅游休闲业。报告显示，大力发展文化创意产业是有效应对国际金融危机的举措之一。

第三部分“公共文化服务与文化批评”，调查和分析了北京市公共文化服务的基础建设，首都教育的现代化和公平化，文物古迹保护与“人文北京”城市风貌的关系，非物质文化遗产的保护，网络精神家园的共建和共享，新型知识生产消费机制网络维基文化在中国的发展，北京大学生电影节的辉煌与潜在危机，和谐之声艺术团的公益机制试验，作为“人文北京”建设的文化资源基础的北京区域历史文化研究的成果与欠缺等。

① 事业文化系指传统体制内的非营利文化，其发展主要依赖国家财政的投入。与事业文化相区别的是产业文化，产业文化属于营利文化。

Abstract

The year of 2009 is the 60th anniversary of Peoples Republic of China and the 90th anniversary of the May forth Movement.

Facing the challenge of global economic crisis, Beijing aims to be Humane Beijing, Technology Beijing and Green Beijing. The effort is to promote city culture influence, and to make the culture industry continuously to flourish. This book is divided into three parts. It is based on systematic case study, bringing review suggestion for Beijing culture development.

The first part "The New Ways of Beijing Culture Construction" explores the Olympic legacy and the Humane Beijing campaign. It also discussed the National Day parade and seminars about May forth Movement. Both topics are related to the Chinese authority's policy: rising of modern China.

The second part "Culture Creative Industry and Industry Policy" introduces the latest update of industry development. It also advocates for policy incline, e. g. new media industry policy and animation industry policy. It proposes expanding the Beijing culture map geographically. It gives detailed information about Beijing performing arts, publishment, movie, animation, online game, and tourism industries respectively. The report also shows that the Culture Creative Industry is a way to minimize the influence of global economic crisis.

The third part "Public Culture construction and Culture Criticism" investigates the Beijing's culture public service, the equality of education, the reservation of historical site and non-material culture legacy. It also introduces the online community development, university movie festival, Beijing culture history research, and how they are related to Humane Beijing campaign.

目 录

总 论

文化建设新思路及重大活动

文化创意产业及产业政策

公共文化服务与文化批评

附 录

皮书数据库阅读使用指南

CONTENTS

General Report

The New Beijing Culture Champaign and Important Events

Culture Creative Industry and Policies

Culture Public Service and Critique

Appendix

总　论

GENERAL REPORT

新中国成立60周年：首都视阈下的文化发展

张　泉执笔*

摘　要：总论描述了北京全面推进“人文北京、科技北京、绿色北京”建设的意义，重大庆典纪念活动的文化内涵。北京的公共文化服务在2009年成绩显著，也存在有待解决的问题。在文化创意产业部分，重点报告、分析了异常活跃的动漫游戏等新媒体产业，以及演艺娱乐业、新闻出版业、电影业、旅游休闲业。在文化产业从萌芽走向逐步成熟的今天，各类相关政策滞后的问题凸显出来。当下，急需尽快制定统一的文化创意产业分类标准。

关键词：北京文化　公共文化服务　文化创意产业　文化创意产业分类

* 张泉，北京社会科学院研究员。陈剑、吴晓峰、贾佳、孔建华、毛修炳、黄知才、荣学良、荆艳峰、陆跃祥、桑锦龙、孙玲和石振怀等参与了“总论”的策划和撰写。

2009年，适逢中华人民共和国成立60周年。

这一年，在经历了第一个30年的艰难探索、第二个30年的改革开放之后，新中国步入第三个30年，北京也昂首站在了一个新的历史起点之上。

这一年，面对国际金融危机的挑战，北京的思想文化、事业文化和产业文化在调整中持续繁荣发展，奠定了改革开放后又一个30年征程的良好开局。

2010年是实施“十一五”规划的最后一年。2009年末，中共北京市委十届七次全会号召：“要深入贯彻落实科学发展观，瞄准建设国际城市的高端形态，从建设世界城市的高度，加快实施人文北京、科技北京、绿色北京发展战略，以更高标准推动首都经济社会又好又快发展。”① 回顾和总结2009年北京文化建设，对于在新的一年里进一步构建社会主义核心价值体系，营造良好的舆论环境，孕育北京城的人文关怀、文明风采、文化魅力和创造活力，提升首都的文化实力和影响力，提高公共文化服务的质量和水平，加大民生保障工作的力度，全面推进“人文北京、科技北京、绿色北京”建设，至关重要。

一 突出文化的“三个北京”发展战略

北京承办的2008年第29届奥运会和第13届残奥会两场大型国际运动会，为世界搭建了一座欢乐的体育竞技舞台，同时，也为北京留下了丰富的物质和精神遗产。② 在深入学习实践科学发展观的过程中，北京形成的“人文北京、科技北京、绿色北京”建设新思路，便是北京“绿色奥运、科技奥运、人文奥运”遗产的重要转化结果。把“人文北京”建设排在首位，既是出于中国整体发展的战略考虑，也是立足于北京自身发展目标的战略选择，对首都未来的发展具有深远的意义。

---

① 汤一原、周奇：《瞄准建设世界城市目标 努力提高科学发展水平 加快实施人文北京科技北京绿色北京发展战略》，2009年12月27日《北京日报》。

② 在奥运遗产继承方面，北京市做了大量的工作。例如，奥运会后，在志愿服务组织体系方面，170万人的奥运志愿者队伍、500个城市志愿服务站点继续保留，并计划经过3至5年，全市公众志愿者服务参与率达到20%，注册志愿者总数不少于200万人。不过，“人文奥运”属于精神遗产，流失的速度较快，保护与转化的难度较大。2009年8月6日北京奥运城市发展促进会的成立，对于充分利用成功举办奥运会所取得的物质和精神财富，更好地造福于人民群众，意义重大。第二天，促进会就承办了由北京市政府举办的“北京奥运城市发展论坛”。

突出“人文北京”的“三个北京”发展战略表明，北京力求在调整经济结构、转变增长方式、建设创新型城市的思路上取得突破。“人文”囊括以文化形态表现出来的人的思想、观念以及风尚、制度。“人文北京”则添加了明确的地域限定。在“科技”、“绿色”的支撑下，“人文北京”建设旨在构建出一个能够推动北京全面协调可持续发展的平台。

对于“人文北京”的内涵、外延及内容构成等问题，学术界还在热烈的研究讨论之中。较为一致的共识是：“人文北京”建设旨在改善民生，实现人人享有基本生活保障；落实民权，维护宪法赋予公民的各项民主权利；提升民利，使公共服务水平与社会发展水平同步；培育民风，形成首都文明的生存环境。为此，应当加强公共服务型政府建设，推进教育、医疗卫生、城乡社会保障体系服务均等化；应当提升公民意识和公民素养；应当健全和完善利益协调和表达机制；应当推进新的历史条件下的社会组织建设；应当大力发展文化创意产业，提升首都的文化影响力；应当重视残疾人事业，发展慈善公益事业，推进志愿服务；应当为民有经济发展营建制度环境；应当实施弘扬北京文化特质的城市景观建设；应当维护首都的安全和稳定。2009年，北京市大力推进这些工作，取得了显著的成果。

北京正处在由中等发达城市向发达城市迈进的关键时期。文化软实力是国际城市高端形态的重要指标之一。在这个方面，北京乃至全国还有较大的差距。目前中国在世界上的文化影响力有限，中国的政治价值观念、政治发展模式有潜力但缺乏广泛认同。作为中国的政治、文化中心以及文化产业最发达的城市，北京应该在提升文化影响力、软实力方面有所作为。① 坚持突出文化的“人文北京”建设，有助于提升文化影响力，加快北京实现世界城市目标的步伐。

二　公共文化服务建设和文化活动

新中国成立60年来，北京的公共文化服务体系逐步完善，文化活动日趋繁荣，城乡文化发展差距逐步缩小。特别是，稳步推进的文化体制改革，催生和壮大了文化创意产业，不仅大大提升了北京的经济实力，也成为延续城市历史文脉、增强城市文化特色的推力。

---

① 参见本卷陈剑的《“人文北京”建设引领和推进“人文中国”建设》。

（一）公共文化服务、公益娱乐演艺和品牌节庆活动

“人文北京”呼唤完善的公共文化服务体系。在构建国内领先的公共文化服务体系方面，北京市把中央关于增加投入、转换机制、增强活力、改善服务的部署落到实处，出台了一系列公共文化政策。特别是，通过加大对基层公共文化建设的投入、实施系列文化惠民活动、举办文化节会等措施，扩大了公共文化服务的覆盖范围，提升了文化活动的品牌影响力。

2006~2009 年，北京市财政投入基层文化建设的资金分别为 2.22 亿元、4.37 亿元、5.1 亿元和 6.32 亿元，逐年增加，累计逾 18 亿元，主要用于北京市公共文化服务系统的建设，特别是公共文化四级网络系统的建设，成效显著。

实施农村电影放映工程和信息资源共享工程。2008 年，农村数字影厅达 3220 个，放映电影 18.3 万场次，平均每个行政村每个月 3.85 场，超过“全国农村一村一月放映一场电影”的规划要求；实现了以有线电视广播网络为主要传输平台的市、区县、街道乡镇、行政村四级服务网络全覆盖，视频直播节目 24 小时循环播放；街道、乡镇图书馆（室）达 290 个，社区、行政村图书室达 3263 个，基本上实现全覆盖。北京市新闻出版局从 2005 年开创的读书益民工程，直接面对新农村文化建设的主体农民群众，在 2009 年加大步伐，建成益民书屋 1020 个，加上过去建设的 927 个，达到 1947 个。4 月策划的京郊农村“读书月”系列活动，被中宣部、新闻出版总署列为全国 13 项重点阅读活动之一。

推出演出服务创新举措。“周末场演出计划”采取政府补贴院团、剧场低价售票的方式，鼓励各类艺术表演团体深入农村进行公益演出，2008 年共演出 1556 场。“文艺演出星火工程”规定每村每年演出 4 场，其中 3 场为群众业余或民营职业团体，1 场为专业院团，共演出 26096 场。两项举措形成了多方参与的公益演出服务体系，使剧场、院团特别是基层老百姓受益。

北京市及下属 18 个区县的文化志愿者服务中心在 2009 年相继成立，为利用首都人才资源优势，充实基层文化工作者队伍，搭建了平台。乡镇级文化志愿者服务站的试点工作也开始进行。市、区县、街乡三级文化志愿者服务体系的建成，将会缓解基层朗诵、导演、主持、形体训练、舞台灯光音响等专业人员的短缺。长远的影响则是，有助于奥运志愿精神遗产的继承，以及核心价值观的培育。

2009 年是北京文化节会活动异常活跃和丰富的一年。北京国际戏剧演出季、

北京国际舞蹈演出季、北京国际音乐节、新年音乐会等，已经成为北京的品牌文化演出活动。北京国际旅游节已成功举办了10届，2009年的第十一届在奥林匹克公园景观大道举行，今后将固定在奥林匹克公园，力求进一步办成影响力大、市场效应强的国际旅游节庆。主题鲜明、地域特色突出的区县级文化活动，异彩纷呈。如海淀区的海淀文化节、中华世纪坛春节文化庙会、中关村科技庙会、金源新燕莎室内庙会、"百花闹新春"等；朝阳区的流行音乐周、国际风情节、北京民俗文化节、北京大学生戏剧节、798艺术节等；宣武区的宣南文化艺术节、宣南文化"四进"活动、庙会等；延庆县的延庆冰雪旅游节、杏花节等。这种政府引导、全社会力量参与的活动，门槛低，大众参与度高，是满足群众文化需求的重要方式。①

每年都有各种各样的文化体育节庆活动在北京举行，如北京国际图书博览会、北京国际艺术博览会、国际时尚文化节、北京影视盛典、北京大学生电影节、"相约北京"艺术节、北京国际钢琴艺术节、北京国际戏剧·舞蹈演出季、北京春季秋季书市、北京国际马拉松赛、中国网球公开赛等。2009年，中国国际网络文化博览会、中国花卉博览会、中国首届秋季古玩艺术品博览会等也在北京举办。大型的庆典活动是开展城市营销、提升文化影响力的重要载体。在面向基层，百花齐放的同时，北京应当拿出突出重点的气魄和勇气，打造一两项可以与巴黎国际时装节、法兰克福图书节、洛杉矶奥斯卡金像奖颁奖典礼、慕尼黑啤酒节、伦敦铁人三项赛、纽约时代广场新年落球仪式相比肩的品牌活动，彰显北京城市文化的活力。

2009年，延庆县博物馆、怀柔区博物馆、通州区博物馆以及中国航空博物馆等行业类博物馆加入北京市免费开放的博物馆、纪念馆行列，总数接近40家。各博物馆2009年累计办展量突破600项。

北京市公共文化建设也存在诸多有碍进一步深化的因素，如对政府的依赖、活动场地缺乏、设备的配置不合理、基层专职人员数量不足等。改进的建议是：从政府"一方建设"向引导社会力量"多方共建"转变；开放各机构的内部文化设施，租赁企业的闲置场所；加大公益性演出和文化志愿者服务的力度。

① 如2009年第六届海淀文化节推出22个项目，组织了300多场活动，28天吸引50万人次参与。

（二）教育的现代化与公平水平

在教育方面，1949 年北京学龄儿童入学率为 55.95%，到 1978 年已升至 98.98%。1965 年，北京地区的高等学校达到 55 所，90% 以上为建国后新建。2003 年，高等教育毛入学率达到 52%，标志着北京在全国率先进入高等教育普及阶段。截至 2008 年底，小学教育净入学率为 100%，初中教育毛入学率为 112.2%，高中教育毛入学率为 98% 以上，高等教育毛入学率为 57%，高考录取率为 75%。对于解决起来难度较大的来京务工人员随迁子女接受义务教育的问题，北京市制定了 9 项政策规章，并给予资金支持。到 2007 年底，已做到约 65% 的外来流动人口适龄子女在公办中小学就读，批准专门接受流动人口的自办学校 63 所。新中国成立 60 年来，特别是经过改革开放 30 年，北京的教育普及指标已经达到了世界先进国家的平均水平，为首都的教育公平建设奠定了坚实的基础。当前，首都教育面临的主要难题是公平水平还有待进一步提高。

教育是民族振兴的基石，教育公平是社会公平的重要基础。把教育视为基本人权的观念日益成为一种世界潮流。“人文北京”呼唤更加公平的首都教育现代化。当前，北京教育应当确立关心每一个学生发展的理念，致力于让每一个学生获得终身发展的能力；进一步提高教育普及水平特别是学前教育的普及水平；进一步推进义务教育均衡化，采取有效的措施，切实解决在社会各界引起强烈反响的“择校”问题和“乱收费”问题；进一步提高外来务工人员子女接受教育的保障水平，建立起随迁子女接受教育的长效机制；完善弱势群体教育资助制度，提高资助的覆盖范围和力度，确保制度的公正性和有效性；构建富有活力的终身教育体系，完成把北京建成学习之都的宏伟目标。

（三）物质文化遗产与非物质文化遗产保护

城市建设和文物保护间的矛盾冲突在北京城市的发展过程中一直形影相随。北京市文物保护的一个创新思路是，逐年加大文物保护的投资力度，把文物保护从“点”扩展为“线”和“面”，力争保持较大体量的古都风貌，留住城市的文化大记忆。从 2007 年起，北京市开始全面开展京杭大运河的调查工作。近年来，各区县政府根据本辖区的实际情况也策划了一批新的文物古迹“线”、“面”保护项目。北京现有全国重点文物保护单位 98 处，市级文物保护单位 234 处，另有658个四合院被确定为“保护院落”。各区县也发布了区县级文物保护单位名录。这些文物遗迹的保护基本得到落实。但伴随着城市改造的步伐，目前一个突出的问题是，作为普通民居的胡同、四合院仍在迅速减少，其中包括承载着更多地域历史和城市精神的名人故居。以建设“人文北京”为出发点，应进一步转换原有的城市建筑遗迹保护观，也就是说，在城市建筑遗迹保护观中应纳入与城市记忆关联度高的文化遗存。此外，缺少了人居的胡同，四合院是没有生气的。在胡同、四合院的保护上，应采取可持续发展的方针，鼓励北京人留居胡同、四合院；城市开发改造尽量避开胡同、四合院聚集区，增加地下建筑的规模；引导民间资本投入胡同、四合院的保护项目。对于与名人、重大事件有关联的建筑物、构筑物的情况，则应开展全面的调查，尽快将其列入保护名录。

非物质文化遗产涉及民间文学、传统音乐、传统舞蹈、曲艺、传统美术、传统技艺、传统医药等十大类，是“人文北京”不可或缺的宝贵城市文化资源。2009年，北京市非物质文化遗产名录体系进一步完善，代表性传承人的保护工作逐步加强。10月，第三批北京市级63个非物质文化遗产名录正式公布，北京市目前已拥有国家级名录项目74项，市级名录项目216项，区县级名录项目535项。4月，北京市文化局正式公布第二批北京市级65名代表性传承人名单，至此，北京市已拥有市级代表性传承人159名，其中国家级代表性传承人57名。北京市还拟定了为非物质文化遗产传承人提供资助的相关办法。各项目保护单位，如便宜坊集团、同仁堂集团等，也采取措施加大对传承人的保护力度。

北京市充分利用相关节庆活动，大力宣传和展示非物质文化遗产，发挥非物质文化遗产的功用，提高民众的非物质文化遗产保护意识。一是在6月的“文化遗产日”期间，举办了不同层次的宣传展示活动26项。如“中国记忆——中国文化遗产日电视直播行动”、北京老字号非物质文化遗产展、“民间瑰宝耀京华”——北京市国家级非物质文化遗产保护项目展、非物质文化遗产大讲堂、我们身边正在消失的老物件展览、空竹邀请赛等。二是与春节、元宵节、清明节、端午节、中秋节、重阳节等传统民俗节日相结合，举办各类非物质文化遗产宣传展示230余项。如元宵节举办中国非物质文化遗产传统技艺大展、元宵节民俗踩街活动；春节举办北京春节庙会·灯会评选活动。此外，还积极创造条件建立非物质文化遗产博物馆、民俗博物馆、传习所，截至2009年8月，已建成76个。值得关注的问题是，在确定了数量可观的非物质文化遗产名录和代表性传承人、掀起了非物质文化遗产热之后，应该把工作的重点放到保护和挖掘整理上来，在发展文化创意产业和建设北京城市文化方面更充分地利用非物质文化遗产资源。

与此相关的还有北京广义区域历史文化的发掘和研究。一方面，北京整理出版了一大批地方通史、专史、志书古籍文献、重要史料、新编方志、书目文献工具书、年鉴类连续出版物等，取得了显著的成绩。另一方面，在规模、深度以及覆盖面方面，和不少省市相比，还存在着较大差距。比如，北京广义区域文化史研究仍相对薄弱，成规模的精品之作、传世之作不多，大型工具文献书籍的修订不够及时，地域研究缺少开放的研究心态和研究格局，等等。这种状况与北京的位置极不相称。只有通过系统发掘和全面清理，北京深厚丰富的文化资源才能通过有效传播转变成提升软实力的要素。北京历史文化研究是“人文北京”建设的基础性工作，应当予以足够的重视。

（四）国庆庆典与五四运动纪念活动

北京市年度最重大的活动是中华人民共和国成立60周年国庆纪念活动。6月6日，“为伟大祖国骄傲”——北京市庆祝新中国成立60周年系列文化活动在朝阳公园正式启动。在4个月的时间里，举办了优秀剧目展演、博物馆城市记忆展览等6大系列23项全市性重点活动，各区县举办了文化广场演出、千人笔会等活动222项。系列文化活动充分利用文化广场、公园、展览馆、博物馆、图书馆、剧场、电影院等公共文化设施，特色鲜明，形式活泼，吸引了城乡各个年龄段市民参与，涉及艺术鉴赏、文明风尚、交通出行、消费休闲、城乡环境多个领域。加上中宣部、文化部同期在北京举办的“庆祝中华人民共和国成立60周年献礼演出”活动，北京成功营造出喜庆热烈、昂扬向上、文明和谐的氛围。

2009年10月1日举行的盛大阅兵和群众游行，把国庆60周年庆祝活动推向高潮，举世瞩目。聚集在天安门广场的数十万群众，迸发出由衷的喜悦和快乐，升华为“狂欢节”。

北京国庆60周年群众游行的主题鲜明，以回顾中国共产党领导全国各族人民的奋斗史、创业史、改革开放史为主线，以“我与祖国共奋进”为主题，通过“思想篇”、“成就篇”、“未来篇”三大篇章勾勒出新中国60年来的发展进程。“广场音乐会”、“领袖原声再现”和“安塞腰鼓”是群众游行活动亮点。音乐背景被称作“广场音乐会”。这里的“广场”是将具体的天安门广场和具有民间意味的抽象的广场统一起来。“领袖原声再现”、领导人与民众的共舞，显现出领导人走进民众的决心。“安塞腰鼓”彰显出对于民间节日文化的积极吸收和容纳。在2009年国庆庆典这种典型的官方节日文化中，有机地容纳了民间节日的文化因素。这使得看似相异的两大文化节日系统和谐地统一起来，大大丰富了国庆60周年庆典的形式和内涵。北京国庆庆典活动得到民众普遍的关心、自发的支持和热情的参与，而这正是60周年国庆庆典活动得以成功举办的重要力量。

五四运动90周年纪念是2009年的又一重要事项，北京地区从中央到社会各界举办了各类纪念研讨活动，大力弘扬五四精神。

国家主席、中共中央总书记胡锦涛5月2日来到中国农业大学，与师生代表一起纪念五四运动90周年。5月4日，人民大会堂举行了纪念五四运动90周年大会。中央对五四精神的阐发，紧扣五四精神与实现中华民族伟大复兴这一时代使命之间的关联，赋予五四精神以鲜明的时代内涵，是一种把五四精神转化为现实思想资源的政治动员。

北京社会各界的五四纪念活动，呈现出更加多元的格局。一方面，富于时代特色和青春气息，另一方面，表现出严谨求实的学术态度。高校的五四纪念活动丰富多彩。在形式上，除纪念大会、理论研讨、系列讲座、主题展览和文艺汇演外，还组织了主题歌会、朗诵比赛、文体活动。在方式上，充分发挥大学生在活动中的主体作用。这样做有效地调动了首都大学生的参与热情。北京团市委和北京新文化运动纪念馆、北京档案馆等文化机构也开展了各具特色的纪念活动。北京知识界举办的各类以五四运动为主题的学术研讨会约有15场。理论座谈会侧重于对中央有关精神的领会和阐发，并结合当前实际探讨重大的理论问题，以认清形势、统一认识、明确方向为目的。学者和出版界组织的研讨会侧重梳理五四运动的历史脉络，并对九十年来的五四研究史进行反思，试图回到现场、纠正偏见，以期还原五四的原貌。[①]

总之，2009年北京文化建设的成绩是显著的，这在全国评奖中略见一斑。9月，第11届精神文明建设“五个一工程”奖评选揭晓，在164部获奖作品中，北京市占11部，数量居各省市自治区之首。

---

① 参见本卷季剑青的《五四精神与中华民族的伟大复兴》。

三　文化创意产业

文化创意产业是建设"人文北京"的载体，更是带动城市产业结构升级、建设高端形态的国际城市的推力。

从2005年底北京市政府提出大力发展文化创意产业以来，短短几年，已初步形成文化创意产业集聚区体系。市级21家聚集区覆盖13个区县，汇集了8200多家文化创意企业，集聚和辐射带动作用不断增强。区级集聚区以及各类文化创意街区、文化创意新村组团式集群有效地开拓着各自的运作空间，发展势头强劲。北京各类文化创意企业已逾5万家，从业人员超过100万。2009年3月，国务院批复在中关村科技园区建设国家自主创新示范区，北京市在4月1日做了正式批复，把中关村科技园区海淀园建设成为中关村国家自主创新示范区核心区的工程启动。统计数据显示，2008年，文化创意产业增加值在全市地区生产总值的比重达11%。在国际金融危机背景下，2009年前三季度，北京文化创意产业依然逆势上扬，实现增加值965亿元，占全市地区生产总值的11.8%，[①] 成为仅次于金融产业的第二大产业。

（一）动漫游戏等新媒体产业

2009年文化创意产业发展的一个引人注目的现象是，在行政的广泛动员和强力推动下，动画、漫画、网络游戏等新媒体产业成为业界和社会关注的焦点。

文化与高科技的融合不断更新原有产业格局、形成新的产业业态。以数字技术、互联网技术和移动传播技术为基础的新媒体，为用户提供资讯、内容和服务。新媒体产业包括互联网媒体（门户网站、数字杂志、搜索引擎等），移动多媒体（无线门户、手机报、手机游戏等），数字电视等，整合了汇聚多种行业的新兴文化创意业态，是继IT产业后又一个经济增长点，具有广阔的发展空间。作为新兴的业态，新媒体产业更需要相关政策的支持，以从容应对数字知识产权保护、专业指标体系建立、网络安全保障、新媒体突发事件预警等问题。

"十一五"以来，北京新媒体产业保持稳步增长，在传媒产业中所占比重不

① 张东伟：《北京文化创意产业快速发展》，2009年11月28日第4版《人民日报·海外版》。

断上升。2008年北京网络游戏企业的运营收入近50亿元，同比增长51%，占全国的27%。2009年上半年北京网络游戏收入约31亿元，企业数量百余家。预计2009年北京网络游戏企业全年运营收入将达到69亿元，同比增长38%。从正在运营的产品来看，北京地区游戏公司正式运营的大型网络游戏已经超过了50款。

北京发展动漫游戏产业的优势显著。

第一，产业集群度高，研发力量雄厚。2009年6月，海淀、石景山和通州三个文化创意产业集聚区被国家广电总局命名为“国家动画产业基地”。10月，文化部和北京市联合启动的国家级动漫游戏产业园区中国动漫游戏城落户首钢。年底，在首批通过全国动漫企业认定的百家企业中，北京最多，达26家。北京地区原创PC游戏、网络游戏、手机游戏分别占全国总份额的70%、50%和60%，① 网络游戏出口规模约占全国网络游戏出口总量的一半。

第二，政策支持力度大。北京市2009年发布的四项关涉新媒体的产业政策，支持原创网络游戏及产品出口，扶持中小网络游戏企业，大力发展大型网络游戏企业，金融支持灵活、有效，资助和奖励范围涵盖动画电影、手机动画作品、影视动画作品、影视动画机构、动画产业基地、影视动画频道、影视动画发行公司、影视动画会展、影视动画交易平台、影视动画衍生产品以及影视动画机构创新或技术创新等。在扶持原创方面，到2009年，北京市文化创意产业发展专项资金已直接支持了47个重点动漫网游项目，支持资金1.96亿元，带动社会资金投入近20亿元。②《剑侠情缘》、《诛仙》、《封神榜》、《天龙八部》、《武林外传》、《完美世界》等原创产品受到欢迎。

为进一步引导产业发展，应再注意以下几点：构建为中小企业融资的平台；着力培育大型骨干企业和企业集团；加大支持原创的力度；注意引进外地有实力的企业。

与动漫游戏业的超常热度相对应，2009年度对于动漫游戏业的尖锐批评也不绝于耳。

比如：动漫产业存在“虚假繁荣”；政策多、展会多、基地多、精品少；政

① 见《中共北京市委宣传部副部长陈冬在第六届中国游戏行业年会上的发言》，人民网，游戏频道，2008年12月18日。

② 来源：北京商报网，2009-12-08。

府急、企业急、创作急，都想赶紧出成果、见效果；作品产出每年数以千计，有影响力的寥寥无几；扶持力度与产出不符；等等。甚至在有的地区，国家动漫产业发展基地创业孵化园在短暂的热闹之后，已经出现几乎人去楼空的现象。

这些批评和现象值得注意。

主管部门在完善行业大政方针时，还应当对动漫游戏业中的动漫产业和游戏产业做一细分，两者区别对待。

游戏产品的传播以网络为主，灵活、便捷，受众范围广，赢利的概率较大。动画片的主要传播途径是电视，电视的播出额度有限，最有可能赢利的衍生品开发也只能在形成一定规模的受众后才能进行，因此，市场不明朗，多数产品回收成本有困难。

游戏的技术含量较高，为增加吸引力和刺激性，设计需要随着科技的高速发展不断更新换代。而动漫的文化内容更为厚重，除技术因素外，还需遵循文艺创作的一般规律，需要生活积累，需要精雕细刻，创作周期难以精准确定。在社会、文化的层面上，电子游戏特别是网游上瘾的问题，已经成为困扰一大批青少年和他们的亲属的社会问题，采取适当的限制措施势在必行。① 而动漫与少年儿童成长和民族文化振兴的关联更为密切，是儿童获取知识的主要媒介之一。有观点认为，中国的动漫也应像日本等国那样，向成人阅读领域延伸。

因此，产业扶持政策应扭转偏重游戏的局面，略向动漫倾斜。同时应注意以下几点：拓展动漫的消费空间；延长考核动漫项目投资回报的时限；加大动漫产品后期资助的力度。

（二）演艺娱乐业

北京演艺娱乐业的文化体制改革一直在稳步推进，先后完成了北京市儿童艺术剧团、北京歌剧舞剧院、中国木偶艺术剧院、中国杂技团的转企改制。2009

① 在网络文化创意产业中，网络游戏的市场成长速度最快，同时也给电信业和IT行业带来高额的直接收入，为GDP增长作出的贡献十分明显，但也产生了负面作用，电子游戏特别是网游，带来许许多多的社会问题。除依法进行内容控制外，更要正视“上瘾”的负面影响，特别是对青少年身心的损害。“上瘾”不仅仅是单纯的个体行为失范，还有生理变化所形成的使人无法自控的生物学方面的原因，需要加大投入，研究出切实可行的治疗和防范措施。当下，在大力发展网游业的同时，在游戏产品明显位置标出警示语“沉迷游戏，有碍健康”实属必要，这是一个需要专题研究的重大课题。

年，国务院的《文化产业振兴规划》将演艺娱乐业列入加快发展的重点文化产业之一。中央相继出台了《关于促进民营文艺表演团体发展的若干意见》、《关于深化国有文艺演出院团体制改革的若干意见》，旨在加快国有院团转企改制工作的步伐，积极培育新型市场主体，从资金、环境等方面为民营文艺表演团体的发展创造条件。北京市积聚优势演出资源，成立了北京演艺集团公司。目前，演出市场三大体系具备雏形：一是大型国有演出院团、文化企业；二是运作现场娱乐和商业演出活动的公司；三是民营演艺机构。

数据显示，北京市的演出市场逐年扩大。与2007年相比，2008年总场次和总台数分别增长了15.1%和13.1%。2009年，增幅加大，分别较上一年增长了21.6%和41.0%，演出总场次为16836场，总台数为2256台。[①] 2009年北京演艺业有五个显著特点。

一是大额金融资本助力打造演艺龙头企业。如北京银行向北京演艺集团提供意向性授信10亿元。

二是民营资本促成特色演出市场的兴起。如枫蓝国际小剧场。

三是院团联合和院线联盟进一步扩展。如艺馨社加入德云社相声联盟，使得德云旗下的相声演员超过200人；保利剧院管理有限公司旗下的院线由9家增至15家。

四是北京各个区县的特色演出领域初具规模。如东城区的话剧、朝阳区的杂技类旅游演出、宣武区的地方戏曲、怀柔区的中国舞台原创产业基地、海淀区引入美国百老汇等国际剧院演出机构的“十里文化长街”等。

五是请进来走出去，形成多元竞争格局。如东北二人转演出团体刘老根大舞台、快乐人生大舞台落户北京，开设多处剧场；天创国际演艺制作交流有限公司成功收购位于美国布兰森市的“白宫剧院”，开创了进军海外演出市场的新形式；海内外交流演出项目大幅度增加。

加上北京聚集了大量演艺机构总部以及创作和演艺人才，发展潜力巨大，北京全国演艺中心的地位正在形成。

（三）新闻出版

新中国成立初期，北京只有一家大众出版社，截至2008年底，出版社已达

---

① 数据来源：道略文化传媒产业研究中心，北京演出市场监控数据库。

237家，年出版图书近13.63万种，报纸259种，期刊2898种。随着体制改革的不断深化，北京形成了全国最发达的出版发行体系。2009年5月，市属最大的出版机构北京出版社出版集团由事业单位改制成为企业。

北京地区出版业在2008年下半年的短暂下滑之后，2009年回暖，总体发展较快。2008~2009年，各类出版物分化，图书出版增长较快，期刊报纸的发展趋缓，报纸平均期印数出现下滑，[①] 这也与新媒体产业市场份额的扩大有关。

数字出版成为北京地区高速发展的领域，截至2009年底，已批准互联网出版机构50家，涉足互联网出版的经营机构4630家。2008年，北京地区包括手机出版、网络游戏、网络音像、网络教育、数字期刊、电子书、数字报纸、网络原创文学在内的数字出版产值为164亿元，占全国总产值的31%，成为北京出版产业发展的支柱。其中，产值达到71.4亿元的手机出版，市场前景十分广阔。

目前，北京出版业呈现两大趋势。一是国有大型金融机构开始扶持培育新闻出版产业的重点企业和重点项目。二是出版业媒介要素正在进行深刻的双重扩容整合，即报纸、期刊、图书、电子出版物、音像制品、数字出版等出版媒介之间的产业融合，以及出版业与广播电视、电影，电信产业，互联网产业等其他文化产业之间的渗透重组。这无疑为北京地区出版业的发展拓展了空间。北京应抓住机遇，在法规建设、资金保障、人才培养、规范化管理等方面加大力度，迎接新的挑战，进一步做大做强北京的出版业。

（四）北京电影业

北京的电影票房从2006年开始在全国领先，2008年达到5.25亿元人民币。这使得北京成为全国各大电影院线开拓电影市场的重点。2004年，北京只有两条院线，票房为1.81亿元。2009年，除总部设在北京的北京新影联、北京万达和中影星美外，广东金逸珠江、世纪环球、中影南方新干线、华夏新华大地、重庆保利万和、上海联合六条院线均在北京拥有影院。到10月底，票房已达6.05亿元，比2008年同期增长53%。[②]

北京电影市场的成长得益于政策扶持。在《北京市文化局支持新建改造多

---

① 具体数据参见本书荣学良的《2008~2009年北京地区出版产业发展述评》。

② 见人民网，http://media.people.com.cn/GB/40606/10463364.html。

厅影院资金补助办法（试行）》的带动下，影院建设加速，现已有70余家影院，银幕超过305块，影院布局开始延伸至五环以外。为进一步发展北京电影产业，除需要进一步推进体制改革，探索资本运作的新方式，实现跨媒体运营和影视网络互动机制外，还应注意以下几个具体问题。

第一，在院线建设中，不但要保证新建电影院的数量，同时还要不断提高软件水平，包括配套条件、影院服务等。此外，还应细化影院市场，将消费水平较低的观众群体纳入市场。尽可能满足不同层次观众的消费需求，符合“人文北京”建设要求，也有助于增加票房。

第二，合理安排电影档期，尽量避免2009年较为严重的多部影片挤在同一档期的现象。

第三，关注电影衍生产品的开发。《喜羊羊与灰太狼》是颇具启发性的成功案例。

（五）旅游休闲业

根据2009年的具体情况，北京适时提出“投资消费双轮驱动，城市农村两个市场，区域合作共同发展”的旅游发展战略，北京旅游业克服了国际金融危机、甲型H1N1流感疫情等不利因素，取得了良好的业绩。1至9月份，接待游客1.26亿人次，同比增长19.96%；旅游收入1862亿元，同比增长16.5%。[①]其中，丰富多彩的旅游宣传和营销活动起到了重要作用。例如，6月在北京展览馆举办的“2009北京国际旅博会”，以“回味奥运，圆梦北京”为主题，成交额约25亿元，直接消费为7200万元。北京市旅游局等在4月联合启动的“北京欢迎您——200万张旅游景区门票免费奉送”活动，面向全国，带来了40万至50万人次的游客增量，以及9亿至12亿元的旅游收入。[②]

北京在不断加大旅游业投入的同时，开始注意旅游产品的规范和升级。北京乡村游存在景点雷同、管理水平落后的问题。11月开始实施的《北京市乡村旅游特色业态标准及评定》，推出了乡村酒店、国际驿站、采摘篱园、生态渔村、休闲农庄、山水人家、养生山吧、民族风苑八种乡村旅游业态，以保障北京乡村

---

① 见http：//www.china.com.cn/travel/txt/2009-10/24/content_18761418.htm。

② 来源：北京商报网2009-10-29 09：53：06。

游的可持续发展。

为提升北京市的旅游竞争力和文化竞争力，可以进一步拓展旅游范围，发展北京的非物质文化遗产旅游、温泉休闲旅游。尝试北京与周边地区联动，主打文化旅游，也不失为一种扩大旅游规模的思路。

古燕赵文化区包括河北以及陕西、山西、河南、山东、内蒙的部分地区。北京在辽金两代成为北方少数民族国家的陪都和首都后，逐步从燕赵文化中分离出来，形成了独具特色的京都文化。历史上的北京地域文化是燕赵文化区的重要组成部分。把北京地域文化旅游扩展到天津、承德、张家口、保定、唐山和秦皇岛等燕赵文化区是否可行，值得北京旅游界加以调研和探讨。

此外，旅游业与新兴文化创意经济之间的融合，有可能形成北京旅游的又一增长点。

北京传统的文博旅游内容丰富，包括皇家历史文化旅游、旧城风貌及中轴线文化旅游、宗教寺庙文化旅游、名人故居会馆文化旅游、商业文化旅游等，与老北京的关联较为紧密。将旅游业与其他文化创意产业加以融合，可以整合出一批新的旅游产品，如文化节庆与会展旅游、艺术区与影视旅游、创业产业聚集区旅游、文化主题公园旅游等。引进文化创意产业这一新兴文化载体，与演艺、广播、电视、电影、动漫网游、广告、艺术品交易等文化创意产业结合，对旅游产品和旅游项目进行创意改造，有助于避免低水平的重复，进一步推动旅游新产品的开发，造就新的旅游吸引物和新的旅游热点，构建新的旅游文化创意产业系列。在这个过程中，除完善市场配置和协同创新机制外，最为关键的是知识产权保护。

新的旅游文化创意如果没有强有力的保护措施，模仿会接踵而来，创新企业非但无法赢利，甚至连先期投入也可能无法收回，严重打击企业创新的积极性。目前，在旅游知识产权保护的立法方面，还有很多工作要做。

四　问题：亟待统一文化创意产业分类标准

文化创意产业发展到今天，各类相关政策滞后的问题，愈来愈明显。本卷中的许多报告都述及这个问题。专文有《2009 年北京新媒体产业政策述评》、《动漫产业政策评估及中长期规划建议》。不过，当前最急迫的，还是文化创意产业分类标准的完善和制定。

全国各地的文化创意产业发展势头一波高过一波，但至今还没有统一的行业统计标准，更谈不上建立确实有可比性的指标体系、文化创意指数，形成信息资源共享了。不统一的和不完整的统计数据，无法准确反映文化创意产业的真实发展状况，势必影响组织领导推进，影响产业政策保障，影响产业规划指导，影响产业资金支持，影响产业投融资服务，影响现代文化市场服务，影响产业人才支撑。最终，影响产业的健康有序发展。因此，亟待研究制定统一的文化创意产业统计标准。

内地第一个系统的文化产业分类标准是2004年4月国家统计局印发的《文化及相关产业分类》。所谓“文化及相关产业”，系指为社会公众提供文化、娱乐产品和服务的活动，以及与这些活动有关联的活动，主要包括文化产品制作和销售活动、文化传播服务、文化休闲娱乐服务、文化用品生产和销售活动、文化设备生产和销售活动、相关文化产品制作和销售活动六类。

根据其制定的分类原则，这个分类标准将文化及相关产业划分为四个层级：第一层，文化服务和相关文化服务（根据重要性划分）；第二层，9个大类（根据部门管理需要和文化活动的特点划分）；第三层，24个中类（依照产业链和上下层分类的关系划分）；第四层，80个小类（按第三层所包括的行业类别即具体活动类别划分）。

为了“科学、完整、准确”，第三层中的部分中类的下面又设置了7个类别的过渡层，第四层中的部分小类的下面设置了38个行业类别的延伸层。

为了反映“文化建设和文化体制改革的要求”，9个大类另组合出文化产业核心层（新闻服务；出版发行和版权服务；广播、电视、电影服务；文化艺术服务）、文化产业外围层（网络文化服务；文化休闲娱乐服务；其他文化服务）和相关文化产业层（文化用品、设备及相关文化产品的生产；文化用品、设备及相关文化产品的销售）三个层面。

《文化及相关产业分类》最大的问题，是以传统的文化条块管理为潜在的参照，没有建立在动态的产业发展实际的基础之上。因此，不对公益性和经营性作区分，既包括经营性的文化单位，也纳入公益性的文化单位，把博物馆、烈士陵园、纪念馆、图书馆、档案馆、群众文化活动、群众文化馆、社会人文科学研究等，都归入最主要的第一层“文化服务”。新的媒体产业在分类中得不到反映，知识产权服务小类的延伸层特别明示：不包括“软件服务”。教育、体育和自然科学研究等行业的创意产业部分，也没有列入。原因是，这些行业已经形成了完整的科学体系和分类标准，如果将它们纳入文化产业，有可能削弱整体分类的文化特征。这个分类表对于文化产业核心层和文化产业外围层的区分，更像是把传统的文化行业与新认定的文化服务业加以简单化的分割。

首次对文化产业概念和范围进行界定的《文化及相关产业分类》标准，看似层次繁复、森罗万象，但问题很多，没有可操作性。于是，各地纷纷自定文化产业分类标准。

2006年12月发布的《北京市文化创意产业分类标准》认定，文化创意产业是以创作、创造、创新为根本手段，以文化内容和创意成果为核心价值，以知识产权实现或消费为交易特征，为社会公众提供文化体验的具有内在联系的行业集群。据此，把《国民经济行业分类》中的82个行业小类和6个行业中类纳入了北京市文化创意产业表。又依据分类原则，将文化创意产业划分为三层，细分为9个大类、27个中类、88个小类。9个大类包括文化艺术；新闻出版；广播、电视、电影；软件、网络及计算机服务；广告会展；艺术品交易；设计服务；旅游、休闲娱乐；其他辅助服务。

这个可能是囊括行业最多的分类标准，同样也存在问题。已经颇具规模的新兴文化创意产业动漫网游产业依旧没有列入，而IT行业以及文化用品生产、文化设备制造和相关文化生产和销售等，悉数纳入。目前所公布的北京市文化创意产业年度增加值中，有超过40%是来自软件、网络和计算机服务。根据这个分类标准统计出来的北京文化创意产业增加值数据，存在虚浮的可能。在与其他地区做横向比较时，失却了可比性。比如：

杭州原来把文化创意产业分为文化艺术类、影视传媒类、信息软件类、产品设计类、建筑景观设计类、时尚消费类、咨询策划类七大类。2008年发布的《杭州市文化创意产业八大重点行业统计分类》变化较大，分为信息服务业（8个子类）、动漫游戏业（3个子类）、设计服务业（11个子类）、现代传媒业（23个子类）、艺术品业（15个子类）、教育培训业（9个子类）、文化休闲旅游业（16个子类）和文化会展业（7个子类）。这个新修订的统计分类标准有意贴近文化创意产业格局的新变动。如动漫游戏业上升为大类，它的三个子类分别是动画和漫画业、网络游戏业和其他计算机服务（含网吧服务）。

上海“创意产业”所囊括的行业比北京少得更多。[①] 原因是，上海的分类标准没有以文化创意为主体，而是侧重产业分类，文化创意只是上海重点发展的研发设计创意、建筑设计创意、文化艺术创意、时尚消费创意和咨询策划创意这五大类创意产业中的一类。五大行业共涉及38个中类行业、55个小类行业。

重庆的专业统计人员从统计工作的实际需要出发，将创意产业划分为研发设计、软件设计、建筑设计、文化传媒、咨询策划、时尚消费6个大类，易于操作。比如，将动漫产业列为软件设计创意业之首，关照到新兴行业。将新闻业、出版业、广播电视电影和音像业、文艺创作与表演等，整合为文化传媒创意产业，减少了重叠。[②] 而在《北京市文化创意产业分类标准》中，文化艺术和广播、电视、电影在9大类中被分别作为两个大类单列，比重过大。

文化创意产业分类标准是基础性的文件，对文化创意产业的发展至关重要，应当重新制定和定期修订。需要注意的理念和原则如下：

创意和产业是重新制定文化创意产业表的原动力。严格区分公益性文化行业和经营性文化行业。纳入那些源自创意及技能，通过知识产权的经营，能够赢利的行业。事业文化（公共文化服务）则不应列入。

文化创意产业分类标准的对象是产业本身，各产业的行业归口管理的因素，领导指示批示的因素，不宜介入。

文化创意产业并不完全等同于文化产业或创意产业。新的分类标准不应墨守2002年的《国民经济行业分类》（GB/T4754—2002），而是应该能够反映不断变化着的产业结构，及时删除落伍的行业，添加新生的行业。这样，才能为当前的文化创意产业的建设、管理和统计提供统一的范围与定义，才能对产业经营和相关决策提供规范的数据参考。

---

① 于启武：《北京文化创意指数的框架和指标体系探讨》，《艺术与投资》2008年第12期。

② 秦瑶、陆昕：《创意产业统计核算方法及实证研究》，《统计研究》2008年第3期。

文化建设新思路及重大活动

THE NEW BEIJING CULTURE CHAMPAIGN AND IMPORTANT EVENTS

“人文北京”建设引领和推进“人文中国”建设

陈 剑*

摘　要：在北京奥运会之后确立的“三个北京”建设，是实践科学发展观、推动首都又好又快发展的新的发展战略。这一发展战略要求首都的发展必须把以人为本、科技创新、生态文明的要求摆在更加重要的位置，不断开创经济建设、政治建设、文化建设、社会建设、生态文明建设的新局面。其中，排在首位的“人文北京”建设既是立足于中国整体发展的战略考虑，也是立足于首都自身发展目标所作出的战略选择，对首都未来长远发展具有深远意义。

关键词：人文北京　软实力　“人文中国”建设

* 陈剑，北京社会主义学院研究员、副院长，北京奥运经济研究会执行会长。

在2008年9月27日召开的中共北京市委常委会上，与会者深入总结了奥运筹办经验，并且提出了“坚持科学发展，建设人文北京、科技北京、绿色北京”的新的发展战略。这一发展战略要求首都的发展必须把以人为本、科技创新、生态文明的要求摆在更加重要的位置，不断开创经济建设、政治建设、文化建设、社会建设、生态文明建设的新局面。

“三个北京”建设这一新的发展战略的提出，既是落实以人为本的科学发展观的具体要求，也是基于北京奥运会三大理念“科技奥运、绿色奥运、人文奥运”的成功实践；既是立足于从中国整体发展战略考虑，也是立足于首都自身发展目标的实现所作出的战略选择。这对首都未来长远发展具有十分深远意义。

一 “人文北京”建设的主要内容

中国文化中的“人文”是“人”与“文”的统一。“人”指“以人为本”。“文”所强调的是“以文化人”。在现代意义上，人文精神是指对人的生命存在和人的尊严、价值、意义的理解和把握，以及对人类价值、社会理想、终极理念的追求的总和。西方人文主义的核心内容强调人是中心，人是目的，人是最高的价值主体，人是一切社会活动的出发点和归宿。汲取中外优秀人文遗产的精华，并结合当代社会发展的需要，“人文北京”建设就是培育城市的文化特质，提升北京的文明程度，促进人的自由全面发展。即按照近代以来人类文明发展的基本规范来塑造一个现代北京、文明都市，涉及法治环境、政策环境、市场环境、生态环境、公民素养、城市景观以及政府、公民和社会组织建设等多方面内容。

按照北京市委书记刘淇同志对“人文北京”建设内涵的阐述，①“人文北京”建设具体包括努力改善民生，保证人人享有基本生活保障；严格落实民权，维护宪法赋予公民的各项民主权利；不断提升民利，使人们享有的公共服务水平随着整个社会的发展不断提升；大力改进民风，使首都市民享有良好的文明环境。具体可细化为以下十个方面。

① 刘淇：《建设“人文北京、科技北京、绿色北京”》，《求是》杂志2008年第23期。

（一）加强公共服务型政府建设

现代国家政府的职能之一，是为公民提供基本的公共产品和服务。对一个现代社会来说，基本的公共产品与服务主要包括公共教育、公共医疗和社会保障三方面的内容，这也是社会的三大安全支柱。当今中国社会的一个基本矛盾是，人民群众日益增长的对公共产品和服务的需求与政府提供的有限性之间的矛盾，这是导致中国社会存在一些社会不公平的重要原因。而要化解这对矛盾，健全和完善服务型政府十分关键。

建设公共服务型政府作为一种全新的政府管理理念，标志着公共行政价值理念的根本转变，是政府在职能配置、机构重组、管理方式、价值取向和行为模式上的革命，将有助于重塑政府与市场、政府与企业、政府与公民之间的关系，构建三者的良性互动，从而真正实现政府的工作向“以人为本”转变。

在公共服务型政府建设方面，北京在七年奥运筹办期间取得了一系列基础性的成就，当前亟待深化以下内容。

一是在推动教育公平上迈出更大的步伐。使北京公民都能够享有义务教育服务。就北京目前情况而言，新增义务教育资源应更多投向农村地区、薄弱学校，更多地投向在京务工的农民工的子女。

二是着力推进医疗卫生改革。坚持基本医疗卫生服务的公益性质，进一步完善城乡一体的公共卫生服务、医疗服务、医疗保障和药品供应保障体系，努力实现人人享有基本医疗卫生服务。

三是进一步完善城乡社会保障体系。随着经济发展水平的提升，社会保障不应再满足于“低水平、广覆盖”，而是应当“中水平、广覆盖”。努力加快城乡一体化机制创新的步伐，实现城乡社会保障制度之间、各社会保障项目之间的有效衔接，发挥社会保障的综合效益，实质性地缩小城乡保障间的差距。

（二）提升公民意识和公民素养

公民是“人文北京”建设的主体。公民主体要具有权利意识和责任意识。

公民的权利意识是人文精神的一个本质内容。1982 年 12 月 4 日全国人民代表大会公布实施的《中华人民共和国宪法》赋予中国公民的各项权利，与任何一个现代化国家相比都不逊色。现在的问题是，如何将其落到实处。北京公民应该知晓自己的权利，并有能力有智慧加以维护。对国家机关及其管理者来说，要把维护公民的合法权利作为自己至高无上的职责。公民责任意识系指依法履行个人对社会的责任，以及公民个人或者公民社会依法履行对国家机关行为的监督之责，它与公民的权利意识是不可分割的统一体。

公民素养实际上是包括公民意识在内的公民素质，它综合直观地指示公民对社会秩序、社会规范等的遵守程度，更多地表现为一种礼仪和行为，如在公共卫生、公共秩序、公共交往、公共观赏、公共参与等方面的表现等。

（三）健全和完善利益协调和表达机制

改革开放以来，我国在发展社会主义民主政治方面取得了较大进步，已经初步建立起与社会主义民主政治相适应的利益协调和表达机制。但目前的利益协调和表达机制还是不健全的。中国社会正面临急剧转型，存在大量的社会矛盾，如果缺乏有效的利益诉求途径和表达机制，就会影响社会稳定和社会和谐。中国社会面临的另一对基本矛盾，就是宪法赋予公民的各项权利与政府公权力泛化之间的矛盾。简单说，就是“权利”与“权力”之间的矛盾。政府的公权力都有严格的法律运行空间，问题是，政府公权力经常超越自己运行的边界，挤压了公民私权利运行的空间，从而引发矛盾。中国近年来群体性事件频发，据相关资料报道，2009 年 1 月至 9 月，大规模群体性事件就多达 1.7 万起，大多数事件几乎都与公民利益协调和表达机制不畅通有关。

在利益协调和表达机制建设方面，目前存在的主要问题有以下两方面：一是某些社会阶层群众的政治和经济权益缺少相应的组织和机构去维护，因而使得属于这一阶层群众的一些合法权益、具体利益得不到有效保护。二是由于法律不健全，一些组织和机构的运作空间受到极大限制，难以在法律规范的范围进行利益表达，因而影响了社会主义民主政治的开展。只有建立健全不同人群的利益协调和表达机制，不同利益人群的利益诉求有合法畅通的渠道，社会稳定才会有基本的保证。

在利益协调和表达机制建设方面，北京的工作走在全国的前列。但就利益协调和表达机制建设的健全和畅通而言，未来的工作仍然十分艰巨。

（四）社会组织建设

政府、企业和各类社会组织构成一个现代社会完整的版图。社会组织存在的

主要理由是，有利于提供公共物品，弥补市场和政府的双重缺位。其主要作用是，有利于促进经济增长，增加就业机会，改善经济结构；有利于增强公共物品生产和资源配置的公开化，促进社会资源的合理配置；有利于扩大社会公平，维护公共利益；有利于扩大民主精神，增进互助协作；有利于促进社会自治，激发公民的发展潜力，实现社会发展的多样性；有利于增进社会宽容度，促进社会和谐，维护社会稳定。

北京可能是中国社会组织最活跃的城市。其发育和成熟如何，对于中国进一步改革开放和公共服务型政府建设有着重要意义。近年来，在社会建设方面，北京作出了有益的探索，取得了可喜的成就。现在需要探索的是，如何进一步加强社会建设，充分发挥社会组织的积极作用，同时规避有可能产生的一些负面影响。

（五）大力发展文化产业，提升首都文化影响力

北京是最具中国文化影响力的城市，要建设人文北京，就要加快发展文化创意产业，大力发展公益性文化事业，打造具有国际影响力的首都文化品牌，更开放地扩大对外文化交流，形成文化事业和文化产业相互促进、蓬勃发展的首都文化，为和谐社会建设提供内在推动力。

北京自2006年落实“十一五”规划以来，大力发展出版、影视、动漫等文化创意产业，大力发展教育、科技、文化事业，大力发展旅游、会展、体育休闲、金融等现代化服务业，其全国文化中心的地位有所提升。做大做强北京的文化产业，进而引领提升整个中国在全球的文化影响力，无疑是北京的历史责任。

（六）关注残疾人事业

残疾人事业是衡量一个国家和地区社会文明程度的重要指标，是建设人文北京的重要环节。北京奥运会特别是残奥会的成功举办，在一段时间里提升了全社会对残疾人的关爱程度。但如何把这一特定时期的关爱和关注，很好地保持到奥运会后，对北京无疑是一个考验。残疾人是弱势群体中的弱势群体。中国的各类残疾人口总数达8000多万。为残疾人群提供温馨的人文环境，包括就业、社会保障和社会服务，就是体现以人为本的要求。北京应当对残疾人事业有清醒的认识，制订总体发展规划，建立起与地区经济发展水平联动的残疾人群长效保障机制，将残疾人群的各项工作落到实处。

（七）发展慈善公益事业，推进志愿服务

弘扬公益、扶持弱势，是提升整个社会文明程度的内容。慈善公益事业作为对社会财富的第三次分配，其发展水平的提升，对于推进社会公平和正义，扶持弱势人群有着重要意义。近年来，中国慈善公益事业有所发展，但发展很不平衡，总体上还处在起步阶段。北京的慈善公益事业的发展如何，对全国慈善公益事业的发展与推进有着重要的引领作用。

志愿服务是公益事业的重要组成部分。北京奥运会志愿者的灿烂微笑已经成为城市名片。为使志愿服务长效化，扩大志愿服务的范围，现在需要做的工作是，出台相应的法律法规，保护志愿人员和组织的合法权益；借鉴境外成熟的运作模式，尽快使志愿服务组织走上良性运作轨道，扩大不同年龄段志愿者人群来源，使志愿服务中少一些政府行为，多一些社会民间行为。

（八）为民有经济发展提供便利的制度环境

市场经济的主体是民有经济，国有经济是承担特殊社会职能和政府弥补市场失灵的手段。改革开放以来，首都民有制经济已经成为首都市场经济的重要组成部分。截至2008年底，全市共有各类市场主体135.12万户，其中私营企业、个体工商户等各类民有企业合计为115.75万户，占全市市场经济主体的85.66%；在全市具有进出口权的近2万家内资企业中，私营、个体企业有1.5万户，占总数的3/4。北京民有经济已经成为名副其实的市场主体。但民有经济的发展，至今仍有各种体制性障碍：一些行业的高度垄断；一些政策法规歧视民有制经济；民有企业特别是民有中小企业融资难；民有经济的税赋过重。这就需要在“人文北京”建设中提高政策和服务水平，为民有经济的持续健康发展提供平等竞争的环境。

（九）城市景观建设和北京特质文化的弘扬

中国传统文化强调“以文化人”，而城市自身的文化特质和文化底蕴，则是“以文化人”的土壤和环境。

北京是一座历史文化名城，具有独有的文化精神、品格与气质。特别是“新北京、新奥运”的成功实践，形成了皇家文化与民俗文化相交织、民族文化与世界文化共生、现代文明与古都文化相辉映的博大深厚的文化景观和城市景

观。弘扬并做大北京特质文化，在诸多国际化城市中凸显鲜明的北京城市特质、文化魅力和中国风格，对北京成为世界级城市具有重要意义。

（十）维护首都的安全稳定

中国改革开放的成功，得益于整个社会保持了总体稳定。维护首都安全稳定，是中央对北京工作的基本要求，也是历届北京市委市政府第一位的政治任务。在首都的今后发展中，要始终把首都的安全稳定放在各项工作首位。一是要建立健全人民内部矛盾的协调化解机制。在利益表达机制还不十分健全和不完善的情况下，建立健全人民内部矛盾的协调化解机制十分重要。中国近年来出现的群体性事件，有着复杂的社会原因，如何有效化解已经出现的各种矛盾，解决群众强烈关注的社会问题，避免群体性事件的蔓延，对政府的各级部门，特别是党政主要领导干部来说，是一个需要引起高度关注、花大力气努力解决的问题；二是完善首都特色的治安防控体系，进一步加强社会治安综合治理。北京出现的一些影响社会稳定的因素，在很多情况下是京外、境外因素所致。对首都的社会治安，需要采取综合治理、多部门协调共治的机制才能解决；三是继续推进安全监管重心下移和安全生产隐患排查治理法制化、规范化，建设安全生产长效机制，保障人民群众生命财产安全。在安全生产方面，交通安全和建筑施工的安全尤为重要。特别是在北京交通压力日益增加的情况下，避免疲劳驾驶，保障劳工休息权益十分重要；四是巩固“平安奥运”成果，大力推进“平安北京”建设，全面开展城市风险评估控制及安全隐患排查整改，强化风险与隐患的动态监测，提升城市应对突发事件的能力。同时借鉴奥运会举办期间奥运食品管理的经验，不断提升食品安全工作水平，确保群众餐饮安全。

二　建设“人文北京”有助于“人文中国”建设

（一）中国要成为世界强国，急需提升中国软实力

2008 年中国的经济实力已经跃居到世界的第 3 位，影响不断扩大，但在软实力方面，影响力十分有限。

“软实力”是一种能够影响他国意愿和行为的无形精神力，包括文化的感染

力、价值观的感召力、政治制度的吸引力、外交的说服力、国际信誉与威信力、领导人与国民形象的魅力等。文化、政治价值观念、外交政策构成软实力的三大支柱。就这三方面内容进行分析，可以看出中国软实力目前存在的差距。

1. 文化影响力的影响有限

在经济全球化和科技革命不断深化的国际环境中，文化日益成为国家软实力的重要组成部分。历史悠久的中华文化的影响力在世界文化交流与竞争中处于弱势。《中国现代化报告2009——文化现代化研究》显示，依据2005年世界各国的各项指标数据，中国文化影响力指数居于美国、德国、英国、法国、意大利、西班牙之后，排名全球第7位。① 而这主要还是得益于中国传统文化的影响，如儒家文化、孙子兵法、中国语言、中医药等，现代中国文化的影响力十分有限。与中国对外贸易"出超"相比，中国的对外文化交流和传播则是严重"入超"，存在巨大的"文化赤字"。以图书为例，多年来我国图书进出口贸易大约是10∶1的逆差，出口的图书主要进入一些亚洲国家和我国港澳台地区，对欧美的逆差则达100∶1以上。中国对外文化传播的严重赤字和入超，与跨文化差异和障碍有关，归根结底，是中国文化软实力本身不够强大。

2. 中国的政治价值观念、政治发展模式有潜力但缺乏广泛认同

当今全球主流价值观念，包括自由、民主、平等、人权、法治等，几乎主要由美英等西方发达国家所掌控；可持续发展理论、新自由主义理论、公共行政理论、生态伦理等流行的理论，甚至目前广泛流行的"金砖四国"的提法，也是由发达国家的学者提出的。近年来，中国在国际舞台上的作用愈益突出，但在当今国际社会中有重要推动作用的思想理论，由中国人提出的不多。中国人创造的一些价值观念、理论思想在世界上的影响还十分有限。在国家发展模式方面，第二次世界大战结束尤其是冷战结束以来，西方世界以"自由、平等、民主"为核心内容的发展模式在全球范围内长期占据主导地位。中国在改革开放30年中，创造出一个坚持社会主义道路与渐进的政治改革相结合的发展模式，随着中国经济的持续高速增长，这种发展模式逐渐为世界所知，并为一些发展中国家提供了新的启示和选择。中国的发展模式别开生面，富有生机，但就全球性影响而言，还较为有限。

---

① 中国科学院中国现代化研究中心：《中国现代化报告2009——文化现代化研究》，北京大学出版社，2009。

我们今天应当有这样的自信：中国的价值理念，如和谐、仁义、中庸等，完全有可能成为全人类普遍接受的价值理念；在实践中不断健全和完善并显示出强大生命力的中国发展模式，也有可能成为一种可供选择的发展模式。当今时代，各国间的经济、政治、文化的交往日益频繁，各国间的相互依存空前加强。中国传统文化追求“和谐”，讲究“和而不同”，主张平等相待、诚信合作、互利互惠的理念，在化解人与自然、人与人、国与国之间的冲突方面，具有独特的协调、平衡、包容作用，能为化解新形势下的各种对立关系提供新的思路和方法，实现不同文明之间的和谐发展。但要发挥以“和谐”为主要价值取向的传统文化的比较优势，让中国优秀传统文化中的精华成为人类社会普遍接受的价值理念，还需要我们以更加自信和开放的心态，参与国际交流进程。

3. 中国的外交政策得到愈来愈多的认可但影响有限

外交政策对国家软实力的影响是很明显的。随着中国的崛起，中国外交政策也日益受到国际社会的关注。亚洲金融风暴期间，人民币不贬值的政策塑造了一个负责任的大国形象。近年来中国倡导并致力于建立“和谐世界”，拉近了世界与中国的距离，推进了和平与繁荣，赢得了各国尊重。中国的外交影响力正在不断扩大，但就总体影响而言，与英美等主要发达国家相比，其影响力仍然是有限的。一些重大的国际政治事件的解决需要中国的参与，但中国在多数情形下仍然是国际舞台上的配角，而不是主角。

综上所述，中国具有发展的潜力和空间，但目前的实际影响有限。这就需要我们积极努力，逐步提升中国的软实力。

（二）北京的历史责任

在引领和推进人文中国建设上，北京具有责无旁贷的历史责任。北京的优势和特点主要有以下几方面。

1. 北京是中国的政治中心

中共中央、国务院、全国人大和全国政协以及各民主党派中央在北京，中国有影响力的政治人物聚集在北京；中国最有影响力的决策咨询机构、科研院所也主要聚集在北京，中国著名的思想家也大都生活在北京。党和国家的大政方针和对外政策的制定、新的政治价值理念的出台，也离不开北京的中央决策层和著名的研究机构。以智库的发展为例，智库又称“思想库”，是由多学科的专家组成的，为决策者处理社会、经济、科技、军事、外交等各方面的问题出谋划策，对政治、经济、社会、文化、军事等政策进行调查、分析及研究，提供最佳理论、思想、策略、方法等的公共研究机构，是影响政府决策和推动社会发展的一支重要力量。中国社会目前正处于急剧转型过程中，需要中国智库在其中发挥积极作用。中国智库迅速发展，不仅成为了影响决策科学化的重要力量，也成了中国"软实力"提升的重要标志。2006 年 11 月，北京召开"中国首届智库论坛"，评出了中国十大智库，分别是中国社会科学院、国务院发展研究中心、中国科学院、中国军事科学院、中国国际问题研究所、中国现代国际关系研究院、中国太平洋经济合作全国委员会、中国科学技术协会、中国国际战略学会、上海国际问题研究所。上述这十大智库有九个集中在北京。无论是在政策影响力还是在规模上，北京智库都占据了绝对优势。而进一步提升北京智库的水平，对提升中国的人文影响力具有重要意义。

2. 北京是中国的文化中心

作为一个有着悠久历史的世界历史文化名城，北京是中华文化、东方文化的代表。北京集中了 6 处联合国认可的世界文化遗产，超过 1400 多处的国家、市和区一级文物保护单位，7039 处文物古迹，226 万件以上的珍贵收藏品；中国最具影响力的报纸杂志、文化演出团体大多集中在北京，全国近一半出版社在北京；北京宗教齐全、56 个民族聚集。首都丰富的文化遗存与中华传统优秀文化相契合，有利于向世界展现首都浓厚的文化底蕴，提升中华文化在全球的影响力。

3. 北京是中国文化产业最发达的城市

北京还拥有发展潜力巨大的文化创意产业。2000～2007 年，中国文化产业 40% 以上的产值来自北京。北京文化产业起步较早，已初步形成了由传统文化产业、新兴文化产业和相关文化产业组成的完整的文化产业体系。北京市文化产业的生产效率既大大高于我国总体水平，也高于发达国家的整体水平，规模大且成长快，已经具有相当的竞争力，并且还有相当大的提升空间。北京是中国文化产业的风向与坐标，引领着中国文化产业的发展方向。2008 年底，北京文化产业的增加值占北京 GDP 总量已经超过 10%，如何进一步做大做强北京文化产业，对推进中国文化产业的整体发展具有重要意义。

正因为北京在"人文"建设方面存在上述优势，建设"人文北京"，将会直接引领和推进"人文中国"建设。

人文奥运遗产与“人文北京”建设

孔繁敏*

摘　要： 北京奥运会所产生的人文奥运遗产，主要表现在奥运教育、体育健身、志愿精神、文明礼仪、形象标识、民族精神等方面。在北京向“世界城市”迈进的新发展阶段中，努力继承人文奥运遗产，加强体育文化建设，发展体育产业，促进中外体育交流，继续开展奥林匹克教育，推动“人文北京”建设，对打造北京国际体育中心城市，把北京建设成为亚太地区乃至全球最有影响力的国际化城市，并促使中国由体育大国转为体育强国，具有重要意义。

关键词： 北京奥运会　奥运遗产　人文奥运　人文北京

北京在申办第29届奥运会时提出的“绿色奥运、科技奥运、人文奥运”三大理念，体现了奥林匹克运动自身发展的趋势，同时注入了东方文明博大精深的文化内涵。北京奥运会的成功举办使三大理念全面落实并得以广泛传播。奥运会后北京对实施三大理念的经验进行总结、提炼，并结合现代化建设的实际，提出了建设“人文北京、科技北京、绿色北京”的新理念。“人文北京”的内涵十分丰富。继承人文奥运遗产，重视体育文化与市民健康，无疑是推动人文北京建设的一个重要方面。

一　人文奥运遗产

奥运遗产是指在奥林匹克运动实践发展过程中形成的具有重要价值的物质与

* 孔繁敏，北京联合大学应用文理学院党委书记、教授，北京奥运经济研究会副会长，北京联合大学奥林匹克文化研究中心主任。

精神遗产。奥运的重要体育场馆、相关体育产业、生态环境、组织运行、理念、标识、仪式等都属奥运遗产范畴。第 29 届奥运会为北京留下的人文奥运遗产主要表现在以下六个方面。

（一）奥运教育遗产

在筹办北京奥运会过程中，中国在 4 亿多青少年中广泛开展了奥林匹克知识教育活动。通过奥林匹克教育，促进了青少年的身心发展，培养了一批了解奥林匹克知识、理解奥林匹克精神并具有国际视野和文明风尚的青少年；创建了一批以奥林匹克为特色的示范学校和开展同心结交流活动的学校；建立了长期开展奥林匹克教育的机制；形成了一批奥林匹克教育研究机构和专家队伍；在奥林匹克教育过程中留下了一批师生的优秀作品。以弘扬奥林匹克精神为主旨的奥林匹克教育有机地融入体育、德育和课堂教学之中，全面提升了学校素质教育的水平。

（二）体育健身遗产

有特色、高水平的北京奥运会为中国留下了一大批条件一流的体育设施。北京奥运会共建有 37 个比赛场馆，其中 31 个建在北京。北京还有 56 个训练场馆、6 处相关设施。这些场馆设施在建设时已考虑到赛后利用。北京奥运会锻炼了一大批优秀的运动员和教练员、体育经营和管理人才，为中国由体育大国转为体育强国奠定了坚实基础。北京奥运筹办过程中，坚持“全民健身与奥运同行”的主题，大力宣传强身健体的思想。北京作为奥运会的主办城市，在全民健身活动中走在全国前列。从 1997 年起，已举办了六届全民健身体育节、六届北京市农民运动会，还举办了迎奥运“和谐社区杯”乒乓球比赛等多项群众喜闻乐见的系列活动。2005 年北京开展了创建“体育生活化社区”的试点工作，2007 年已有 50 多个社区被命名为北京市体育生活化社区。

（三）志愿精神遗产

北京奥运会期间，约有 170 万名各类奥运志愿者，提供了累计超过 2 亿小时的服务。北京共有 79 所高校的 50305 名赛会志愿者参与服务，涉及贵宾陪同、语言服务、体育展示和颁奖礼仪等 8 个专业项目，富有爱国心的年轻志愿者被一些外国记者亲切称为“‘鸟巢’一代”。在遍布全市的 550 个城市志愿者服务站点上，城市志愿者担起了信息咨询、应急服务等职责。在社区、乡镇、公交沿线和窗口行业等十余个重点领域，社会志愿者忙碌的身影随处可见。2009 年 3 月，北京发布《关于进一步加强和改进志愿者工作的意见》，提出积极转化北京奥运会志愿服务的成果，建立健全志愿服务的长效机制。

（四）文明礼仪遗产

为提高广大观众的文明意识，北京市大力开展文明礼仪教育活动，启动了 2005～2008 年首都青少年学生“情系奥运，文明礼仪伴我行”主题宣传教育实践活动，将文明礼仪知识教育纳入学校课程。商业、餐饮、宾馆饭店、旅游、银行等窗口行业开展了以奥林匹克知识培训、职业道德培训、职业技能培训等为主要内容的奥运培训工作。在市民中广泛开展“迎奥运、讲文明、树新风”活动，乱扔垃圾、随地吐痰、候车拥挤等不良现象大幅减少，城市的文明程度明显提高，也扩大了北京在国际社会的知名度和美誉度。

（五）形象标识遗产

北京奥运会形象标识包括北京奥运会会徽、吉祥物、色彩系统、主题口号、二级标志、体育图标、火炬以及奖牌等。形象标识充分体现奥林匹克永恒的价值观——希望与梦想、和平与友谊、参与和公平竞争、奉献与欢乐，同时在传承中创新，融中国气派、民族风格和时代精神为一体，突出中国特色与北京特色。形象标识作为人文奥运最鲜活的视觉形象，主要展现在奥运比赛场馆区，同时辐射相关区域，成为营造北京 2008 年奥运会形象与景观的基础，成为东西方文化交流的窗口，成为向世界展示中国及北京的文化传统、城市形象和人文精神的载体。

（六）民族精神遗产

北京取得 2008 年奥运会的举办权，极大地激发了中国人民的爱国热情。为实现举办一届有特色、高水平的奥运会目标，在“迎奥运、讲文明、树新风”活动中，千千万万的普通百姓围绕“为祖国增光、为奥运添彩”的主题，以“我参与，我奉献，我快乐”为口号，投入到身边的迎奥运工作之中，抒发自己的爱国情怀。通过奥运会圣火传递、全民参与奥运以及中国运动员在奥运会比赛中取得的优秀成绩，实现了举办一届有特色、高水平的奥运会的目标，有力增强了民族自豪感。在奥运筹办过程中，中国人民全力以赴、众志成城、积极进取，培育并形成了北京奥运的为国争光的爱国主义精神、艰苦奋斗的创业精神、精益求精的敬业精神、勇攀高峰的创新精神、团结协作的团队精神。这五种精神是宝贵的人文奥运精神遗产。

二　人文北京建设

目前，北京正处于向“世界城市”迈进的重要阶段。在这一发展阶段，如何继承奥运财富，促进首都经济与社会的科学发展，实现建设现代化国际大都市的目标，是一项长期而紧迫的任务。其中，继承人文奥运遗产、推动人文北京建设，是贯彻落实科学发展观、实现北京建设目标的重要举措。

（一）加强人文奥运遗产的保护与转化

北京奥运会遗产的传承与保护、利用与转化问题，已经急迫地摆在我们面前。当前特别需要由政府部门与相关组织协调，深入开展奥运遗产问题的科学研究与评估界定。既要关注奥运的物质遗产，更要关注奥运的精神遗产。人文奥运属于精神遗产，流失的速度较快，保护与转化的难度较大。目前，如何对人文奥运遗产进行系统保护与转化仍缺乏深入思考和长远可行的方案，志愿服务、文明礼仪等项目的保护与转化虽已受到关注，但结合现实加强激励和落实还不够。

（二）建立北京奥运会博物馆

现在世界约有 70 个国家和地区拥有奥林匹克博物馆或体育博物馆，数量超过 500 个。这些博物馆大都由单一收藏文物发展为具有研究、教育、娱乐等多种功能的重要活动场所。1990 年中国体育博物馆建立，侧重展示中国体育文物资料。北京作为举办过奥运会的“奥运城市”，要进一步继承奥运遗产，弘扬奥林匹克精神。为适应奥林匹克运动的发展及“人文北京”建设的需要，很有必要建立北京奥运会博物馆。截至 2009 年 5 月北京已有 151 个注册的博物馆，数量为全国之最，居世界城市前列。据了解，建立北京奥运会博物馆的建议已被采纳。

（三）推进全民健身活动

要适应休闲时代的要求，发展能够满足不同层次大众需求的多样化、个性化的休闲运动项目。继续深入贯彻《全民健身条例》，推动北京社区体育发展，开发社区体育中心的综合性功能，广泛开展学校阳光体育运动，抓紧落实《农民体育健身工程》，整合体育资源，促进体育健身生活化。进一步加强体育文化设施的投入，培育体育人口，包括体育爱好者、参与者和各类体育迷。同时注意加强体育文明教育，特别是观赛礼仪教育，形成良好的体育氛围。

（四）大力发展体育产业

奥运会带来了世界体育组织和运行的最高管理水平和经验，极大地提高了北京在国际大型赛事主办方面的能力水平，促进了北京服务业的快速发展。要以此为契机，大力发展体育产业。要有效组织北京市辖区内的各种文化资源，建立健全促进体育产业发展的协调体制和政策措施。特别要注重打造专业化体育管理团队，实施专业化运营，进行无形资产开发。要使体育休闲业、体育竞赛表演业、体育用品业成为北京体育产业中的支柱型产业，形成以体育服务业为基础、多业并举、多种所有制并存发展的体育产业新格局。

（五）促进中外体育交流

北京的中外体育交流在筹办与举办奥运会期间有显著进展，但离国际体育中心城市、国际化大都市的要求还有较大差距。要重视解决北京体育管理体制下中外体育交流的渠道和形式单一、欠缺体育文化品牌的推广以及体育民间社团组织相对薄弱等问题。要充分利用奥运会所带来的全球性体育消费扩大的机遇，继续加强与国际单项体育组织的合作，积极申办国际顶级体育赛事，同时国内赛事还要大力发展具有民族特色、民族品牌的比赛，鼓励民间体育社团组织的交流活动，研究加强中外体育交流的政策措施，善于将既融合现代奥林匹克文化特点又体现中国文化创意的体育产品推向世界市场。

（六）继续开展奥林匹克教育

北京奥运会的成功举办，使实现百年梦想的中华儿女和海外华人华侨获得了一次思想上的洗礼，潜移默化地受到一次最广泛的奥林匹克教育。奥运会结束后，要把奥林匹克精神传承和发扬下去，使人类的宝贵遗产为振兴中华和提高国民素质服务，重要的途径之一就是继续坚持奥林匹克教育。既要在国民中继续普及奥林匹克知识、开展健康教育，更要在青少年中广泛开设奥林匹克课程、重视发挥奥运示范校的作用，使之成为学校素质教育的重要组成部分。

北京奥运会所产生的人文奥运遗产，对进一步丰富奥林匹克文化艺术宝库、提高国民综合素质、推动社会和谐发展、加强东西方文化的交流，将发生深远影响。在向“世界城市”迈进的新的发展阶段，北京制定了努力继承人文奥运遗产、推动“人文北京”建设的目标。这对于提高市民的健康水平和体育素质，打造国际体育中心城市，把北京建设成为亚太地区乃至全球最有影响力的国际化城市，具有重要意义。

国际比较视野中的“人文北京”

白志刚*

摘　要：“人文北京”建设是实现“世界城市”和“文化名城”发展目标的重要举措。而要成为优秀的世界城市，必须具有广阔的国际视野。要发挥北京的历史文化优势，建设中央文化区，大力发展文化创意产业，设计培养具有更大影响力的国际文化节日，向世人展现更加鲜明的北京城市的文化特色和魅力。

关键词：人文北京　国际视野　世界城市　文化魅力

建设“人文北京”是实现现代化国际城市发展目标的需要。国务院批准通过的《北京城市总体规划（2004～2020）》，将北京定位于“首都城市、世界城市、文化名城和宜居城市”。党的“十七大”提出要“推动社会主义文化大发展大繁荣”。在成功举办2008年奥运会之后，北京市继往开来、高瞻远瞩地适时提出“人文北京、科技北京、绿色北京”的城市发展战略，这是建设“世界城市”和“文化名城”的发展目标定位，也是落实中央指示精神的重要举措。

一　人文北京的文化界定

“人文”的原义是“人”和“人的文化”。“人文北京”主要就是文化北京。人文（humanisim）一词还可以翻译成“人道”和“人本”，强调以人为本，以区别于“神、动物和机器”，基本内容包括人本主义、人文主义和人道主义，还含有良好本性和心地慈善的意思。随着奴隶制民主城邦的出现和政

* 白志刚，研究员，北京市社会科学院外国问题研究所所长。主要研究中外城市比较、利益公平。

治、经济的繁荣，古希腊人创造了与古代东方风格迥异的灿烂文化，在人类历史上明确提出了人的全面发展的主张。以人为本的古希腊人文精神在欧洲黑暗的中世纪遭到毁灭性的打击。14 世纪，代表新兴资产阶级利益的人文主义者发起了文艺复兴运动。文艺复兴的指导思想是“人文主义”，它以人为中心，同以“神”为中心的封建教会思想相对立。人文主义者以各种形式赞扬人的伟大和尊严，重视人的精神和肉体的全面发展，反映了处于上升期的资产阶级的思想内核。

人文概念引进我国后，附加了独特的含义。按照中文字典的解释，所谓人文，是指人类社会的各种文化现象，这是人文的主要内涵。“人文”是“人”与“文”的统一。“人”是指理想的人性概念，强调的是以人为本；“文”是指以理想的人（性）对社会成员进行培养和教化。悠久的历史文化、文化底蕴、文明环境对人的影响，以及通过教育方式、手段对人的文明程度的提升，强调的是“以文化人”。[①] 在这里，人文相当于广义的文化，涵盖人类在社会历史发展过程中所创造的物质财富和精神财富的总和，包括政治文明、社会和谐、文化繁荣、科技发达和生态友好等。

北京市提出的“人文北京”，其主要内涵是“文化北京”。因为“科技北京”和“绿色北京”都属于大的“人文北京”的范畴。为了有别于“科技北京”和“绿色北京”，“人文北京”就需要限定为“文化北京”，包括“北京的政治文明、文化繁荣和社会和谐”。

文化是城市生存、发展和品位升格的主要途径。“康德说，缺乏文化的城市生活是盲目的，脱离了城市生活的文化是空洞的。”[②] 城市的表象是物质环境，文化是城市的本质和灵魂。建设人文北京，为的是提升北京的城市品位，提升人们的文化生活质量，提升北京城市的凝聚力、创造力和吸引力。“当今时代，文化越来越成为民族凝聚力和创造力的重要源泉、越来越成为综合国力竞争的重要因素，丰富精神文化生活越来越成为我国人民的热切愿望。”[③] “人文北京”建设

---

① 陈剑：《首都发展战略——“人文北京、科技北京、绿色北京的确立”》，《建设人文北京、科技北京、绿色北京》，北京出版社，2009，第 28 页。

② 冯惠玲：《“人文北京”：城市的品格与灵魂》，北京社科规划办 http：//www. bipopss. gov. cn/。

③ 胡锦涛：《高举中国特色社会主义伟大旗帜　为夺取全面建设小康社会新胜利而奋斗——在中国共产党第十七次全国代表大会上的报告》，中央文献出版社，2007。

是落实中央“十七大”精神的具体措施，是促进北京文化繁荣、社会进步和经济发展的英明决策。

二　北京人文的国际比较

美国纽约、英国伦敦、日本东京、法国巴黎现代化、国际化的程度较高，被称作“世界城市”，是国际公认的综合型国际化大都市。上海是我国的发达城市，在国际上也有较高知名度。在确立北京达到国际化大都市的奋斗目标的过程中，与这几个城市相比，可以发现北京自身的优势，以及明显的不足。

（一）综合条件和实力

北京的自然状况在总体上有利。在 6 个城市中，北京的地域面积最大，有 16411 平方公里，人口 1743 万，人口密度不高，每平方公里 0.11 万人。这比巴黎的每平方公里 0.10 万人略多，大大低于东京（1.65 万人）和纽约（1.90 万人）的人口密度。北京城区面积为 1370 平方公里，人口为 850 万，城区人口密度为每平方公里 0.62 万人，处于居中的位置，略高于上海和伦敦，是纽约城区人口密度的 58%、东京的 45%、巴黎的 28%。[①] 北京的自然环境和巴黎差不多，有山区和平原，地貌、植被和气候具有多样性，更适合人文的发展。但是，由于北京的水资源短缺，所以与人口密度接近的城市相比，北京的发展条件相对要差些。

与世界发达国家和地区的发达城市相比，北京的经济实力差距较大。经济是人文发展的基础。北京在改革开放后经济快速发展，但由于起点较低，与几个主要世界城市相比，仍然存在较大差距。在世界城市评价标准中，服务业最为重要。银行、广告、会计和法律服务是世界城市的四个主要指标。按照这个评价标准，伦敦、纽约、巴黎、东京、芝加哥、法兰克福、香港、洛杉矶和米兰排在世界城市前列。就经济实力而言，伦敦最强，人均 GDP 达到 55000 多美元；接着是巴黎，39400 多美元；东京，39200 多美元；纽约，27000 多美元。北京与上海接近，都不到 5000 美元，差距很大。

北京居住的外籍人口比例较低。世界城市是移民流动的聚集地。外籍人口持

① 参见《北京统计年鉴（2008）》；伦敦发展署：《伦敦：一次文化大审计》，2008。

续增长是现代城市的特点之一，也是城市文化多样性的一个重要元素。在这方面，纽约、伦敦和巴黎比较突出，东京差距较大。北京的外籍人口数量尽管增长很快，但总数及比例仍然比较低。外籍人口比例也是国际城市的一个重要指标。纽约的外籍人口比例在国际城市中最高，占纽约总人口的33.7%，这与联合国总部以及国际金融中心在纽约有关。伦敦的外籍人口也比较多，占伦敦总人口的27.0%。这主要得益于伦敦的经济实力较强、城市环境较好。伦敦现任市长肯·里维斯都恩说：“人们从世界各地来这里居住，伦敦的文化是他们选择的至关重要的因素。”[①] 北京的外籍人口还很少，占北京总人口的0.43%。这与北京的经济发展水平有关，北京目前的城市生态环境和文化多样性的发展水平不高，也是重要原因。

北京市民素质有待提高。人口素质是衡量城市发展水平的最重要的标志之一，人口素质中最重要的指标为受教育程度。在大学以上人口所占城市人口比例方面，巴黎的数字达到31%，其后是纽约、伦敦，分别为30%和28%。上海是18%。[②] 北京的数字比上海高出6%，为“24.43%”，[③] 但与世界发达城市相比，还是有相当大的差距。

人文也是国际城市的重要组成部分。伦敦的前市长肯·科文斯说过：“正是伦敦的文化优势，才使其成为一个了不起的都市，很少人到伦敦访问只是为了这里的银行家。这个城市让人怀念之处，不仅在于它的经济，而更在于它的文化成就。”[④] 要进入世界城市行列，文化实力也是一个重要指标。按照文化实力指标来评价，纽约、伦敦、洛杉矶、巴黎、悉尼和东京排在前列。[⑤] 有必要在人文方面把北京与上海和几个主要国际城市作比较。

（二）文化遗产和设施

城市文物是城市人文的名片。城市文物记载着城市的历史，文物遗存越多，

---

① 伦敦发展署：《伦敦：一次文化大审计》，2008。

② 伦敦发展署：《伦敦：一次文化大审计》，2008。

③ 北京2005年人口抽样统计结果显示，北京常住人口为1481.7万，大学专科人口，165.7万，大学本科人口，168.3万，研究生人口，28.1万，大学以上人口比例为24.43%。见《北京统计年鉴（2006）》，中国统计出版社，2006。

④ 刘桐渤：《经济危机下的伦敦新举措》，《光华》2009年第1期。

⑤ 伦敦发展署：《伦敦：一次文化大审计》，2008。

历史就越清晰，内容就越丰富，魅力就越强大。

北京的文化遗产优势明显。历史文化是构成城市人文的最重要的元素之一。与其它世界城市相比，北京在文化底蕴方面更为深厚。从燕京古城的兴建，到辽、金、元、明、清五个朝代的都城，中华文明之火在北京长盛不衰。“在世界各国的大都市中，北京是东方文化积淀最丰厚的古都，建城史已有3000多年，城市历史最早可追溯到公元前1045年，比堪称世界文化中心的巴黎还早945年。北京历史文化悠久，人文景观壮丽，宫殿等皇家建筑距今已有500多年历史，全市共有文物7300余项，其中国家级重点文物保护单位60处，地方文物保护单位262处。”① 北京的周口店猿人遗址、明十三陵、故宫、长城、天坛和颐和园已被联合国教科文组织列入《世界文化遗产目录》，世界文化遗产多于伦敦等世界城市（见表1）。要实现“世界城市”和“文化名城”的发展目标，就要保护好北京的历史文化遗产。北京的城市文化景观，彰显鲜明的北京城市的文化特质和文化魅力。“要具备国际视野，善于学习和借鉴发达国家国际大都市在古都风貌保护方面的成功经验。”② 国外发达城市的政府、文化组织和市民非常重视文物保护工作。古建筑的保护和使用都有严格的法律规定，政府制定新的建设规划必须事先公布方案，然后举行会议征求社区居民同意后，方能实施。

表1 六城市联合国世界文化遗产数量

	北京	上海	伦敦	纽约	巴黎	东京
世界文化遗产数量	6	0	4	1	2	0

北京的文化设施比较齐全。北京的博物馆有179个，影剧院有286座，基本达到世界城市的水平（见表2）。不过，北京的博物馆数量不少，参观博物馆的人数要比伦敦和巴黎少。

（三）文化活动和活力

如果说文化是一个城市的灵魂，那么，文化活动就是一个城市的活力。以伦

① 《2008年奥运会对北京现代化进程的影响和推动分析》课题组：《关于北京城市现代化和国际化水平的比较研究》，《北京行政学院学报》2003年第2期，第54页。

② 刘淇：《做好古都风貌保护工作　建设“人文北京”》，2009年2月26日《北京日报》。

表 2 六城市公共文化设施*

	北 京	上 海	伦 敦	纽 约	巴 黎	东 京
国家博物馆	38	6	22	16	19	8
其他博物馆	141 **	100	162	85	138	71
公共图书馆每 10 万人口数量	251.53	2481	3955	2553	303N/A	3693
书店	127	300	927	498	1076	N/A

* 本表中上海、伦敦、纽约、巴黎、东京的数字均出于伦敦发展署的《伦敦：一次文化大审计》，北京的数据来源于《北京统计年鉴（2008）》，中国统计出版社，2008。

** 北京地区按行业管理登记的博物馆共 141 家，其中：中央 38 家、市属 39 家、区县属 31 家、民办 22 家，长期闭馆 11 家。北京的图书馆数量只是区县级和市级的数字，基层图书馆的数字未列入。

敦为例，在"开放、迷人、自信和动力无限"的品牌格调的基础上，伦敦的"文化多元化、无限创造性、充满机会以及无穷积极的推动力"的品牌价值也突显了出来。① 为了不断增强城市的活力和魅力，吸引国内外游客，促进经济特别是旅游经济的发展，伦敦每年举办几十项大型国际文化活动。这些活动均在前一年策划，并通过各种媒体向世界公布。2009 年，伦敦的大型文化活动有 60 多项，其中大多数都是国际性的。如一月的"新年游行"、"伦敦艺术展览会"；二月的"中国新年庆典"、"伦敦时尚周末"；三月的"河王之争"、"活力展"；四月的"伦敦华神马拉松赛"、"伦敦高尔夫展"；五月的"青年艺术节"、"伦敦城市节"；六月的"伦敦国际音乐展"、"品味伦敦"、"伦敦国际戏剧节"和"温布尔登草地网球锦标赛"；七月的"逍遥音乐会"、"伦敦设计节"、"市长泰晤士节"和"英国国际车展"；八月的"诺丁山嘉年华"、"伦敦铁人三项赛"；九月的"伦敦时尚周末"、"英国之旅"；十月的"世界艺术锦标赛"、"英国电影协会伦敦电影节"和"伦敦十月啤酒节"；十一月的"伦敦市长游行暨烟火表演"、"伦敦 BBC 美食展"；十二月的"网球大师赛"、"河畔冰雪节"和"除夕庆典"。"节日庆典活动是伦敦城市营销的重要手段之一。伦敦几乎每个月都会有一次大型的庆典活动。其中，已成惯例的节庆活动有 Regent Street 点灯仪式、8 月的狂欢节、皇家庆典等。这些"产品"的知名度、认知度高，对提升伦敦城市形象的贡献极为重大，不仅每年吸引了大量的游客，同时，随着电视的转播，使数

① 周丹：《伦敦城市品牌是怎样打造的》，《中国报道》2007 年第 3 期。

亿观众了解了伦敦。[①] “广大的而且是愈来愈多的重要人物来伦敦参加庆祝活动，比去纽约的多一倍，比去巴黎的多50%。”[②] 在这个方面，北京的差距较大。

文化产业的经济贡献率体现出一个城市的文化特色和文化活力。以伦敦为例，伦敦的创意产业就业人数超过55万人，占伦敦就业总人数的11.7%，占英国创意文化产业就业总人数的25%，占英国就业总人数的1.88%，可谓伦敦总就业中的重点行业。从行业产值来看，文化创意产业是伦敦的经济支柱产业。2007年伦敦的文化创意经济的产值就已达到210亿英镑，占伦敦经济总量的16%。[③] 文化创意产业的发展，有力推动了城市的旅游经济。伦敦旅游业每年的收入大约为150亿英镑（约合人民币2000多亿元）。旅游部门提供大约25300个全职岗位。[④] 在过去十年里，伦敦海外游客数量增长迅速。2007年伦敦共接待了2545万游客，其中海外游客1564万人，年旅游外汇创收首次突破了80亿英镑。[⑤] 而北京2007年入境人数为435.5万人，旅游外汇收入4.58亿美元[⑥]，尽管北京的旅游发展比较快，已经大大超过东京，但与伦敦等城市相比，仍然还有较大差距（见表3）。

表3　六城市国际游客数量比较*

	北　京	上　海	伦　敦	纽　约	巴　黎	东　京
年国际游客数量（人）	4355000	4300000	15640000	8140000	9700000	1470000
占城市人口比例（%）	27	24	208	99	85	12

*本表中上海、伦敦、纽约、巴黎、东京的数字均出于伦敦发展署的《伦敦：一次文化大审计》，北京的数据来源于《北京统计年鉴（2008）》。

三　关于建设人文北京的建议

通过对北京人文状况的国际比较，北京的优势和差距显现出来。为了更好地建设人文北京，提出以下建议。

---

① 周丹：《伦敦城市品牌是怎样打造的》，《中国报道》2007年第3期。

② 伦敦现任市长肯·里维斯都恩语。见伦敦发展署《伦敦：一次文化大审计》，2008。

③ 刘桐渤：《经济危机下的伦敦新举措》，《光华》2009年第1期。

④ 2007年3月19日《消费日报》。

⑤ http://www.sina.com.cn，2008年8月6日新浪财经。

⑥ 数据来源：《北京统计年鉴（2008）》，中国统计出版社，2008。

（一）建设中央文化区

城市文化特色需要有集中展示的区域。一个大型城市，特别是一个现代化国际大都市，应该有若干特殊功能区，既要有电子城、金融街，商务区等经济活动专门区域，也要有比较集中的供人们进行文化消费的地方。文化功能区的建设比其他功能区的建设更加重要。例如，纽约有百老汇戏剧街，巴黎有红磨坊夜总会区，东京有新宿文化城和六本木青年乐园，莫斯科中心区有历史文化保护区，等等。一直在积极推动创意文化产业发展的北京，却缺少一个中央文化区。“我们已经新建了西单金融街、建国门商务圈，可惜还没有形成足够的可以供普通市民从事文化消闲活动的新的文化中心区。”①

建设北京中央文化区，不仅是为了满足普通民众的精神文化需要，让普通民众在轻松享受文化生活的同时得到积极健康向上的文化熏陶，同时也是为了提高北京的文化活力和魅力，更快地发展北京的经济。中央文化区是追求知识、掌握信息、享受科技成果、拓展想象力与创造思维空间的特殊功能区。中央文化区可以是一个城中之城，也可以是一座郊区新城，它融历史文化和现代文化为一体，融艺术观赏、娱乐、休闲餐饮、图书和艺术品展销为一体，集中展示北京地区和中华民族的优秀文化，以及国外优秀文化，以此来增强北京文化名城的吸引力，促进北京和中国文化产业的蓬勃发展。中央文化区的建筑要达到世界一流，体现民族风格，使之成为扬名国际的标志性建筑群。

（二）创办国际文化节

北京是国际上少见的文化遗产特别丰富的城市，市俗民情、民间艺术、胡同民居、宗教信仰、节事活动等，都具有强烈的吸引力。进入 21 世纪，北京在举办世界性大型文化活动方面进步巨大，目前影响较大的文化节庆活动有“相约北京艺术节”、“北京国际音乐节”、“北京国际马拉松赛”、“北京国际旅游文化节”、“北京国际时尚文化节”、“北京中国网球公开赛”等，但这些活动与“巴黎国际时装节”、“法兰克福图书节”、“慕尼黑啤酒节”、“伦敦铁人三项赛”、“里约狂欢节”、“马德里斗牛节”和洛杉矶的“奥斯卡金像奖颁奖典礼”等相

---

① 杜梅萍：《建言人文北京　共谋和谐发展》，《前线》2009 年第 4 期。

比，还有相当大的差距。因此，要进一步提高北京文化名城的世界知名度和影响力，就需要创建一批具有世界影响的北京文化活动、北京文化节日。

（三）建设文明新北京

一个充满人文气息的世界城市，一定是一个文明程度很高的城市。建设"人文北京"的关键是涵养浓郁的文化特质，提升北京的文明程度，促进人的自由全面发展。[①] 北京要建设文明城市，最重要的就是城市物质形象和精神形象。城市物质形象是构成国际城市至关重要的因素，包括城市风貌特点突出，城市街巷清洁卫生，城市环境健康美丽，城市交通方便畅通等。而一个城市的精神形象更加重要，因为精神形象给人的感受更深刻、更久远。城市精神形象包括城市居民素质较高、公共服务全面优质、日常生活安全有序、人际交往友好礼貌等。

① 陈剑：《"人文北京"建设十议》，《前线》2009年第8期。

国庆60周年群众游行活动的文化阐释

吴晓峰*

摘　要： 国庆庆典是官方节日体系中的典型文化形态，具备官方节日文化形态的四大特征：政府组织、主题鲜明、程式固化和强调秩序。与此同时，作为一种官方节日，中国的国庆节不是民间节日的对立面，而是包含了诸多民间节日文化要素，因此西方的节日文化理论对它并不完全适用。北京群众游行活动中的广场音乐会、领袖原音再现和安塞腰鼓等“三大亮点”，集中体现了上述特征。

关键词： 国庆庆典　官方节日　民间节日

2009年10月1日，北京举行了举世瞩目的中华人民共和国国庆60周年庆典。当浩浩荡荡的群众游行队伍经过天安门广场时，在数十万人聚集的广场上，一首首高亢嘹亮的歌曲在广场上空回荡；一张张热情洋溢的笑脸，汇成了一片欢乐的海洋。那一刻，正应和了一个既遥远又贴切的词语“狂欢节”。

狂欢节是一种“以游行本身为主要特征的节日庆典”的节日形态。在布克哈特的笔下，中世纪意大利的狂欢节也是以“富有艺术性的处理方法，把这种游行队伍安排成为一个和谐而有意义的整体”。[①] 然而，纵然在国庆庆典上有群众游行和快乐激情这样的狂欢节元素，但没有人将国庆节与狂欢节联系在一起。毕竟，国庆节和狂欢节分属“官方节日”和“民间节日”两个节日系统，其文化形态及文化内涵有着显著的不同。在巴赫金那里，这两种节日文化甚至是以一种对立和抵牾的关系出现的。可是在2009年国庆庆典中，我们看到了诸多民间

* 吴晓峰，文学博士，对外经贸大学副教授，对外经贸大学文学交流中心成员，主要专业领域是文学和语言跨域研究。

① 布克哈特：《意大利文艺复兴时期的文化》，商务印书馆，1979，第398页。

节日的元素，即在国庆节这种典型的官方节日文化中，容纳了民间节日的文化因素。这使得看似相异的两大文化节日系统和谐地统一在一起，大大丰富了国庆60周年庆典的形式和内涵。

一 群众游行活动的文化属性

国庆纪念日是典型的官方节日。它与近代民族国家的形成相伴，是一个独立国家的标志。作为一种特殊的节日形式，国庆纪念日的重要功能在于昭示一个国家和民族的强大的凝聚力，也具体表现出政府所拥有的极强的动员组织民众的能力。也就是说，彰显国威，增强国民信心，体现凝聚力，发挥号召力，是国庆庆典的基本内涵，从而决定了国庆庆典与一般的民间节日不同，有着独特的形式和内容。

北京国庆60周年庆典活动具有官方节日的一切重要特征，主要表现在以下四个方面。

（一）整个活动由政府出面组织

据综合策划团队向媒体提供的信息，国庆庆典活动的组织流程是：由政府出面征集活动方案、选定主创团队；由承办者负责提供活动方案，提交政府相关部门审批，审批通过后再进一步落实活动的实施细节。一些敏感部分由官方定夺和批准后才能最终落实在方案里。据本次群众游行指挥部艺术总监、导演组负责人陈蔚介绍，从接受任务到2009年国庆庆典活动结束，整个方案的策划历时8个月之久。

经过精心策划、数次排练，国庆当天在天安门广场上有数十万群众参加庆典游行，井然有序且充满欢乐激情，充分体现了全国民族大团结和社会和谐稳定的大好形势，也反映了中国共产党强大的凝聚力和组织能力。对参加者和观礼者来说，它极大地强化了民族——国家在人们心中不可动摇的地位，激发了海内外中华儿女的民族自豪感和自信心。

（二）整个活动具有鲜明的主题性

国外学者认为，与以狂欢节为代表的民间节日不同，官方节日的目的是“将现有的制度神圣化、合法化和固定化”，确立现有政权的合法性。因此，它

“只是向后看，看过去，并以这个过去使现有制度神圣化”。[①] 纵观建国以来的国庆群众游行活动，每次游行都是展示特定年代建设成就、时代主题的舞台，是一部活生生的中国意识形态的演进史。

2009年的群众游行以回顾中国共产党领导全国各族人民的奋斗史、创业史、改革开放史为主线，以“我与祖国共奋进”为主题，由“思想篇”、“成就篇”、“未来篇”三大篇章组成，分为七个部分。“思想篇”包括《奋斗创业》、《改革开放》、《世纪跨越》和《科学发展》四个部分。游行队伍展示了新中国四代领导人毛泽东、邓小平、江泽民和胡锦涛的巨幅画像，勾勒出新中国60年来的历史进程。“成就篇”包括《辉煌成就》和《锦绣中华》两个部分，充分展现我国各行各业、各条战线和各个地区取得的伟大成就。“未来篇”为第七部分《美好未来》。整个群众游行活动以艺术化的综合手段，展现了在国家初创、改革开放、世纪跨越、科学发展四个不同历史阶段，共和国的精神面貌及新时期各行各业劳动者的风采。用策划者的话来说，“我们希望通过这种艺术化的展现唤醒人们对时代的记忆，引起对美的共鸣，从而让人们更加珍惜生活。”[②]

这样的主题及其所实现的效果最终也得到了官方的认可。国家主席胡锦涛对此次活动给予了高度评价：“整个活动主题突出，特色鲜明，隆重热烈、气势磅礴，充分展示了新中国成立60年来特别是改革开放以来取得的巨大成就，充分展示了全国各族人民团结奋斗、开拓进取的精神风貌，充分展示了人民军队威武之师、文明之师、胜利之师的良好形象，极大地振奋了党心军心民心，极大地增强了海内外中华儿女的自信心和自豪感，也受到了国际社会的广泛好评。”[③]

（三）整个活动有相对固定的仪式流程

“一套实践活动，通常有明文规定或者约定俗成，且具有仪式和象征性质，试图以重复来灌输一定的价值和行为规范，而且自动蕴含着与过去的连续性。事实上，只要有可能，它们通常会试图与某一恰当的具有历史意义的过去建立连续性。”[④] 群

① 巴赫金：《拉伯雷研究》，河北教育出版社，1998，第11页。

② 刘国超语，见《国庆游行指挥部策划总监揭秘10万人大游行》，新华网，2009年9月21日。

③ 胡锦涛语，见《胡锦涛：国庆系列节目是宝贵的精神财富》，人民网，2009年10月7日。

④ 霍布斯鲍姆语，转引自拉加的《营造传统——新加坡国庆庆典》，《中国农业大学学报》2007年第3期。

众游行形式始于中国开国大典，寓意着民众通过游行方式庆祝解放、庆祝民族独立，表达对党的拥戴。60 年来，这种形式在国庆庆典上共出现过 25 次，可称得上是中国国庆庆典的传统项目，并形成了一整套活动流程。

新中国历史上的 25 次国庆庆典群众游行活动中，有 14 次同时举行了阅兵活动。1949 年的开国大典虽然是在异常艰苦的条件下举行的，也进行了阅兵仪式。照片中战士们手中的万国兵器已被赋予了一种特殊的历史纪念意义。在国庆 60 周年的群众游行活动之前，同样进行了庄严肃穆的阅兵仪式。本次阅兵所展示的国产新型武器装备，足以令国人振奋，让世界刮目相看。阅兵是国家实力的一种外化，群众游行活动所表达的民众的自信心和自豪感，是建立在国家实力的基础之上的。

作为游行活动基本元素的方阵、标语、口号、画像、彩车、音乐，在这次庆典活动中再次得到充分的和创造性的运用。另外，这次群众游行的流程，与改革开放以后的两次群众游行活动，即 1984 年 35 周年庆典和 1999 年 50 周年大庆，基本一致：主题方阵依次经过天安门广场。甚至 50 周年大庆时所采用的“开国建业”、“改革开放”、“世纪腾飞”的历时出场顺序，也成为此次群众游行活动的模版。巴赫金曾指出官方节日为确立现有制度的合法性，具有“向后看，看过去”的特点，而这一特点从活动内容和流程上得到印证。

（四）整个活动强调出场的秩序性

在官方节日上，所有参加节日活动的人员，包括参与者和观礼者，均按照相应的级别和地位各就各位，以衔阶秩序来组织。

拉加在研究新加坡国庆庆典时指出，新加坡的国庆庆典是以军队为模版的。“在军队里，部队要按照建制集结，接受更高级军官或更高权威（官方的或非官方的）代表的检阅。国庆庆典当然沿用了部队建制的编队逻辑，囊括了被认为属于国家建制的东西。”① 这种特点同样适用于中国的国庆庆典，尤其是群众游行紧随阅兵之后出现，这种关联性表现得更为明显。而这种结构不仅仅限于庆典过程中的游行队伍，还包括所有在场的人，共同构成了一个正式的秩序。这个秩序细分为一系列层次，参加者和观礼者按照在社会体系中的秩序在相对应的时间

① 拉加：《营造传统——新加坡国庆庆典》，《中国农业大学学报》2007 年第 1 期。

和位置出场：游行队伍总是最先在庆典地点集结，其后是观礼的群众，国家的最高层领导在整个活动的聚焦时刻出现在天安门城楼上；游行活动以天安门城楼为核心，游行群众依次经过，观礼群众面向城楼。

任何官方节日都有这样一个事先安排并已约定俗成的到场顺序和出场位置，它已成为官方节日的一种定例。这种秩序性和结构性直接反映并强化了现实社会的秩序和结构，是官方节日和民间节日的根本不同之处。2009年国庆庆典上的群众游行活动是典型的官方节日体系中的典型文化形态。但中国的官方节日有其诸多特殊之处，不能完全套用西方的理论。

在以西方节日为研究对象形成的节日文化理论中，巴赫金基于中世纪晚期欧洲“狂欢节”的分析最有代表性。在巴赫金那里，官方节日与民间节日是完全对立的，而他对这两种节日文化的描述也可以明显地看出其对民间节日文化的张扬和对官方节日的否定。① 然而，用这样的区分来反观我们的国庆庆典，显然是不适用的。

例如，国庆庆典与时间的关联问题。从整个群众游行的内容上看，不仅在看过去，也在看现在，更在看未来。当数千名少年儿童涌向金水桥放飞气球的那一刻，人们所感受到的是未来的力量和更新的希望。又如，国庆庆典作为一种正式的节日仪式，虽然看不到诙谐、假面，但也绝不“呆板严肃”。那一张张绽放的笑脸，那一行行真挚的热泪，那一声声动情的欢呼，都是真实而生动的。再如，国庆庆典上的结构性秩序性，固然与社会分工的差异有联系，但与封建时代森严的社会等级差异之间存在本质上的不同。事实上，在中国的节日文化传统中，这更多地体现为儒家文化影响的结果。在中国，无论官方节日还是民间节日，这种结构性一直存在。元宵节是典型的民间节日。《东京梦华录》记载：“正月十五日元宵，大内前自岁前冬至后，开封府绞缚山棚，立木正对宣德楼，游人已集御街，两廊下，奇术异能，歌舞百戏，鳞鳞切切，乐声嘈杂十余里……宣德楼上，皆垂黄缘帘，中一位乃御座。用黄罗设一彩棚，御龙直执黄盖掌扇，列于帘外……帘内亦作乐。宫嫔嬉笑之声，下闻于外。楼下用枋木垒成露台一所……万姓皆在露台下观看，乐人时引万姓山呼。”② 受儒家文化传统的影响，人们在节日庆典

---

① 巴赫金：《拉伯雷研究》，河北教育出版社，1998，第10～11页。

② 孟元老：《东京梦华录》，山东友谊出版社，2001，第59～60页。

上情感的表达方式不是外放的而是内敛的，尤其在正式场合。而这也是诙谐不可能成为官方节日形式要素的重要原因之一。

中国的国庆节作为一种官方节日，不是民间节日的对立面，而是包含了很多民间节日文化的要素。社会学研究表明，中国传统的节日文化体系具有“家国一体、官民一体”的特点。然而到民国时期，以西方文化为标准建立起来的新的节日文化体系，开始分化为“一种缺陷明显的二元结构。”① 新中国成立以后，这种对立的“缺陷”逐渐被弥补，国庆庆典活动得到民众普遍的关心、自发的支持和热情的参与，而这正是60周年国庆庆典活动成功举办的重要力量。

二　官方和民间节日文化融合的亮点

“亮点”之能成为“亮点”，不仅是一种“全新”的展示，还要经得起“良久”的回味，并且可以成为我们评价一个对象时定格分析的点。像“小平，您好！”作为1984年国庆庆典的亮点，已经永久地烙在了人们的记忆中，并被记入史册。而它之所以成为亮点，正是因为它那“意外”又“不意外”的出现，具有一种超越设定主题的深刻意义。北京国庆60周年的群众游行活动亮点很多。这里选取“广场音乐会”、“领袖原声再现”和“安塞腰鼓”进行解读。

（一）广场音乐会

背景音乐即群众游行活动主创人员所说的“广场音乐会”是这次国庆庆典的一大亮点。共选取了《红旗颂》、《东方红》、《没有共产党就没有新中国》、《春天的故事》、《青春啊青春》、《走进新时代》、《长江之歌》、《江山》、《今天是你的生日》、《在希望的田野上》、《咱们工人有力量》、《祝酒歌》、《红旗飘飘》、《我和你》、《友谊金桥架五洲》、《爱我中华》、《领航中国》、《走向复兴》、《中国少年先锋队队歌》、《歌声与微笑》和《歌唱祖国》这21首脍炙人口的曲目，具有鲜明的时代特征。

第一，这些曲目紧扣游行方阵的主题，歌颂建国以来取得的成就，构成了史诗般的整体艺术效果。《东方红》、《春天的故事》、《走进新时代》和《江山》，

① 高丙中：《民族国家的时间管理》，《开放时代》2005年第1期。

与游行的前四个部分《奋斗创业》、《改革开放》、《世纪跨越》、《科学发展》完美配合，展示了新中国一个甲子的历史进程。当国旗正步仪仗方阵托举着国庆庆典最大的国旗通过天安门时，背景音乐是《红旗颂》。在行进《祝福祖国》表演时，选用了《今天是你的生日》。当航天英雄翟志刚从彩车上的“太空舱”探出身子挥动五星红旗时，《红旗飘飘》响彻云霄。音乐对主题的表现非常贴切。

第二，曲目的表现形式呈现多元化。不仅有激昂的红色经典音乐，还加入了《红旗飘飘》和北京奥运会主题歌《我和你》这样的流行音乐成分。在表现方式上，更是开创性地让军乐团、合唱团和民族打击乐团相结合。在以往的阅兵和群众游行中，一般只有军乐团演奏。2009 年国庆庆典的阅兵阶段也仍然由军乐团演奏各类军队乐曲，但进入到群众游行部分时，首创性地加入了 2400 人的青年合唱团、300 人的童声合唱团和 130 多人的民族打击乐团。合唱团多声部的旋律，民族打击乐强烈的视听冲击力，以及首次引入的领唱形式，大大丰富了音乐作为游行背景的表现力。

曲目服务于主题，形式的多样化也同样是为主题服务的。从客观效果上看，音乐形式多样化后，传达的内容的确更为丰满。如铿锵的鼓声传达了欢乐与力量，纯净的童声传达了和平与祝福，和谐的声部传达了祥和与美满。同时，声势浩大的表演团队，对于营造热烈、欢快、喜庆的气氛，也大有帮助。此外，还应当注意到这些新元素自身的民间化倾向。这次添加的合唱团和民族打击乐团，全部由各大院校的学生和来自民间的童声合唱团成员构成，他们淡化了军乐团的官方色彩。而流行曲目的添加赋予整个游行活动更加绚丽的色彩。

从上述意义来说，群众游行活动主创人员用“广场音乐会”来概括此次活动的音乐背景的特点，非常贴切：在这里，“广场”不仅是具体的广场，是具有特殊政治蕴涵的天安门广场；同时也是抽象的广场，是具有民间意味的广场。

（二）领袖原声再现

领袖画像从来是国庆庆典中不可或缺的元素。开国大典时，天安门城楼上正中悬挂着毛泽东的巨幅画像。到 1953 年时，国庆群众游行队伍中开始出现“画像”方阵，人民群众紧紧簇拥着他们爱戴的领袖、精神导师和国际友人的画像。画像作为群众游行的文化传统一直延续至今。

画像之所以成为群众游行的重要元素，一方面表达了人民群众对领袖的拥戴，另一方面也表达了人民群众与领袖近距离接触的愿望。而后者正是群众参加国庆游行的一个重要动因。从亲历开国大典的叙述者的回忆里可以了解到，人们不顾旅途的艰苦，从四面八方涌向天安门广场，完全是由于“无不迫切希望走到城楼前，看到衷心敬爱的毛主席”。[①] 虽然今天人们每天都可以从电视上看到国家领导人的身影，并且由于领导人的亲民态度使更多的民众有机会在现实中接近国家领导人，但能与领导人们共同欢庆国庆60周年庆典，仍然是很多游行群众的愿望。

在这次群众游行中，策划者在保留游行队伍簇拥领袖画像的形式基础上，首次创造性地设计了领袖原声再现的形式。当簇拥着新中国的主要缔造者和领导人毛泽东巨幅画像的“开天辟地”方阵走过天安门时，60年前天安门城楼上毛泽东那带有浓厚湖南方言特征的庄严宣告——“中华人民共和国，中央人民政府，今天成立了”，再次响起。当“春天的故事”方阵簇拥着改革开放总设计师邓小平巨幅画像走过时，1982年9月邓小平在中共“十二大”开幕式上的讲话——“把马克思主义的普遍真理同中国的具体实际结合起来，走自己的路，建设有中国特色的社会主义”，又一次回荡在天安门广场的上空。当“走进新时代”方阵簇拥着江泽民巨幅画像出现时，则再次响起了2002年江泽民在中共“十六大”开幕式上的讲话——“把中国特色社会主义事业不断推向前进，共同创造我们的幸福生活和美好未来。”而当“继往开来”方阵簇拥着胡锦涛巨幅画像出现时，“为夺取全面建设小康社会新胜利，谱写人民美好生活新篇章而努力奋斗”的讲话原声，响彻天安门上空。原声再现不但生动丰满地展现了领导人的伟岸形象，提纲挈领地展现了四代领导人理论思想上的传承，而且当他们的声音回荡在天安门广场上空时，让游行群众感到仿佛与领袖在一起，充分满足了民众近距离接触领袖的诉求。

在当晚的国庆联欢晚会上，民众的这种诉求得到了现实的回应。在晚会的后半段，国家领导人走下天安门城楼，加入到广场各族民众中去，与之同歌共舞，将晚会推向了高潮。在谈及这个创意时，晚会的执行总导演甲丁透露：“我们总觉得以人为本、和谐社会这个理念最好的体现，就是在举国同庆、普天同庆的日

① 庞荣峰口述、钱国宏整理：《我亲历了开国大典》，2009年10月1日《威海日报》；《见证庄严的那一刻——平江老兵追忆亲历60年前开国大典》，2009年9月28日《岳阳晚报》。

子里，出现领导人和各界群众一起在天安门广场上同歌共舞的场面，那将是非常精彩的”。然而设计这么一个环节牵涉面很广，有很多细节需要考虑解决，所以“之前确实连想都不敢想，但张艺谋以前没有做过晚会，所以他说我们能不能这样、能不能坚持。然后我们把这个方案非常谨慎地上报给决策层。最后没想到一下就通过了。”① 领导人与民众的共舞，虽然是一个事先设计的环节，但它之所以能够实现，与领导人走进民众的决心有着直接的关系。

（三）安塞腰鼓

方阵是群众游行的常用组织形式，每个方阵从标语口号、道具使用到音乐背景及群众的着装等都有统一的主题设计。这次群众游行一共组织了42个方阵。与以往不同，此次方阵中有6支动态的表演方阵，使整个游行变得更为灵动，也更具观赏性。其中最吸引眼球的当数安塞腰鼓“欢乐道情”的表演。

“欢乐道情”方阵是此次游行活动中唯一一支京外队伍。来自陕西延安的1044名农民代表，伴随着《没有共产党就没有新中国》的乐曲，献上了新中国成立以来最大规模的安塞腰鼓表演。据腰鼓队队长刘战明介绍，这次游行队员的着装——白羊皮褂子、红肚兜、红色舞缎、白球鞋配上红毛球——是当年毛泽东和党中央在陕北领导抗日战争时期农民群众中流行的腰鼓装扮。而这正符合策划者想表达的方阵主题：“一方面我们不应该忘记历史上农民为中国革命做出的贡献，另一方面也体现了当代社会主义新农村中农民崭新的精神风貌。”②

然而吸引人的不仅是它对主题的契合。腰鼓队员们在经过天安门广场时，“腾、挪、闪、跺、踢、蹬、踏、跨、摆、扭”，密集的鼓点、剽悍的步伐、变幻的阵势、雄壮的呐喊，尽现男子的阳刚之美、野性之美，最具视听震撼力。这种原生态的艺术大规模地出现国庆庆典上，意味深长。

安塞腰鼓作为流传于陕北地区安塞县一带的一种民间广场群体艺术，已有数千年的历史。它最初起源于战争，用于报警、助战和庆祝胜利。后来逐渐演变为民间的娱乐活动，成为当地民众祈求神灵、庆祝丰收、欢度春节时的一种民俗性舞蹈，具有广泛的群众基础。而在延安时期，1942年陕甘宁边区的新秧歌运动

① 甲丁语，见《联欢领导人并未提前学跳舞》，2009年10月2日《羊城晚报》。

② 刘国超语，见《国庆游行指挥部策划总监揭秘10万人大游行》，新华网，2009年9月21日。

使安塞腰鼓有了更大的发展。

安塞腰鼓在民间的生存形式与祭祀活动紧密联系在一起，有完整的表演程式和活动习俗。每年春节至元宵节是其集中活动时间。中国传统节日“春节”具有辞旧迎新的寓意，活跃其间的安塞腰鼓在艺术形式中也蕴含了交替和更新的“世界感受”①。

安塞腰鼓在长期流传过程中形成了粗犷豪放、刚劲激昂、流畅飘逸、有张有弛等特点。安塞腰鼓的至高境界是动律的变化与舞者的内心激情的统一。舞者击鼓时情不自禁地微微摇头晃肩，使内在感情与外在的动律有机地结合起来，达到神形兼备、和谐自如。从这个意义上说，安塞腰鼓也是纵情放任的一种情感宣泄手段，它使舞者忘却世俗达到一种超越的理想境界。

安塞腰鼓从表演形式上看多采用集体表演，强调整体效果，要求动作的整齐统一和队形变化的规范性。此外，表演队伍中还包括拉花女角、伞头、蛮婆、蛮汉等角色，演绎“跑驴”、“水船”等各种小场节目。他们共同构成了浩浩荡荡的民间舞队，舞队所到之处，众人围观，热闹非凡。因此，安塞腰鼓掀起一种集体性的狂欢，并且充斥着世俗的诙谐。

从上述意义上看，安塞腰鼓与西方的狂欢文化具有同源和同质的关系。巴赫金指出，狂欢节所具有的节庆性才是真正与“人类生存的最高目的”联系在一起的，只有“在这里，节庆性成为民众暂时进入全民共享、自由、平等和富足的乌托邦王国的第二种生活形式”，体现了人类节庆性的真正本性。② 而在国庆这一典型的官方节日庆典上大规模地呈现安塞腰鼓，彰显出的是一种自主的吸收和容纳。官方节日文化与民间节日文化的融合所产生的意义，已经远远超越了既有主题。

① 在巴赫金看来，节庆性是节庆活动的根本特点，其中“死亡和再生、交替和更新的因素永远是节庆世界感受的主导因素”，这些因素“通过一定的节日的具体形式，形成了节日特有的节庆性”。见巴赫金：《拉伯雷研究》，河北教育出版社，1998，第11页。

② 巴赫金：《拉伯雷研究》，河北教育出版社，1998，第11页。

五四精神与中华民族的伟大复兴

——北京地区的五四运动90周年纪念研讨活动

季剑青*

摘　要：2009年北京地区从中央到社会各界，举办了一系列五四运动90周年纪念活动，大力弘扬五四精神。中央对五四精神的阐发，紧扣五四精神与实现中华民族伟大复兴这一时代使命之间的关联，赋予五四精神以鲜明的时代内涵。北京社会各界的五四纪念活动，呈现出更加多元的格局。一方面，充满富于时代特色和青春气息，另一方面，表现出严谨求实的治学精神。

关键词：五四运动90周年　五四纪念　五四精神

2009年是五四运动90周年。与以前的纪念活动相比，2009年的纪念活动从内容到形式都更加活泼多样，富于时代气息。在高校和科研机构林立、社会文化团体大量聚集的首都北京，这一特征表现得更加突出。

一　中央对五四精神的阐发

每逢五四周年纪念，党和政府都会通过各种形式开展纪念活动，借此结合政治形势，对五四运动的地位和五四以来的历史经验加以科学的界定和总结，对五四精神给予深入的理论阐释，对青年学生进行有效的政治动员。①

* 季剑青，文学博士，北京市社会科学院文学所研究人员，主要研究中国现代文学与现代教育、现代北京都市文化。

① 参见陈金龙《论“五四”纪念活动的社会功能》，2009年5月5日《光明日报·理论周刊》；胡国胜：《五四纪念与五四精神——基于中国共产党五四纪念活动为中心的考察》，《探索》2009年第2期。

2009年5月2日，国家主席、中共中央总书记胡锦涛来到中国农业大学，和师生代表座谈，发表纪念五四运动90周年的讲话。胡锦涛指出，“当代青年对五四运动最好的纪念、对五四先驱最好的告慰，就是要在党的领导下，以执著的信念、优良的品德、丰富的知识、过硬的本领，勇敢地担负起历史重任，同广大人民群众一道，奋力开创中国特色社会主义事业新局面，让伟大的五四精神在振兴中华新的实践中放射出更加夺目的时代光芒。”① 5月4日，在人民大会堂举行的纪念五四运动90周年大会上，中共中央政治局常委李长春在讲话中对青年工作提出了具体要求。② 党和国家领导人对于五四精神的阐发，从战略高度紧扣五四精神与实现中华民族伟大复兴这一时代使命之间的关联，对当代青年进行政治动员，具有鲜明的时代特色和现实针对性。《人民日报》、《光明日报》等中央机关报纸也刊发了大量有关五四纪念的文章，对党和国家领导人的讲话进行深入的理论阐发。

中共中央对五四精神的阐发，不仅是对历史事件和经验的理论总结，同时也是一种政治实践，是面向时代和未来的行动纲领。强调五四精神的时代内涵，正是为了把五四精神转化为一种现实资源，使其在当下和未来的事业中发挥能动的作用。正如一位学者所指出的：“我们纪念‘五四’的本意，不是为历史而历史，为过去而过去，而是为了现在和未来，并通过再现过去来映照未来。”③

二　社会各界丰富多彩的纪念活动

（一）高校的纪念活动

北京大学是五四运动的策源地和新文化运动的中心。北大围绕“传承五四精神，勇当时代先锋”的主题，开展了理论研讨、系列讲座、主题展览、青春歌会等一系列活动。早在2009年3月，北大团委便启动了“纪念五四运动九十周年”专题讲座，邀请沙健孙、肖东发、辜正坤、欧阳哲生、王奇生、杨奎松等知名学者演讲，主题涉及现代中国与五四运动、北京大学与五四运动、蔡元培校长与五四运

① 《胡锦涛在同中国农业大学师生代表座谈时的讲话》，新华网，http://news.xinhuanet.com/newscenter/2009-05/02/content_11301313.htm。

② 李长春：《在纪念五四运动90周年大会上的讲话（2009年5月4日）》，2009年5月5日《人民日报》。

③ 《继承五四超越五四——纪念五四运动90周年》，2009年4月28日《光明日报·理论周刊》。

动、五四新文化运动、五四以来儒家文化的历史变迁等诸多方面，引导北大学生更加全面、深入地了解五四运动的历史背景、深远影响及其现实意义。5 月 2 日，北京大学档案馆校史馆、共青团北京大学委员会在三角地推出了纪念五四运动 90 周年图片展，展示五四运动的历史进程，以及 90 年里北大青年弘扬五四精神、发扬爱国主义的生动实践。5 月 4 日清晨，200 名北大青年学子在天安门广场参加了庄严的升国旗仪式，并以国旗下宣誓这种特殊的方式纪念五四运动 90 周年。当天，北京大学在百周年纪念讲堂举行纪念五四运动 90 周年暨庆祝建校 111 周年大会。当晚，由中宣部、教育部和共青团中央主办，北京大学、北京团市委承办的“我与祖国共奋进——纪念五四运动 90 周年主题歌会”也在百周年纪念讲堂上演。来自各高校的 2000 多名青年学生用激情豪迈的歌声诠释了爱国主义这一永恒的主题。百周年纪念讲堂还于 4 月 25 日、4 月 28 日放映电影《孟二冬》、《李大钊》，于 5 月 1 日上演歌剧《青春之歌》，作为对五四运动 90 周年纪念活动的献礼。①

北京其他学校也以各自的形式展开五四运动 90 周年的纪念活动。清华大学在 5 月 4 日这一天举办包括棋类比赛在内的各种文体活动。晚间，由中央国家机关团工委、中央国家机关青联、清华大学团委等单位联合举办的纪念五四运动 90 周年晚会“青春同行、创业启航”，也在清华大学隆重举行。中国政法大学 108 位 08 级新生在 5 月 4 日这一天参加了纪念“五四”90 周年暨 18 岁成人礼的活动。石油大学结合学校自身特色，以“铁人”精神感召和鼓舞在校学生，开展“传承五四精神、科学规划人生”主题活动。② 5 月 8 日，中央民族大学举行了纪念五四运动 90 周年诗歌朗诵比赛，以此来激发广大青年学生的爱国热情。③

纪念五四运动 90 周年青年学生先锋论坛于 4 月 23 日在北京举行。论坛以“信心中国”为主题，来自全国 7 个省市 80 多所高校的青年学生代表和专家畅谈

---

① 《永远的五四　青春的纪念——北大共青团纪念五四运动 90 周年系列活动纪实》，北京大学新闻网，http://pkunews.pku.edu.cn/xwzh/2009-05/19/content_148148.htm；《北大隆重纪念五四运动 90 周年庆祝建校 111 周年》、《向李大钊塑像敬献花篮　举行电影〈李大钊〉观片会》、《电影〈孟二冬〉观片会首映式相继举行》，2009 年 5 月 5 日《北京大学校报》。

② 《首都高校青年学子以各自的方式传承着五四精神》，中国共青团网，http://www.ccyl.org.cn/zhuanti/09_54/news/200905/t20090506_233187.htm；《国家机关青年与高校学生纪念五四 90 周年》，新华网，http://news.xinhuanet.com/video/2009-05/05/content_11319268.htm。

③ 《中央民族大学举办纪念五四运动 90 周年诗歌朗诵比赛》，中国共青团网，http://www.gqt.org.cn/place/gxtw/200905/t20090508_235538.htm。

经济危机下的学生就业问题，发出了将“五四精神”融入时代的号召和“信心中国，青年使命”的嘹亮口号。[①] 北京大学、吉林大学、黑龙江大学等学校的学生会主席分别从“继承五四传统”、“科技创新”和“创业就业”几个方面做了主题演讲。

近年来，大学生就业形势日益严峻，功利主义思潮在大学生中普遍流行，对五四精神构成了巨大冲击。[②] 在这种情况下，五四纪念活动必须摆脱单纯参观、讨论、学习等僵化形式，要和当前形势下大学生真正关心的问题密切结合起来，把五四精神内化到大学生中去，发挥大学生的主观能动性和主体作用。[③] 显然，各高校的五四纪念活动都在这些方面下了一番功夫。

首先，是形式更加活泼多样。除了以往常见的纪念大会、座谈和文艺汇演外，还有主题歌会、朗诵比赛、文体活动等诸多形式，极大地调动了大学生们的积极性，使得纪念活动更富于青春朝气。如北京大学上演的歌剧《青春之歌》，融入了为青年学生所欢迎的时尚元素，因而受到了广泛好评。[④]

其次，是扩大了五四精神的内涵，使之更具弹性和包容性，能够容纳更多具有时代意义的成分。如北京大学上映的电影《孟二冬》，其内容与五四运动并无直接关系，但是电影歌颂的为人师表、敬业奉献的高尚精神，在现实条件下具有很强的感召力，因而收到了很好的效果。

再次，是充分发挥大学生自身的主体作用，让大学生通过五四纪念活动表达其现实关切，树立昂扬向上的精神风貌，以“信心中国”为主题的纪念五四运动90周年青年学生先锋论坛，就是一个很好的例子。

（二）北京团市委和文化机构的纪念活动

4月28日，团市委与市委宣传部等单位共同主办了“我与祖国共奋进——

---

① 《青年学生精英齐聚北京纪念“五四”90周年》，中广网，http://www.cnr.cn/gundong/200904/t20090424_505312945.html；《纪念“五四”运动“信心中国”论坛在京举行》，千龙网，http://china.qianlong.com/4352/2009/04/24/4022@4962856.htm。

② 《功利主义侵蚀“五四”遗产——纪念“五四”90周年特别调查》，《人民论坛·政论双周刊》2009年第5A期。

③ 《今天，大学生该怎样纪念“五四”》，2009年5月1日第1版《中国教育报》。

④ 《纪念五四运动90周年歌剧〈青春之歌〉北大首演》，搜狐网，http://yule.sohu.com/20090505/n263784536.shtml。

纪念五四运动90周年主题歌会”，来自首都高校各合唱团的大学生代表以及由老年人自发组成的“共和国同龄之声”合唱团代表参加了演出。歌会以“五四运动”为序曲，共分为“难忘青春岁月”、“青春奉献祖国”、“青春激昂时代”、“青春创造未来”四个篇章，重点展现新中国成立以来，广大青年继承五四光荣传统，在中国共产党的领导下，投身祖国建设的壮志豪情，表达了青年歌唱祖国、祝福祖国的美好心声。①

5 月 4 日当天，北京团市委召开座谈会纪念五四运动 90 周年。团市委老团干部、各界青年代表参加了会议。与会代表结合各自的成长经历和工作实践，从不同角度回顾了北京青年运动的发展历程、北京共青团工作的成绩和经验，畅谈了继承五四运动光荣传统、努力做好本职工作的感想和决心。市委常委梁伟结合贯彻落实中央领导同志对当代青年提出的一系列重要指示精神，以及当前首都北京发展面临的形势和任务，对全市青年提出了明确的希望和要求。②

北京新文化运动纪念馆、北京档案馆等文化机构的纪念活动，则充分运用自身优势，试图将人们拉回到历史现场，去重温那段慷慨激昂、意气风发的青春岁月，唤回心中的激情。

北京新文化运动纪念馆始建于 2002 年，是依托北大红楼建立的一座革命旧址纪念馆，也是中国唯一一家全面展示五四新文化运动历史的综合性博物馆。北大红楼曾是中国新文化运动的主阵地和五四爱国运动的策源地，中国共产党早期的一些重要活动也曾在这里举行，见证了近代中国的风雨历程。4 月 22 日，历时一年的修缮工程基本完工，纪念馆重新面向社会开放。③ 重新开张的北京新文化运动纪念馆在旧址基础上对房屋和陈设进行复原，以再现北大红楼历史原貌。在“李大钊办公室”、“新文化运动陈列”及“蔡元培与北大红楼”等原有布展基础上，又增添了几个“修旧如旧”的新展室，特别是复原了 1919 年 5 月 3 日“五四前夜”新潮社活动室的场景，当时正是在这里，罗家伦等新潮社成员为第

① 《北京团市委纪念五四运动 90 周年主题歌会举行》，北京共青团网，http：//www. bjyouth. gov. cn/gzdt/256817. shtml。

② 《团北京市委纪念五四运动 90 周年座谈会召开》，中国共青团网，http：//www. ccyl. org. cn/place/news/beijing/200905/t20090506_ 233481. htm。

③ 《北京新文化运动纪念馆重张纪念“五四”90 周年》，中国红故事网，http：//www. honggushi. com/Article/xw/gnxw/200904/8634. html。

二天的游行，紧张地进行着准备工作。这个新展室让人们身临其境地感受到了五四运动的氛围。该馆还举办了一系列活动：4 月 21 日举办了学术研讨会，4 月 28 日举办了“纪念五四运动 90 周年书画作品展”。还曾于 4 月 2 日在湖北武汉与八七会址纪念馆联合举办了“时代丰碑——纪念五四运动 90 周年”图片展览首展式。①

北京市档案馆在五四运动 90 周年来临之际，推出了《五四档案解读》系列文章，以专版的形式在 4 月 13 日至 18 日的《北京青年报》上连载。这些文章充分运用北京市档案馆收藏的五四运动档案，在进行档案史料挖掘、整理、公布的基础上，还原了 90 年前五四运动中的一个个历史瞬间，再现了一系列鲜活的五四人物。这组系列文章受到了广大读者和文化界的广泛好评，也提供了档案部门与大众媒体合作的成功范例。②

另外，还有一些媒体也推出了五四纪念的特刊或专号。《新京报》于 2009 年 5 月 4 日推出题为“五四答卷”的“五四运动 90 周年纪念特刊”，约请许倬云、陈平原、谢泳、林贤治、孙郁等当代知识分子，“盘点中国近 90 年来人文思想领域的收成”，编者明言，“纪念不是为了神化，是为了看清当下”。网络媒体方面，新浪网、人民网、千龙网等网站也纷纷推出纪念五四运动 90 周年的专题。

三　知识界的纪念活动

（一）回到现场与纠正偏见：学者与出版界的省思

五四运动是中国现代史上一场重大的思想文化变革，历次五四运动的纪念活动自然少不了知识界的参与。与中央和北京市团委侧重于赋予五四精神以时代内涵不同，北京知识界更加注重以客观求实的学术态度，梳理五四运动的历史脉络，同时对 90 年来附加在五四之上的种种意义进行反思。正如北京大学教授陈平原所说的：“90 年间，‘五四’从未被真正冷落过，更不用说遗忘了。我们不

---

① 《为了再现北大红楼原貌》，2009 年 4 月 24 日《人民日报》（海外版）。

② 《把“五四精神”发扬光大》，2009 年 4 月 19 日《北京青年报》。

断地赋予它各种意义，那些汗牛充栋的言说，有些是深刻挖掘，有些是老调重弹，也有些是过度阐释。说实话，我担忧的是，过于热闹的‘五四纪念’，诱使不同政治力量都来附庸风雅，导致‘五四形象’夸张、扭曲、变形。”①

1999 年，当五四运动 80 周年之际，陈平原主编了《触摸历史——五四运动与现代中国》一书，运用大量第一手图文资料，试图回到现场去“触摸”五四那段并非完全清晰的历史。十年后，人们对五四运动仍然存在着大量单一化、定型化的认知乃至错误的理解，例如把五四运动理解为全盘反传统的运动或单纯的爱国运动等，因而“回到历史现场”的工作还有待学术界和出版界的继续努力。五四运动 90 周年前后，北京出版界敏锐地捕捉到这一潜在的阅读需求，推出一系列相关图书，为澄清误读纠正偏见尽到了一份责任。②

重读原典毫无疑问是接近五四的最佳途径。人民出版社早在 1954 年就对《新青年》杂志进行全面细致的收集整理，将全部 63 期影印出版。2009 年，为了纪念五四运动 90 周年，人民出版社又将这套绝版多年的珍贵文献利用现代技术再次影印，以《新青年》珍藏本的形式限量发行 90 套。③ 人民出版社还于 2008 年 12 月出版了董德福、史云波的《回首五四——百年中国思潮和人物》，从多个角度对五四以来的思潮和人物进行反思，试图澄清学界对五四的种种误读，并对重建新的五四观进行初步的探索。

中国青年出版社则隆重推出了军旅青年作家丁晓平的纪实文学著作《五四运动画传》，该书以独特的历史视角和清新流畅的文字，用图文并茂的形式引领读者回到历史现场，全景立体地再现了五四运动。④

在 2009 年出版的关于五四的学术著作中，中国人民大学教授杨念群的《“五四”九十周年祭——一个“问题史”的回溯与反思》，对中国知识界长期存在的对五四运动的三种单一化的解读进行批判性的分析，提出了一种全新的“社会史化”的“五四”研究路径，揭示了“五四”前后中国知识精英从政治到

---

① 陈平原：《走不出的“五四”?》，2009 年 4 月 15 日《中华读书报》。

② 参见《〈新青年〉全部 63 期珍藏本出版纪念“五四”90 周年多种图书面世并引出有关文化话题》，2009 年 5 月 5 日《南方日报》。

③ 《人民社〈新青年〉珍藏本发行》，2009 年 5 月 3 日《出版商务周报》。

④ 《〈五四运动画传〉全景再现当年历史》，新浪网，http://news.sina.com.cn/o/2009-05-02/180115560947s.shtml。

文化，再到社会问题的话题转换。该书不仅讨论了“五四”前后“社会”作为一个论域的产生以及如何替代其他主题的历史，而且通过考察中国知识分子的“代际转换”以及与此相关的人际网络的变化轨迹，特别着力研究了“五四”前后不同知识群体的行为差异及其后果，描述了一幅充满地域和代际差异的 19 世纪末 20 世纪初中国的知识图景。①

（二）多元的五四：理论界与学术界的五四研讨

理论座谈会和学术研讨会是知识界纪念五四的常见形式。五四运动 90 周年之际，北京理论界召开各种理论座谈会，深入领会中央对五四精神的阐发，结合当前实际，就一系列相关的重大理论问题进行讨论，认清形势，统一认识，明确方向，以推动各项工作顺利展开。

2009 年 4 月 10 日，由《中国社会科学》、《中国社会科学院报》和《历史研究》杂志主办、郭沫若纪念馆协办的“五四的精神遗产”座谈会在北京郭沫若纪念馆举行。会议的主题是“弘扬五四精神，纪念五四运动九十周年”。与会专家学者就五四运动的意义以及在新形势下如何大力弘扬五四精神、总结和继承五四精神、帮助青年人树立正确的人生观、价值观进行了热烈讨论。② 4 月 28 日，北京大学隆重举行“五四运动与民族复兴——纪念五四运动 90 周年暨李大钊诞辰 120 周年理论研讨会”，北京市委常委、教育工委书记赵凤桐发表讲话。与会领导和专家就五四运动的历史地位、伟大意义以及如何在新的时代条件下继承和发扬五四爱国主义精神等问题进行了深入探讨，一致表示，在新的时代条件下，要继续高举五四爱国主义旗帜，努力推进改革开放和社会主义现代化建设，为实现中华民族的伟大复兴做出新的贡献。③ 5 月 4 日，中央党史研究室、中共党史学会召开了纪念五四运动 90 周年座谈会。与会学者在座谈会上畅谈了五四爱国运动 90 年来中国社会发生的巨大变化，并且指出，党史工作者要继续深化对五四运动的研究，当代青年要以振兴中华为己任，弘扬五四精神，为中华民族的伟

① 《澄清误读重整原典》，2009 年 5 月 4 日《北京晚报·书香周刊》；《专访学者杨念群：“五四”是一个终结》，2009 年 5 月 4 日《东方早报》。

② 《进一步总结五四的精神遗产》，2009 年 4 月 20 日《北京日报·理论周刊》。

③ 陈睿：《在新的时代条件下继承和发扬五四精神——北京大学隆重举行“五四运动与民族复兴——纪念五四运动 90 周年暨李大钊诞辰 120 周年理论研讨会”》，《前线》2009 年第 5 期。

大复兴做出贡献。①

五四运动不仅是一个值得深入阐发和挖掘的重大理论课题，同时也是一个充满活力且蕴积丰厚的研究领域。五四运动90周年前后，海内外的各路学者专家汇集北京，就五四运动的各类问题发表自己的研究成果，相互之间进行交流并展开讨论，推动了五四运动领域的研究，同时也是对五四的最好纪念。这些学术研讨会聚焦于不同的主题，提供了不同的思路和视野，为我们呈现出一幅多元的五四图景。

与十年前相比，2009年北京纪念五四运动90周年的学术研讨会场次更多，气氛更为热烈。北京大学教授欧阳哲生对此体会颇深："今年是五四运动90周年。1999年为纪念五四运动80周年，整个北京仅有北京大学举行了一场纪念五四运动的国际学术研讨会。据我所知，今年北京有七场以五四运动为主题的学术研讨会（中国社科院三场、北京大学两场、新文化运动纪念馆一场、中国政法大学一场），'五四的精神遗产'座谈会是这一系列研讨会中较早的一场。今年有这么多场纪念五四运动的会议是我没有想到的，但愿这一系列的五四学术研讨会对五四运动史研究是一个有力的推动。"② 实际上，2009年以五四运动为主题的学术研讨会至少有11场，加上3场理论座谈会和2008年末于清华大学举办的"二十世纪中国的文化与政治——以五四为场域的反思"国际学术研讨会，仅北京一地，五四运动90周年前后举办的各类研讨会就有15场之多。

2008年10月26日至30日在北京召开的"二十世纪中国的文化与政治——以五四为场域的反思"国际学术研讨会，为一系列纪念五四运动90周年的学术研讨会拉开了序幕。此次研讨会是由清华大学人文与社会高等研究中心和帕米尔文化艺术研究院合作主办。会议主要围绕五四运动中及其后中国的文化与政治之间的关系展开讨论，重新强调了五四运动的政治性，对于历来重视五四运动思想文化层面的学术界来说，此次会议是一个重要突破。③ 4月22日，北京新文化运动纪念馆和鲁迅博物馆在北京康铭大厦联合举办了"纪念五四运动90周年学术

---

① 《首都理论界和党史界专家座谈纪念五四运动90周年》，2009年5月5日《北京日报·理论周刊》。

② 欧阳哲生：《五四运动，未能企及的制高点》，中国社会科学院网，http://www.cass.net.cn/file/20090416230308.html。

③ 周展安：《二十世纪中国的文化与政治——以"五四"为场域的反思》，2009年6月5日《中华读书报》。

研讨会”，会议主要就五四新文化运动的历史分期、思维方式、代表人物贡献等问题展开研讨。[①] 4月27日，由中国社会科学院青年人文社会科学研究中心和院团委主办的纪念五四运动90周年青年学术研讨会在社科院报告厅拉开帷幕。会议议题涉及中西文化之争与现代性启蒙、五四运动与马克思主义中国化、五四运动与历史分期、五四运动学生的集体认同、五四运动与汉字革命等诸多方面。[②] 4月30日，中国社会科学院马克思主义研究学部、马克思主义研究院主办了“纪念‘五四’运动90周年：马克思主义中国化与当今社会思潮——思想家论坛”，来自中国社会科学院、中共中央党校等单位的专家学者，就五四运动的优良传统和历史地位、五四运动与马克思主义的发展以及五四精神的现实意义等重大课题进行了深入的讨论。

5月3日，中共北京市委党史研究室、大钊学社联合召开纪念五四运动90周年学术座谈会。会议的议题包括五四运动时期的社会群体、五四精神与爱国主义、五四纪念的形式和源流等。[③] 5月8日，中央党校中共党史教研部、中国现代史学会、北京市党史学会联合在中央党校召开了“五四运动研究的现状与前瞻”学术座谈会。这次会议以学术史为论题，主要就五四运动研究学术史的回顾总结、五四运动研究中存在的问题以及推动五四研究的着力点等问题进行探讨。[④]

在众多学术研讨会中，历史学界主办的两次学术会议涵盖的论题最为广泛，讨论也达到了相当的深度。5月3日至5日，中国社会科学院学部主席团主办、近代史研究所承办的“纪念五四运动90周年国际学术研讨会”召开。与会专家学者围绕几十年来的五四运动史研究、五四时期的思潮、五四与中国传统文化、五四与中国的新文学、中国社会各阶层对五四的认识与反应、五四时期社会阶层的分化与整合、五四与现代中国政治势力的重构、五四前后的国际局势与中国人国际秩序观的变化、五四与现代中国外交、五四时期观念与习俗的转变、五四与中国现代教育、五四与近代宗教等专题进行了广泛的研讨。[⑤] 5月6日至7日，

---

① 秦素银：《“纪念五四运动90周年学术研讨会”综述》，《鲁迅研究月刊》2009年第5期。

② 《中国社会科学院纪念五四运动90周年青年学术研讨会举行》，中国社会科学院网，http://www.cass.net.cn/zhuanti/2009wusi/show_News.asp?id=232652。

③ 《纪念五四运动90周年学术座谈会召开》，《北京党史》2009年第3期。

④ 李庆刚：《“五四运动研究的现状与前瞻”学术座谈会综述》，《理论前沿》2009年第11期。

⑤ 《纪念五四运动90周年国际学术研讨会召开》，2009年5月5日《光明日报》。

北京大学历史学系、中国近现代史研究中心在北大召开了以“五四的历史与历史中的五四”为主题的学术研讨会，出席会议的海内外学者涉及的论题包括：五四与中国现代思想、五四与中国传统文化、五四与中国社会发展、五四时期人物与思想研究等，对一系列旧问题提供了新的视角，充实了五四运动史的研究。①

除了综合性的研讨会外，还有一些专题性的会议。4 月 25 日，中国政法大学马克思主义学院和国际儒学院联合举办的反思五四精神的学术研讨会召开。会议以五四与儒学为核心论题，围绕五四与传统文化、五四与中国哲学、儒学的现代价值及儒学西传等主题展开讨论。② 4 月 23 日至 25 日，北京大学中文系举办的五四与中国现当代文学国际学术研讨会召开。会议以五四新文学为主要论题，涉及五四与现代教育、新文化与新文学、五四与当代文学、五四与晚清以及传统文学等诸多问题，或追溯“五四”前史，或回到历史现场，或钩沉“五四”的另类历史，或捕捉“五四”的袅袅余音，参与者在与五四的不断对话和碰撞中感受到了五四独具的魅力和永恒的生命力。③ 同样是以文学为主题，4 月 29 日召开的五四运动与台湾文学发展学术报告会却另有其特殊的意义，会议由台盟中央与全国台联联合举办，来自台湾研究领域的学者专家在会上指出，台湾文学革命和新文学的诞生，与大陆五四新文化运动的推动作用息息相关。④ 9 月 6 日，北京大学新闻学研究会 2009 年会——“纪念五四运动 90 周年暨五四时期新闻传播专题史研究学术研讨会”在北大召开，会议涉及五四时期新闻活动、新闻学研究、新闻教育等多个方面的议题。⑤ 这是 2009 年以五四为主题的学术会议中举办最晚的一场，五四运动 90 周年的纪念活动已经告一段落，然而有关五四的话题和研讨却永远不会结束，“五四”必将长久地留在我们的记忆里和生活中，给我们以不断的思索和启示，召唤我们不断地前进。

---

① 欧阳哲生、赵倩：《“五四的历史与历史中的五四”——北京大学纪念五四运动九十周年国际学术研讨会》，《中共党史研究》2009 年第 6 期。

② 高明：《纪念“五四”九十周年学术研讨会综述》，2009 年 5 月 11 日《光明日报·国学》。

③ 林峥：《触摸历史与对话五四——“‘五四’与中国现当代文学”国际学术研讨会综述》，《鲁迅研究月刊》2009 年第 7 期。

④ 《“五四”与台湾文学研讨会在京举行　专家：两岸文化血脉相连》，2009 年 4 月 30 日《人民日报》（海外版）。

⑤ 《北大新闻学研究会召开 2009 年会》，2009 年 9 月 15 日《北京大学校报》。

文化创意产业及产业政策

CULTURE CREATIVE INDUSTRY AND POLICIES

2009年北京新媒体产业政策述评

贾　佳*

摘　要： 新媒体产业是北京市重点发展的文化创意产业的重要组成部分。2009年，北京市出台了一系列与新媒体产业相关的政策。这些政策以扶持动漫游戏产业为重点，为新媒体产业提供了更加灵活、有效的金融支持。新媒体产业是一种新兴文化业态，它的发展要求相关政策的制定不断创新。从产业发展与产业规范的思路，对数字知识产权保护、专业指标体系建立、网络安全保障、新媒体突发事件预警等问题，提出了对策建议。

关键词： 新媒体产业政策　动漫游戏产业　金融支持　对策建议

---

* 贾佳，文学博士，对外经济贸易大学公共管理学院讲师，主要研究领域：文化产业与文化政策、文化与传播等。

新媒体产业是文化产业的重要组成部分，集中代表了文化产业的未来趋势。2009 年，以网络媒体、手机媒体、数字电视等为代表的新媒体产业发展迅猛，在传媒产业中所占比重不断加大。2009 年 1 月 6 日，工业和信息化部向中国移动、中国电信、中国联通三家公司发放了第三代移动通信（3G）业务经营牌照，为移动多媒体产业的发展开启了新维度。2009 年 9 月 26 日，国务院发布《文化产业振兴规划》，明确指出：发展新兴文化业态，采用数字、网络等高新技术，大力推动文化产业升级。北京市出台一系列新媒体产业相关政策，力争使新媒体产业成为首都经济新的增长点。

一 北京新媒体产业发展现状

（一）“新媒体产业”界定

“新媒体”已经是一个被普遍使用的概念，但对新媒体范畴的界定，意见仍不统一。

新媒体（New Media）一词最早出现在美国 CBS（美国哥伦比亚广播电视网）技术研究所所长 P. 戈尔德马克（P. Goldmark）的一份有关 EVR（electronic video recording）的商品开发计划中（1967 年）。之后，美国传播政策总统特别委员会主席 E. 罗斯托（E. Rostow）在向尼克松总统递交的报告书中，也多次使用了“New Media”一词（1969 年）。由此，新媒体一词开始在美国流行并不久拓展至全世界。

赛迪顾问认为，新媒体是以数字技术、互联网技术和移动传播技术为基础，为用户提供资讯、内容和服务的新兴媒体。目前新媒体类型包括：基于互联网的数字媒体，如门户网站、数字杂志、搜索引擎等；基于移动互联网的数字媒体，如无线门户、手机报、手机游戏等；基于广电网络的数字媒体，如数字电视、户外数字媒体等。新媒体产业包括互联网、移动互联网、户外数字媒体、IPTV、数字电视 5 大领域。

对新媒体的界定，中国人民大学匡文波提出了不同意见，即“数字化”、“互动性”是新媒体的根本特征，诸如楼宇媒体、车载电视，由于缺乏互动性，不属于“新媒体”的范畴。①

① 匡文波：《“新媒体”概念辨析》，《国际新闻界》2008 年第 6 期。

互动性是新媒体的鲜明特征，对其最为贴切的表述当属美国《连线》杂志的定义：新媒体是“所有人对所有人的传播”。在阳光文化集团首席执行官吴征看来，“相对于旧媒体，新媒体的第一个特点是它的消解力量——消解传统媒体（电视、广播、报纸、通信）之间的边界，消解国家与国家之间、社群之间、产业之间的边界，消解信息发送者与接收者之间的边界，等等。”

作为一个相对概念，新媒体的范畴一直随技术革新而改变。数字化、互动性、融合性，被公认为这一代新媒体的特征。本文中的新媒体产业主要是指以数字、网络等高新技术为支撑，包括互联网媒体、移动多媒体、数字电视等在内的媒体产业。

（二）北京新媒体产业发展状况

“十一五”以来，北京新媒体产业保持稳步增长，在传媒产业中所占比重不断上升。

数字电视方面，2004 年 9 月 1 日，北京市正式开始数字电视试播，2006 年 6 月 22 日，启动有线电视数字化试点工作，截至 2009 年 7 月 31 日，北京市共有有线数字电视用户 218 万户。① 根据 2009 年公布的“北京高清交互数字电视应用工程”计划，北京将用三年时间在主要地区普及高清交互式数字电视，到 2011 年总用户数将达到 260 万。计划实施后，北京将在全国率先大规模普及高清交互数字电视。目前，北京正加快建设全国一流的数字电视产业园，预计建成后可拉动上下游投资近 500 亿元，年新增产值近千亿元。②

移动多媒体方面，2006 年 9 月 6 日，北京地区首个移动多媒体广播（包括手机电视）全面开通，北京成为第一个获得广电总局正式审批开通 DAB 移动多媒体业务的城市。2008 年 7 月 30 日，北京电视台手机电视开播，并在北京奥运会中得到了初步应用。

互联网方面，据中国互联网络信息中心（以下简称 CNNIC）统计，截至 2009 年 6 月 30 日，中国网民规模达到 3.38 亿人，普及率达到 25.5%。网民规模较 2008 年底，年增长 4000 万人，半年增长率为 13.4%，中国网民规模依然保

① 参见北京络达营销顾问有限公司：《中国新媒体产业发展月度监测报告》，2009 年 7 月。

② 参见《北京市将大规模普及高清交互式数字电视》，《新华每日电讯》2009 年 9 月 5 日。

持快速增长之势。统计显示，北京拥有优越的互联网基础资源，共有网站数量340439 个，占全国网站总数的 11.1%，有域名 3839778 个，占全国域名总数的23.6%。

北京市还下功夫对新媒体产业进行科学规划、合理布局，在市政府认定的21 个文化创意产业集聚区中，国家新媒体产业基地、北京数字娱乐产业示范基地、宋庄原创艺术与卡通产业集聚区、北京 CBD 国际传媒产业集聚区等都与新媒体产业密切相关，园区内汇聚了星光影视园、三辰卡通集团等一批新媒体明星企业，集聚效应已经显现。

二　2009 年北京新媒体产业政策及其特点

（一）2009 年新媒体产业政策

1. 国家各部委相关政策

2009 年，国务院及各部委相继出台了多项与新媒体产业有关的政策，其中有（以时间先后为序）：《关于扶持动漫产业发展有关税收政策问题的通知》（财政部、国家税务总局）、《广电总局关于加强互联网视听节目内容管理的通知》（广电总局）、《互联网网络安全信息通报实施办法》（信息产业部）、《关于实施〈动漫企业认定管理办法（试行）〉有关问题的通知》（文化部、财政部、国家税务总局）、《关于加快广播电视有线网络发展的若干意见》（广电总局）、《广电总局关于加强以电视机为接收终端的互联网视听节目服务管理有关问题的通知》等。

2009 年 9 月 26 日，我国《文化产业振兴规划》（以下简称《规划》）出台。《规划》明确提出，发展新兴文化业态，采用数字、网络等高新技术，大力推动文化产业升级。支持发展移动多媒体广播电视、网络广播影视、数字多媒体广播、手机广播电视，开发移动文化信息服务、数字娱乐产品等增值业务，为各种便携显示终端提供内容服务。加快广播电视传播和电影放映数字化进程。积极推进下一代广播电视网建设，发挥第三代移动通信网络、宽带光纤接入网络等网络基础设施的作用，制定和完善网络标准，促进互联互通和资源共享，推进三网融合。《规划》为我国新媒体产业的发展指明了方向和路径。

2. 北京市相关政策

2009 年，北京市发布的新媒体产业相关政策主要有（以时间先后为序）：《北京市文化创意产业担保资金管理办法（试行）》、《北京市关于支持影视动画产业发展的实施办法（试行）》、《北京市关于支持网络游戏产业发展的实施办法（试行）》、《北京市动漫企业认定管理工作实施方案》等。

（二）2009 年北京新媒体产业政策的特点

1. 大力扶持动漫游戏产业

2009 年，国家和北京市都加大了对动漫游戏产业的扶持力度。4 月，文化部和北京市政府正式签署《首都文化建设战略合作框架协议》，决定实施重大文化产业项目带动战略。根据该协议，10 月 14 日，中国动漫游戏城（暨国家级动漫游戏产业园区）在首钢落户，成为全国动漫行业关注的焦点，项目实施将极大地带动北京动漫游戏产业的发展。

近年来，国家发布实施了多项动漫产业相关政策，包括《国务院办公厅转发财政部等部门关于推动我国动漫产业发展若干意见的通知》、《文化部关于扶持我国动漫产业发展的若干意见》、《动漫企业认定管理办法（试行）》、《关于扶持动漫产业发展有关税收政策问题的通知》等。这些文件对激励和规范我国动漫产业特别是国产原创动漫的发展，具有特别重要的意义。例如，《动漫企业认定管理办法（试行）》中规定，符合认定标准的动漫企业其自主开发生产的动漫产品收入必须占主营收入的 50% 以上，奖励原创的力度不断加大。

另外，手机动漫有望成为动漫产业新的增长点。《文化部关于扶持我国动漫产业发展的若干意见》中要求，高度重视手机动漫产业的发展，办好中国原创手机动漫大赛，不断提高原创手机动漫作品的质量和水平，并将其作为我国动漫产业发展新的增长点和提升我国动漫产业国际竞争力的突破口。

目前，北京已有多个以动漫游戏产业为亮点的文化产业园区，如国家新媒体产业基地、北京数字娱乐产业示范基地、宋庄原创艺术与卡通产业集聚区、国家级动漫游戏产业园区等，已初步形成了包含创作、出版、发行等在内的较为完整的产业链。但是，北京动漫游戏产业的总体规模还比较小，现有动漫游戏企业在品牌知名度和原创能力等方面与国际知名企业还有很大差距。针对这一情况，2009 年，北京市加大对动漫游戏产业的扶持力度，出台了《北京市关于支持影视动画产业发展的实施办法（试行）》、《北京市动漫企业认定管理工作实施方案》和《北京市关于支持网络游戏产业发展的实施办法（试行）》等。这些政策力图涵盖动漫游戏产业链的各个关键环节，对资助对象、资助方式都做出了明确规定，详尽具体，可操作性强。

在中国动漫游戏城启动当天，北京市还发布了《北京市关于支持中国动漫游戏城发展的实施办法（试行）》，从设立专项资金、提供金融支持、鼓励科技研发、完善配套服务、吸引专业人才等多个方面，为项目提供政策支持，如北京市设立中国动漫游戏城发展专项资金每年 1 亿元，支持中国动漫游戏城公共服务平台建设、技术研发、知识产权保护等；中国动漫游戏城视同市级文化创意产业集聚区，在基础设施建设、公共服务平台建设等方面享受市区两级政府相关政策支持；中国动漫游戏城入驻企业将在工商注册、房租补贴、人才培养引进等方面享受优惠政策等。

2. 重视为新媒体产业提供专项资金和金融支持，方式更加科学、灵活

2009 年，北京市相关部门采用贷款贴息、项目补贴、直接奖励等方式，加强对文化创意产业的金融支持力度，发布实施了《北京市文化创意产业担保资金管理办法（试行）》。该政策与《北京市文化创意产业发展专项资金管理办法（试行）》、《北京市文化创意产业贷款贴息管理办法（试行）》先后呼应，帮助文化创意企业特别是中小型企业解决起步难、融资难的实际问题。

新媒体产业也从这一系列新政中得到实惠。在《北京市关于支持网络游戏产业发展的实施办法（试行）》中规定，在市文化创意产业发展专项资金中安排专项，支持网络游戏产业发展。对北京地区网络游戏企业自主研发的原创网络游戏产品，择优予以前期资助，资助额为 100 万至 200 万元。新政还特别提出“对北京地区网络游戏企业因知识产权保护而发生的费用给予 50% 的补贴”，让企业维权更有信心，也为知识产权保护激励机制提供了新的参考。

三　发展北京新媒体产业的对策建议

新媒体产业是新兴的文化业态，对其规律的认识还在不断地深化和探索中，这决定了新媒体产业政策的制定一定是发展与规范并重，和产业的创新同步。

（一）对于进一步加快发展步伐的建议

1. 继续加大对新媒体产业的扶持力度，创新新媒体企业扶持办法

由于占据了数字、网络等高新技术先机，新媒体产业集中代表着文化产业的未来发展方向，是关乎我国文化安全的大事。目前，北京新媒体产业快速发展，但同时也暴露出越来越多的问题。例如，由于新媒体产业具有高度融合性，因此容易受到传统行政管理体制的束缚；新媒体产业链存在不同程度的断裂；动漫、游戏等行业亟需优秀原创人才、经营管理人才；文化产业园区的集聚效应有待加强等。在现有基础上，继续加大对新媒体产业的扶持力度，特别是针对薄弱环节制定操作性强的政策，促进官、产、学、研的紧密合作，为培养首都新媒体产业人才探索新路。

当前，新媒体企业以中小型甚至微型为主，这类企业依赖创意和技术生存，有形资产少，融资困难，议价能力差。针对这类企业的特征，相关部门可以考虑通过适度降低资本金注册门槛、鼓励搭建中介平台、积极创造孵化机制等办法，助其起步及壮大。

2. 落实数字知识产权保护制度，营造知识产权文化氛围

北京作为全国政治、文化、科技、教育中心，聚集了众多的创新人才，拥有丰富的创新成果，有着强大的知识产权服务体系。据统计，以高新技术产业、文化创意产业和研发服务业等为主体的知识产权产业在全市经济总量中占到20%以上。但是，当前北京知识产权有数量优势而商用化程度较低，企业知识产权意识较弱，知识产权竞争的能力和水平还不高，知识产权对经济社会发展的引领渗透效应还不强。2009 年 5 月 6 日，北京市《关于实施首都知识产权战略的意见》特别提出，要建立数字作品登记中心，实施数字知识产权保护。国家《知识产权战略》提出，要有效应对互联网等新技术发展对版权保护的挑战。妥善处理保护版权与保障信息传播的关系，既要依法保护版权，又要促进信息传播。

首先，可以通过引导行业联手自律，保护数字知识产权。如 2007 年 1 月 8 日，夸克电影网和中国版权保护中心、中国电影版权保护协会、人民网、百度等多家网站合作启动了“中国正版电影网站联盟”合作计划。联盟网站公开承诺“坚持正版，打击盗版”，目的在于规范电影网络传播的市场秩序，加强对电影作品版权特别是信息网络传播权的保护。

其次，从保护数字知识产权的案例中吸取经验，作为立法参考。2009年，谷歌侵权案暴露出我国数字知识产权保护的薄弱之处。谷歌侵权案中方代表、中国文字著作权协会常务副总干事张洪波提出，目前有关数字出版的主要法规还是2006年7月1日实施的《信息网络传播权保护条例》。3年来，这项条例在实际的市场环境中已经暴露出很多的问题。张洪波认为，很多出版社和著作权人面对侵权时，往往是望“网”兴叹，或者专门盯住打官司。其实这都是不可取的。究其原因，应该是数字版权授权渠道不通畅所造成的，因此，我们需要尽快建立一个畅通的数字版权授权渠道，并逐渐把法律诉讼当作维权的辅助手段和对侵权行为的惩罚和震慑。希望今后出版社与著作人能通过相应的协会来进行授权和版权服务，从而避免侵权事件的发生。[①] 从谷歌一案可见，保护数字知识产权的立法需要全球意识，只有走到世界前列，才能在再次遭遇此类事件时有法可依，而不只是被动应对。

3. 鼓励新媒体企业对赢利模式的有益探索

新媒体产业的可持续发展离不开成熟的赢利模式，包括微博客、手机视频、数字电视等在内的新媒体形式赢利模式还在探索中。

业内给出了多种建议。例如，艾瑞咨询认为，未来视频分享可能存在的赢利模式包括：视频广告及企业互动营销、企业赞助商频道及口碑营销、结合3G手机服务的付费视频下载及无线视频营销、视频网站与传统移动增值业务的结合、优质内容收费观看（与影视公司的合作、与网络教育的结合等）以及其他模式（如优质内容出让播放权、与传统媒体之间的合作等）。赛迪顾问提出，从国外运营商3G增值业务格局来看，面向个人用户的应用主要以下载（音乐、图片、视频、游戏等）、可视电话、视频点播、位置服务以及移动互联网等业务为主。[②]

其中，手机上网的赢利模式一直是行业关注的焦点。CNNIC的调查显示，有23.6%的用户表示愿意为手机电子书阅读付费，是目前用户付费意愿最高的应用。排在其后的是手机电视和手机网游。此外，从3G手机上网用户的付费意愿来看，目前手机电视的费用成为影响人们使用3G手机电视的重要因素之一（见图1）。

---

① 参见2009年11月9日《北京商报》。

② 危贵川：《2008～2009年中国新媒体产业评述》，《赛迪顾问》，2009年3月17日。

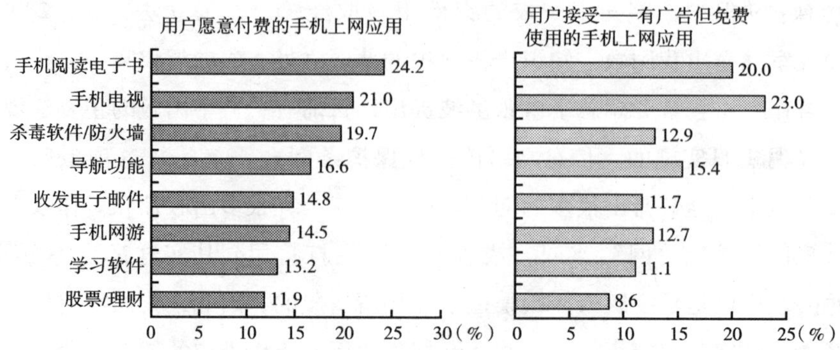

图1　付费与免费的网络应用选择

资料来源：CNNIC《2009 年中国移动互联网与 3G 用户调查报告》
Data Source：2009 年 8 月 CNNIC 和 CR-Nielsen 联合调查。

鼓励企业针对不同类型的媒体形式和用户需求探索有益的赢利模式，同时出台相关政策法规规范其经营管理，保障企业在追求经济效益的同时促进社会文化的和谐发展。

4. 推进新媒体产业的指标体系、统计机制及信息共享机制的建立

目前，北京市文化创意产业还未建立专门的指标体系、统计机制和信息共享机制，新媒体从业者、研究者普遍反映现有数据资料不足以满足工作需要，不利于相关政策的制定。政府管理部门可以尝试与专门的调查、咨询、统计机构合作，进一步完善首都新媒体产业乃至文化创意产业的统计机制和指标体系，为新媒体产业政策的制定提供一个科学、可靠的数据基础。

（二）对于规范发展的建议

1. 加强对新媒体使用可能引起的社会问题的研究、监管和防范

互联网、手机等新媒体在带给用户极大便利的同时，其引发的社会问题也日益显现。据 CNNIC《第 24 次中国互联网络发展状况统计报告》显示，互联网在促进网民获取信息、拓展人际交往、鼓励社会参与、提供实际生活便利等方面发挥的积极作用较为突出，但是也容易引起网民与现实脱离，可能造成一定的心理健康问题。报告显示：每 6 个网民中就有 1 个具有成瘾倾向。与此同时，互联网带来的社会隔离感也在不断增强，互联网开始成为隔在网民与家人、网民与社会之间的“心理之墙”，并有逐渐加厚的趋势。

调查显示，低龄网民因为互联网感受到的社会隔离感更高，针对这一情况，相关部门宜引导学校、社区开展健康上网的心理辅导，鼓励青少年回归到线下的丰富生活。采取灵活有效的宣传手段，提倡适度上网，积极发挥互联网等行业携手公益的力量。例如，2009 年 11 月的最后一个周末，由数十家机构和网站发起的“NC63——周末无电脑”活动正式启动。NC63 是 NO COMPUTER 63 HOURS 的缩写，即“从星期五下午 6 点下班到星期一早上 9 点上班之间，总共 63 个小时的周末时间，不使用电脑”。类似活动可以提醒社会公众适度使用电脑网络，减少因过度上网对健康、人际等多方面造成的负面影响。

北京是互联网基础资源丰富的地区，在研究、监督、防范此类问题上责任重大。建议建立整治互联网和手机媒体淫秽色情及低俗信息的长效机制，从斩断其背后的利益链条入手，彻底清除手机涉黄网站的生存空间。建立完善有效的监管体系，将曝光、惩处违法违规网站的工作常态化，动员广大群众行动起来，积极举报有害信息和违法企业，充分发挥新闻媒体的舆论监督作用。

2. 运用技术监控、立法等手段，保障网络信息安全和网络财产安全

网络安全不仅关系到国家网络与信息的安全保障，也与个体网民日常生活中的信息和交易安全息息相关，据调查，中国网民中有 82.4% 的网民在最常用的电脑中安装了安全软件。尽管如此，中国的网络安全问题仍然不容乐观，半年内有 1.95 亿网民在上网过程中遇到过病毒和木马的攻击，1.1 亿网民遇到过账号或密码被盗的问题。与严峻的信息安全形势相比，保障网络安全的立法步伐还需加快。例如，网络游戏中虚拟财产保护问题亟待解决，目前虽然已有网络游戏虚拟财产被盗的受害人胜诉的案例，但是，对虚拟财产的认定和对由此导致的法律纠纷的处理，仍需完善的法律法规。

3. 建立新媒体突发事件预警机制，关注重点群体的网络动态与需求

新媒体是“由所有人面向所有人进行的传播”，其强大的互动性、及时性和延展性无疑都增大了监管的难度。2009 年 6 月 1 日，工业和信息化部发布《互联网网络安全信息通报实施办法》，把报送的信息分为事件信息和预警信息，事件信息是指已经发生的网络安全事件信息，预警信息是指存在潜在安全威胁或隐患但尚未造成实际危害和影响的信息，或者对事件信息分析后得出的预防性信息。这一政策的发布显示了互联网媒体在维持社会稳定中发挥着越来越重要的作用，防范和制止危害社会稳定和公众利益的不良信息的传播，需要网民的配合，更需要相关机制的健全。

在对新媒体中可能出现的突发状况进行监测、预警的同时，还要重点关注青少年、大学生等重点群体在虚拟空间的社交动态，对其新媒体应用行为进行调研，利用媒体宣传等各种手段加强网民群体自我的心理健康意识，努力营造和谐、健康的虚拟环境和社会环境。

动漫产业政策评估及中长期规划建议

——自生能力、政府作用与动漫产业的兴起

孔建华　杜蕊*

摘　要： 动漫产业作为新兴产业在我国文化产业中举足轻重。基于民族文化振兴和少年儿童教化的战略部署，近十年来我国以举国体制扶持发展动漫产业，以“大推进”、“大动漫”、“大投入”为基本特征的产业政策提升了民族动漫创作开发和生产能力，促进了民族原创动漫产业的兴起。在全球动漫市场我国短期内还不具备引领潮流的能力，但是以经济的持续发展为基础，依托巨大的国内市场优势，把握“三网融合”的重大历史机遇，我国有望成为世界动漫大国。我国“十二五”时期乃至更为长远时期的动漫产业政策的研究制定，应以动漫企业再造为中心，提升动漫企业的自生能力，培育经营环境和提供支持性制度。

关键词： 文化产业　动漫产业　产业政策　自生能力

动漫产业是文化产业的重要组成部分，是新兴文化业态的重要代表，也是推动新文化发展的重要载体。动漫产业的发展既关系到我国悠久历史文化资源的创造性的合理使用，也关系到现代信息技术条件下中华文化在全球传播的广度和深度，在文化产业中举足轻重。

近十年来，在中央和地方政府政策的激励和引导下，我国动漫产业迅速兴起，以动漫产业的主体电视动画产量为例，从2003年的不到1.3万分钟提高到

* 孔建华，中国社会科学院文化研究中心兼职研究员、中共北京市委宣传部文化产业改革发展办公室副主任，研究方向：文化经济政策、文化体制改革、文化创意产业；杜蕊，中共北京市委党校。

2008 年的超过 13 万分钟，增长 10 倍以上，一举扭转了 20 世纪末国外动画片主导我国动画市场的不利局面。国务院 2009 年制定出台的《文化产业振兴规划》，将文化产业整体提升到国家战略产业的层面，而动漫行业是文化产业中最先列入战略产业的文化产业。

站在全面振兴文化产业的新的历史起点上规划动漫产业，需要回顾我国动漫产业发展的政府政策制定和实施进程，探讨我国动漫产业的竞争优势，并对现阶段动漫产业发展的主要矛盾和问题进行剖析。在厘清动漫产业政策的制定施行与民族原创动漫市场兴起之间的互动关系的基础上，以动漫直接产品为对象，① 提出进一步加快我国动漫产业发展的思路与建议。

一 中国与世界动漫大国和强国的比较

论述动漫产业发展目标的两个核心词是“世界动漫大国”和“世界动漫强国”。世界大国和强国都是在近代世界进入资本主义的世界体系之后才出现的。大国的经济学定义是，能够成为某种“国际市场”中的“价格”的制定者而不是被动接受者。② 世界大国的总投资和总消费对经济增长做出的贡献，应当远远大于净出口，经济增长主要为国内市场需求所推动。③ 贸易强国的定义是，出口商品和服务中高级生产要素含量高、以价值型贸易为主体、能在国际贸易中获得主要利益，④ 具有引领潮流的能力。⑤

我国在世界动漫市场中距离产品和服务价格的制定者地位尚有不小的差距；我国动漫产业的发展应以国内市场为主要市场，积极扩大内需规模；我国动漫产品和服务出口规模较小，对世界动漫市场的影响有限，在国际动漫市场竞争中处

① 根据《关于推动我国动漫产业发展若干意见》（国办发［2006］32 号），动漫直接产品包含动漫图书、报刊、电影、电视、音像制品、舞台剧和基于现代信息传播技术手段的动漫新品种等。

② 郑捷：《如何定义“大国”》，《统计研究》2007 年第 10 期，第 62 页。

③ 靖学青：《大国经济发展模式与中国经济增长的主要支撑点》，《上海经济研究》2000 年第 5 期，第 28 页。

④ 高级生产要素包括技术、人力资源、市场支持度和生产性成本。见陈飞翔、吴琅《由贸易大国到贸易强国的转换路径与对策》，《世界经济研究》2006 年第 11 期，第 4 ~ 5 页。

⑤ 钱乘旦：《资本主义体系下的“世界强国”问题》，《世界历史》2004 年第 6 期，第 48 页。

于被动地位；在世界动漫市场中我国引领潮流的能力还不强，这与我国在世界经济中的重要地位和影响极不匹配。这也是一些学者对中国文化复兴持谨慎态度的一个重要原因。① 没有文化的崛起，中国的崛起将缺乏真正影响和改变世界的能力。从这个意义上说，包括动漫在内的中国文化产品在世界文化市场中的比重是衡量文化崛起的重要指标之一。

回顾世界动漫产业百年历程，主要有两种发展模式：一种是从动漫创作开始，经由播出和动漫衍生产品授权，再回到动漫创作；一种是从动漫创作及其动漫衍生产品设计开始，经由播出和衍生产品授权，再回到动漫创作及动漫衍生产品设计。前者称作“线性发展模式”，直接面向最终消费需求，以美国为代表；后者称作“协同发展模式”，同时满足消费需求和生产需求，以日本为代表。美日两国由此确立全球影响和竞争优势，成为全球动漫大国和强国。美国创造了米老鼠、唐老鸭、史努比、加菲猫、变形金刚等动漫形象，培育了世界性的动漫企业和品牌，创建了以迪斯尼乐园为代表的文化娱乐场所。日本创造了阿童木、高达等动漫形象，构建起日本风格的漫画语言体系。此外，从动漫品牌管理角度划分，又可以分为三种：以米老鼠为代表的利润乘数模式；以芭比娃娃为代表的金字塔模式；以史努比为代表的品牌授权模式。② 世界其他一些国家在动漫市场也有建树，比如韩国在不长的时间内形成了具有本国特色的发展路径，创造了流氓兔等具有一定影响力的动漫形象，但引领世界潮流的能力较弱。

中国悠久的历史和灿烂的文化是文化崛起的思想资源。经由 30 年的改革开放，中国已成为世界体系中的社会主义的开放强国，但从创造新文化的角度看，文化产业的提出和兴起是近一二十年的事，因此呈现出“文化资源大国”与“文化产业小国”的不对称现象。以动漫产业为例，我国创造了铁扇公主、孙悟空、蓝猫等动漫形象，也出现了以上海美术电影制片厂、湖南三辰卡通集团公司等知名动漫机构和企业，以及以华强集团公司为代表的动漫主题公园的投资建设和运营商。然而与世界动漫大国和强国相比，我国直到 20 世纪末在动漫市场领域也没有建立起成熟的商业模式，并且由于政策配置和市场监管的失当，国外动

① 郑永年：《中国与全球资本主义：冲突、合作与和平发展》，《国际政治研究》2007 年第 1 期，第 6 ~ 7 页。

② 见张笑、魏婷《中国动漫产业国际竞争力分析》，《国际经济贸易探索》2009 年第 3 期，第 33 页。

画片占据中国动画市场90%的份额。21世纪以来，随着我国社会主义市场经济体制的全面建立，以及加入世界贸易组织后与世界规则体系的接轨，我国以加强青少年思想道德教育为切入点，以国家意志和举国体制推动动漫产业兴起。

从目前我国动漫产业发展的内外部条件看，动漫产业作为文化产业的新兴产业需要引进外资，动漫市场作为文化市场的重要部分需要融入世界市场体系，动漫产品和服务作为文化贸易的重要部分需要参与世界文化贸易竞争，这使得我国动漫增加了产业发展的不确定性。美国把握住了动漫产业发展的第一次机遇，成为第一个世界动漫大国和强国；日本把握住了动漫产业发展的第二次机遇，成为第二个世界动漫大国和强国。面对三网融合的技术变迁，我国应当努力把握新的历史机遇，制定正确的国家动漫产业发展战略，提升动漫企业的自生能力，拓展国内动漫市场规模，成为新兴的世界动漫大国和强国。

二　发展动漫产业的历史机遇与国内市场优势

我国作为一个新兴的经济体参与全球竞争，从经济发展战略和市场开放进程角度经历了引进外资、适应规则和走出去三个阶段。而对于我国新兴文化产业特别是动漫产业而言，这三个阶段被压缩到一个历史空间内，它们几乎同步发生，从而也增加了国家动漫产业发展战略制定的复杂性和特殊性。

根据美国、日本、韩国、加拿大四国动漫产业的发展模式，动漫产业的发展应具备四个条件：以经济发展为基础，强大的市场支撑，历史、社会、文化状况和发展机遇以及政府的倡导和支持。① 目前，从动漫产业发展的整体环境看，我国已经初步具备动漫产业振兴的基础条件。

最近30年，主体性的改革开放政策使我国保持9.8%的增长速度，经济规模占世界的比重处于持续上升期。在我国包括经济崛起、文化崛起等在内的全面崛起的历史进程中，动漫产业作为新兴产业的发展基础，是一个世所罕见的高速增长的经济发展基础。

① 姜义茂认为国际动漫产业发展的基本规律是：动漫大国强国引导动漫产业发展；外包为动漫产业的发展提供了机遇；外包在国际动漫产业的发展中占有重要位置；原创崛起与经济崛起基本同步。见姜义茂：《中国动漫产业发展的战略模式》，《中国经贸》2008年第3~4期，第54~56页，第64~67页。

我国动漫产业发展拥有宝贵的国内市场基础。我国在科学技术领域通过引进技术实现缩小和世界的差距，并取得了举世瞩目的成就。新的文化技术的普遍运用和文化技术设施的大规模的建设，正在创造和形成一个潜在的新兴文化市场。在推动文化技术基础设施建设的过程中，我国正迎来文化技术融合创新的伟大变革——广播电视网、互联网和移动通信网的融合，将创造一种全新的商业模式，也将创新文化消费的方式，乃至改变人们的生活方式。我国正在加速推进管理体制的改革，技术变革和部门整合将有力地推动统一的全国性文化市场的崛起，对文化产品的供应商而言，它提供了一个超过历史经验和预期的需求市场。

“三网融合”所形成的覆盖全国的传播网络，对优秀原创动漫产品提出了巨大的生产需求，对动漫体验技术的创新及运用提出了高品质要求，而由数字技术推动的传媒汇流，为创造新的基于网络的动漫产业发展模式提供了可能。

目前，全国4家卡通频道和33家少儿频道每天播出国产动画片约8000分钟；根据艾瑞市场咨询《中国新媒体动漫研究报告》显示，中国网络动漫市场规模2007年约为2500万元，2008年约4100万元，2010年预计突破1亿元；根据普华永道的报告，我国2008年娱乐和媒体消费达到700亿美元，2009～2013年的复合年均增长率将达到9.5%，高于全球年均增长率6.8%；[①] 调查数据显示，我国儿童食品、玩具、服装、音像制品和各类儿童出版物年销售额达1550亿元。

“三网融合”给动漫产业的超常规发展提供了可能。从上述我国动漫产业发展的重要历史机遇和国内市场优势看，依托我国经济持续增长的坚实基础，动漫产业的发展将呈现一个良好预期。而要成为世界动漫大国和强国，需要构建面向未来10年至30年的国家动漫产业发展战略。第一，正确处理国内市场和国际市场的关系，坚持以国内市场为主，通过壮大国内市场，占据国内市场主要份额，参与全球竞争。第二，正确处理传统市场和新兴市场的关系，坚持以新兴市场为突破口。我国动漫产业的兴起，既要重视传统市场的培育和扶持，比如漫画市场，又要关注新兴市场的崛起，特别是文化技术终端普及后对新型动漫产品和服务的需求。

---

① 普华永道：《2009～2013全球娱乐和媒体行业展望》，张晓明主编《文化蓝皮书：国际文化产业发展报告第二卷（2009）》，三辰影库音像出版社，2009，第1～37页。

三　中央和地方动漫产业政策与动漫产业兴起的互动关系

21 世纪以来，我国在制定施行普适性的文化产业政策进程中，将动漫产业作为重点，出台了一系列专门政策（见表 1）。内容涵盖动漫管理体制调整、动画片播出管理、动漫行业指导、动漫企业认定及财税政策扶持五个方面，具有鲜明的规范管理与深化操作特征。

表 1　我国动漫产业专项政策目录（2000～2009）

发布主体	文件名称	年份
广播电影电视总局	关于加强动画片引进和播放管理的通知	2000
广播电影电视总局	关于发展我国影视动画产业的若干意见	2004
国务院办公厅转发财政部等	关于推动我国动漫产业发展若干意见	2006
广播电影电视总局	关于进一步规范电视动画片播出管理的通知	2006
国务院	关于同意建立扶持动漫产业发展部际联席会议制度的批复	2006
文化部	关于扶持我国动漫产业发展的若干意见	2008
文化部　财政部　税务总局	关于印发《动漫企业认定管理办法(试行)》的通知	2008
文化部　财政部　税务总局	关于实施《动漫企业认定管理办法(试行)》有关问题的通知	2009
财政部、税务总局	关于扶持动漫产业发展有关税收政策问题的通知	2009
中央编办	中央编办对文化部、广电总局、新闻出版总署“三定”规定中有关动漫、网络游戏和文化市场综合执法的部分条文的解释	2009

资料来源：国务院及相关管理部门网站。

2004 年之前，动漫产业专项政策侧重于动漫内容产品的管理。《关于进一步加强和改进未成年人思想道德建设的若干意见》（中发［2004］8 号）是我国动漫产业政策的起点，从国家文化政策的元政策层面，提出重视少年儿童影视片、动画片和电影。随后，将发展动漫产业作为推动经济增长的重要方面，纳入国民经济和社会发展规划，2009 年将“积极发展网络动漫等新型消费”写入中央政府工作报告。《关于推动我国动漫产业发展若干意见》（国办发［2006］32 号）把动漫产业摆上重要议事日程，2006 年之后的动漫产业专项政策实际上是在操作层面上实施这一文件。比较突出的是对动漫行业管理体制的调整，从建立跨部门的联席会议制度到明确动漫产业的管理主体，充分显示出，在推动新兴文化产业的过程中，进行文化管理体制改革的紧迫性和必然性，同时也反映出，我国在推动动漫产业发展方面具有明确的目标导向和实现目标的国家能力。

在培育动漫产业经营环境和提供支持性制度方面，上述政策具有三个特点：国家高度重视动漫产业的规划指导，形成鲜明的国家战略导向机制；国家持续推动动漫产业的发展并制定出台系统的产业支持政策，形成政府引导型的激励促进机制；国家进一步加大财政投入力度，形成诱导型的财政资金放大机制。

动漫产业政策发挥了重要作用：全国5400多家动漫企业中，80%是在2004年后成立的。这表明，制定清晰的国家动漫产业发展战略，是动漫产业振兴的必要条件。近十年来，我国的动漫产业发展战略在国家、行业和都市三个层面已初具雏形。

（一）实施“大推进”的国家动员，支持新兴动漫产业振兴

1. 政策调控

一是利用多种扶持幼稚产业的经济手段。比如增加对国产动漫出版、刊载、播出和演出的成本补偿，吸引创业投资基金进入动漫产业，鼓励大型企业通过参股、控股或兼并进入动漫产业，对重点动漫企业给予政策优惠等。二是对重点动漫产品进行政府调控。以动画片为例，在鼓励引导国内资本进入动漫领域，扩大动画片生产，提高动画片产量的同时，对播出环节进行调控，限制境外动画片在黄金时间的播出量，提高国产原创动画片的播出量。

2. 规划引导

一是目标设置。广播电影电视总局提出，影视动画产业应该“成为我国文化产业的一支生力军，成为国民经济的支柱产业和新的经济增长点”（2004）；国务院提出，用5至10年时间使动漫产业创作开发和生产能力跻身世界动漫大国和强国行列（2006）；文化部强调，“用5至10年时间实现跻身世界动漫大国和强国的目标任重道远”（2008）；《文化产业振兴规划》（2009）将动漫游戏企业列为文化创意产业的发展重点之一；文化部《关于加快文化产业发展的指导意见》提出，到“十二五”期末，包括动漫游戏在内的“主要文化产业增加值比2007年翻两番”，动漫游戏行业的发展进入“世界先进行列”，“建成2～3个国家级动漫游戏产业综合示范园区”，“培育一批具有国际竞争力的动漫和网络游戏企业”（2009）。二是投资引导。文化部文化产业投资指导目录将网络游戏、

手机游戏、网络、手机游戏衍生产品开发、动漫创作、动漫工作室、动漫文化推广、动漫技术开发与应用、动漫服务平台、动漫衍生产品开发列入鼓励类，将国内大型动漫游戏会展列入限制类（2009 年）。

3. 体制保障

国家相关部门根据其职能从不同角度参与协同推进，比如教育部和文化部组建高等学校动漫类教材建设专家委员会，工商总局出版动漫企业名录，税务总局制定出台动漫税收政策，科技部组织动漫新技术研究等。

（二）构建“大动漫”的行业发展战略，优化动漫市场环境

1. 理顺体制

一是调整动漫产业发展的决策机制与管理体制。2006 年全国建立了由 10 个部门组成的动漫产业联席会议机制。2009 年，国务院调整动漫管理体制：明确文化部作为主管部门对动漫进行统一的宏观管理和日常管理，包括相关产业规划、产业基地、项目建设、会展交易和市场监管；广播电影电视总局负责动漫电影、电视剧，互联网上的动漫电影、电视剧，网络视听中的动漫节目；新闻出版总署负责动漫书、报、刊、音像制品等出版物的审批管理。二是将动漫纳入宣传文化领域的重点文化产品范围。比如从 2009 年开始，动画片正式列入精神文明建设“五个一工程”的评奖范围。

2. 重视原创

把创造中国动漫形象作为核心目标，特别关注包括漫画、漫画舞台剧、网络和手机动漫等民族原创动漫直接产品，逐步建立起多层次的资助和奖励政策。

3. 整体推进

一是推动动漫与相关产业的融合。二是以培育成熟的动漫产业链和中国动漫品牌为中心，建立面向整个产业环节的促进政策。以动画行业为例，扶持政策涉及播映体系、交易市场、知识产权保护、中介组织和理论研究。

4. 加强管理

比如，对动画片进口实行内容审查制度，调控黄金时间段内国内和境外动画片的播出比例，对电视台动画片的播出进行严格管理，对国产动画片的生产实行备案制度等。

（三）构建“大投入”的都市产业发展战略，降低动漫企业生产成本

在国家动员体制的引导下，各行政区域密集制定出台了地方动漫产业促进政策。比较北京、江苏、福建、江西、山东、湖南、重庆、河北、陕西等省市和哈尔滨、南京、常州、杭州、厦门、长沙、广州、深圳等城市的动漫产业政策，具有两个特征。一是采取补贴、奖励等方式刺激动漫企业扩大生产，降低产品成本。二是利用科技园区和工业园区，引导动漫企业集聚，产生规模效应。① 地方动漫政策普遍将重点放在设立基金、土地优惠、税收减免、贷款贴息、融资担保、鼓励参展、引进人才和建设园区等。②

1. 动漫企业房租补贴

深圳（2005）规定市级及以上基地给予补贴三年；厦门（2006）对入驻企业给予 3 年房租 50% 的补贴；广州（2006）规定由属地给予一定比例补贴；福州（2006）规定前两年入驻园区给予 50% 的补贴。常州（2007）对入驻动画基地企业注册资金在 300 万元以上、注册资本密度达到 1 万元/㎡以上、年销售收入 500 万元以上的，给予三年房租全免优惠。

2. 动画片播出奖励

从电视台播出奖励看，基本分为两类。第一类是不分二维和三维，如杭州（2005）、广州（2006）、哈尔滨（2007）、北京（2009）；第二类是区分二维和三维，三维的奖励标准一般是二维的两倍，如无锡（2006）、福州（2006）、常州（2007）等，而深圳（2005）、厦门（2006）、南京（2009）规定在中央台播放的奖励额度上限 200 万元，在地方台播出的奖励额度上限是 100 万元。不同城市的具体奖励标准也不一样，以在中央台播出的三维动画片为例，哈尔滨（2007）每分钟 800 元；杭州（2005），1000 元；厦门（2006）、广州（2006）、深圳（2005）、福州（2006），2000 元；常州（2007）、南京（2009），3000 元；无锡（2006），3200 元。在省台播出的三维动画片每分钟约为中央台播出奖励的一半，

① 一些地方开始考虑动漫产业的布局问题，制定了区域性的动漫游戏产业发展规划，但从我国各大经济圈乃至全国层面看，对动漫产业的整体布局仍缺乏顶层设计和系统规划。

② 下文城市名后括号内为政策发布年份。

对其奖励额度上限也减半。北京（2009）对动画片的奖励引入了一个收视率的标准，动画片在中央电视台播出择优奖励每分钟500元，收视率在该频道年度排名前10位的追加奖励每分钟2000元，排名11位至20位的追加奖励每分钟1500元。

3. 原创动画片获奖奖励

奖励政策分四类。一是对原创动画片获得国内外评奖的奖励。如北京（2009），获得国际知名奖项的，根据等级奖励100万至200万元。获得国家级政府类重大奖项的，根据等级奖励50万至100万元。二是对出口动画片的奖励。如厦门（2006），对出口100万、500万和1000万美元以上的分别奖励20万、30万、40万人民币。北京（2009），对影视动画片海外播出版权收入超过300万美元的，奖励50万至100万元。三是对广播电影电视总局推荐播出的动画片给予奖励。如厦门（2006），20万元，杭州（2005），10万元，北京（2009），10万元。四是对动漫原创脚本的采用和动画剧本、样片给予奖励。如广州（2006），脚本按5000元/万字奖励。北京（2009），对动画剧本和样片按项目实际到位投资额的5%至15%择优给予前期资助等。

4. 建立动漫产业基地

截至2009年，国家级动漫基地已超过50个，其中广播电影电视总局批准设立的“国家动画产业基地”20个、“国家动画教学研究基地”8个；文化部批准设立的“国家动漫游戏产业振兴基地”3个、“国家数字娱乐产业示范基地”2个；新闻出版总署批准设立的“国家动漫产业发展基地”4个、“国家网络游戏动漫产业发展基地”10个、“国家动漫创意产业基地和人才培养与研发基地”1个；科技部批准设立的“国家数字媒体技术产业化基地”4个、“国家新媒体产业基地”1个。[①] 动漫管理体制调整后，文化部（2009）提出“建成2~3个国家级动漫游戏产业综合示范园区”，其中天津国家动漫产业综合示范园和北京“中国动漫游戏城”建设已经启动。[②]

从区域动漫产业政策文本看，一些城市已经建立起针对整个动漫产业链的支

---

① 参见文化管理部门网站；孙立军主编《中国动画产业年报2007》，海洋出版社，2008，第26~28页。

② 路艳霞：《国家动漫游戏产业园区落户首钢中国动漫游戏城建设正式启动》，2009年10月15日第1版《北京日报》。

持政策。如北京2009年制定的影视动画产业政策，其资助和奖励范围涵盖动画电影、手机动画作品、影视动画作品、影视动画机构、动画产业基地、影视动画频道、影视动画发行公司、影视动画会展、影视动画交易平台、影视动画衍生产品以及影视动画机构创新或运用先进动画制作技术等，是目前国内代表性的政策文本。

我国动漫产业政策“大推进”、“大动漫”、“大投入”的特征，与动漫产业兴起之间存在密切联系。作为文化市场中的新兴市场，动漫表现形式为人们所喜闻乐见。动漫产业是工业化的产物，其生产制作、媒介传播、消费体验都带有明显的技术驱动特征。我国已经建立起完整的动漫生产体系，市场上公开发行的漫画报刊约有20种至30种，经常出版漫画图书的出版社约有50家左右。全国5400多家动漫制作机构，年动画片产量已经超过12万分钟。①

我国以举国体制推动动漫产业发展的举措，取得了阶段性成果。从国家动漫产业主管部门的策略看，已经开始研究动漫基地的整合与布局、动漫展会的规范与提升、动漫产品的优化与升级等问题，即将进入一个以调整、巩固、提高为主题的新的发展期。

四　加快动漫产业发展的思路与建议

增强企业自生能力和完善政府支持制度是动漫产业政策整合和设计的重点。动画公司期待的动漫产业政策，依次为政府原创基金的启动、知识产权保护、最低收购价格的制定、鼓励中外合作政策的启动、动画片分级制度的建立以及共享技术平台的构建。② 有研究者认为，制度设计的着力点应放在培育适宜动漫产业发展的商业市场环境、激发动漫产业集群发展所需的初始条件以及确保促使初始产业集群形成所需的自发动力上。③ 应提高扶持动漫产业发展部际联席会议级

① 2008年度排在前七位的城市依次是：长沙（26183分钟）、杭州（16540分钟）、广州（11783分钟）、无锡（8128分钟）、北京（7380分钟）、上海（6156分钟）、南京（5997分钟），上述城市产量约占全国的七成。

② 根据中国传媒大学2006年底至2007年初对109家动画公司的调查。见高薇华：《中国动漫产业政策的实施效果与展望》，《传媒》2008年第3期，第20~23页。

③ 叶臻、王琼英：《动漫产业集群：自发秩序与政企博弈》，《厦门大学学报》2008年第3期，第42~49页。

别、选择一到两个具有产业集聚优势和发展前景的城市作为发展动漫的中心城市、加强动漫产业基地的管理、统筹中央和地方政府扶持政策、建立 2～3 个动漫集团。① 这些建议对于动漫管理体制和政策的调整，具有较强的针对性。

我国动漫产业政策的重点是作为市场主体的动漫企业。“十二五”时期乃至更为长远时期的动漫产业政策的研究制定，应以动漫企业为中心，提升动漫企业的自生能力。政府政策的重点是培育经营环境和提供支持性制度。

（一）正确处理动漫产业发展的“八大关系”

“政府主导”与“政府引导”的关系，不宜以政府主导替代市场主导，而是采取政府与市场联动、以市场为主的发展模式，即政府引导与市场配置相结合；“动画”与“漫画”的关系，不宜突出动画淡化漫画，而是采取动漫并重的发展策略，即以发展动画产业的支持力度推动漫画产业的发展；“体制”与“机制”的关系，不宜以体制决定甚至于取代机制，而是以机制的更新促进体制的调整，以体制的创新加速机制的革新；“少年儿童”与“人民群众”的关系，不宜以“少年儿童”作为动漫产业的唯一受众群体，而是将青年和老年也纳入到受众群体，将动漫产业的未来建立在整个社会群体的基础上；“品牌”与“产品”的关系，不宜以“老字号”的产品代替推陈出新的品牌，而是吸纳鲜活的元素不断进行再设计再创造，培育具有中国风格、气派的动漫形象；“资源大国”与“产业大国”的关系，不宜将资源大国与产业大国简单等同起来，而是将重点放到产业大国的建设上，摆脱资源决定论的观念束缚；“原创”与“外包”的关系，不宜以原创代替外包，而是将原创与外包有机结合起来，重视外包在动漫产业发展中的重要作用；② 内容产品与衍生产品的关系，不宜以内容产品取代衍生产品，而是像重视原创那样重视衍生产品的设计生产。

（二）加快我国动漫产业发展的“九点建议”

1. 研究制定全国动漫产业发展战略规划，指导全国动漫产业的中长期发展，

① 见民进中央《关于推动我国动漫产业发展的建议》，http：//www. ccnt. gov. cn/sjzz/whscs/dmcy/200804/t20080425_ 53612. html。

② 姜义茂（2008）认为，2004 年、2006 年动漫产业发展指导和政策的重心“几乎全部倾向了原创”，而国际动漫产业发展的重要规律之一是外包占有重要位置，并为产业发展提供了机遇。

使之成为发挥我国集中高效的体制优势政策的基本保证。

2. 统筹全国动漫产业基地和园区建设，促进基地和园区的资源共享，发展动漫产业集群，使之成为落实动漫产业战略布局（空间布局、市场布局等）的基础。

3. 研究制定动漫产业市场规范、科技创新、人才培养、产品分级、服务外包、衍生产品设计生产、中介组织建设的专项政策。

4. 制定民族原创动漫形象推广计划，培育中国元素、中国风格、中国气派的动漫形象，使之成为提升动漫产业国际影响的重要载体。

5. 实施动漫产业服务柔性计划，促进动漫产业管理咨询、信息提供等软性服务，使之成为提升产业服务水平的重要手段。

6. 培育有利于产生新创意和好的故事脚本的环境，加大对漫画创作的支持，培育漫画读者群，形成动漫产业发展的基础群体。

7. 鼓励动漫创作、制作机构与广播电视、电信、移动、互联网等渠道运营商的合作，支持发展网络动漫、手机动漫等新兴业态，鼓励创建新的商业模式。

8. 以电视动画为突破口，增强内容的吸引力，使新的动漫表现形式、现代科技元素与收视率较高的电视剧相结合，探索有中国特色和自生能力的动漫产业。

9. 加强动漫产业重大问题的研究，重点解决动漫产业发展模式、动漫产业基础统计、动漫基地集体创造力发挥、动漫会展整合、动漫“虚拟团队”建设等关键问题。

“北京文化圈”：北京创意文化产业地域模型构建

吕厚龙*

摘　要：创意文化产业概念下的大文化模式探索——构建“北京文化圈”的学术设想，试图以“北京文化地域”概念为基础，以科学的文化理念为指导，以北京文化群落为地域标识，形成一个有效保护、有序开发、有规共循、有利共享的文化产业集群，打造一条完善、科学、高效的大文化产业链条。在对北京文化圈的文化地域、文化资源进行初步的界定之后，还提出了本文化区域内文化产业的四个主要着力点。

关键词：北京文化圈　创意文化产业　文化养护策略　地域文化

一　北京文化圈的概念与界定

创意文化产业作为唯一能和高新技术产业并肩引领人类发展潮流的新兴产业，带给我们的不仅仅是崭新的文化创造模式，也不仅仅是对政治模式、经济模式的改革与促进，更重要的是对人类思维的革命性改变，是对人类生活物质文明的跨越。

城市化进程是人类文明发展进步的一个必然进程。正是城市化进程的加速，才为创意文化产业的迅速兴起与蓬勃发展提供了有利条件。城市创造的文化精华传承、城市精神引导、城市人文追求和城市在发展过程中所形成的社会结构、经济模式、人才汇聚等要素越丰富，这个城市创意文化产业发展的动力就越大。

---

* 吕厚龙，北京市戏曲艺术职业学院、北京市艺术研究所创作研究室主任。已出版有8部个人著作。主要研究大文化建设和文化养护策略。

北京拥有数千年的建城史，数百年的建都史，不可替代的大国政治中心、文化中心地位，不可动摇的国际大都市地位，丰厚的历史文化内涵、独特的民族特色、高端化的人才资源等，决定了北京城市强大的凝聚力、吸纳力、辐射力、扩张力，决定了它天然具有的强劲的创意文化产业发展力。

“北京文化圈”的最初构建设想如下：

北京文化圈不同于以张家口、山海关、天津卫、保定府为前沿的北京军事防卫圈，也不同于以北京为中心、吸纳和辐射周边约200公里半径的向心力型北京经济圈。北京文化圈是以北京为核心、以保定和承德为两翼的凤凰鸟型文化态势构建。北京文化的两翼，与北京文化的核心层一起，构成了北京文化“四足、两翼、金脑子”的和谐文化、首都文化、京味儿文化。

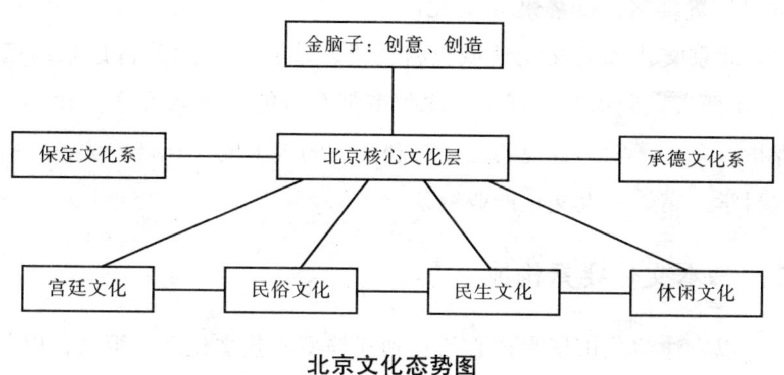

北京文化态势图

需要说明的是，文化地域概念，不同于行政区划概念。所以，本文所指保定文化系、承德文化系，并不是保定市、承德市行政区划概念。如，行政区划属于唐山市的河北遵化市，因为清东陵属于北京文化圈“宫廷文化”里的“皇家陵寝”文化点，所以，它在文化地域概念上就属于“承德文化圈”范畴。因为，清东陵所在地的遵化市虽然行政隶属于唐山市，但它与唐山市的文化是没有太大的统一性的，恰恰相反，清东陵的文化属性，与北京文化圈的承德清代宫廷文化是不可分割的。①

① 吕厚龙：《关于北京文化圈的构建》，《三求书——吕厚龙学术著作选》，中国戏剧出版社，2007，第114~115页。

近几年北京及周边地区的超高速发展，交通网、信息网等基础设施的显著改善，尤其是京津高铁通车使两个特大城市形成“同城化”效应，赋予北京文化圈巨大发展能力，同时也对北京文化圈地域界定、功能定位等提出新的阐述要求。一个以北京为高端引领、以北京周边地区多层文化资源整合为文化产业集群、以典型的民族文化要素有机融合为特征、以地域内优质文化组合为产业链核心的大文化态势，已经逐步形成。北京文化圈的要素界定大体如下：

（一）地域界定

北京文化圈主要是指北京周边部分和北京具有文化资源紧密关联、文化市场互为补充、文化生成具有同一性、文化形态具有近似性的文化地域。内核圈包含北京、天津、河北省承德市、张家口市、保定市、唐山市（部分地区）、秦皇岛市（北戴河）等地区。随着北京文化圈的发展、完善，北京文化圈的影响力进一步扩大，北京文化圈的文化地域也将会进一步扩大，内蒙古近京地区（元上都遗址）、山西省大同市乃至辽宁省沈阳市都有可能会纳入北京文化圈，形成一个有效保护、有序开发、有规共循、有利共享的庞大的文化产业集群，打造出一条完善、科学、高效的大文化产业链条。

（二）基本文化要素构成

第一，以京津演艺市场为核心的互利互补型演艺文化系；第二，以北京为中心、以北京故宫、明十三陵、皇家园林、宫廷祭祀场所、宫廷宗教场所、承德避暑山庄、木兰秋狩地、清东陵、清西陵、房山金陵、涿鹿上古传说地、燕下都、曲阳北岳庙、内蒙古辽金元故都遗址等相关宫廷文化遗产为支柱的宫廷文化系；第三，以北京、天津城市文化观光资源为核心，以张家口、承德、坝上、北戴河、蓟县、涞源等避暑休闲资源为辅助的辐射、扩散型旅游休闲文化系；第四，以北京、天津、河北、山西、内蒙古近京地区等为文化源的同源共荣型民生文化系。

北京文化圈是创意文化产业概念下的一个多元化、多样化、多层化并具有变化中寻找进化特性的综合性创意文化产业体系。北京的城市角色定位决定了它不仅要对北京负责，同样也要承担起带动周边、拉动周边、联动周边的重任，为地域内的文化发展、经济发展、社会发展提供文化动力、创新动力和资源支持、智力支持，同时获得有利于自我发展的文化资源环境、文化生态环境、文化发展环境。

二 北京文化圈建设的意义与价值

（一）文化产业意义

我国的文化产业作为创意产业的核心产业、主导产业，经过近几年锐意改革、科学完善，尤其是产业链和产业结构、产业配置的科学化，已经成为文化竞争力越来越强、文化创新力越来越大、经济效益越来越好的国民经济支柱产业。作为全国文化中心的北京，文化产业产值已经成为北京城市发展的经济增长点，同时，文化的教化功能也为北京城市发展目标之一的“人文北京”追求做出积极贡献，对城市精神的提升、市民人文素质的提高起到了强大的引领作用。

北京文化产业正沿着先进的文化发展方向健康前进，文化产业的“族群化”效应是其明显标志。“中国要改善文化产业的空间格局，就要以大城市为核心，与周边的次级中心城市和中小城市形成城市群，建立文化产业的研发中心、生产中心、传播中心，推动文化产业形成‘Cluster’即‘族群效应’，加快各类生产要素的聚集，在这个基础上结成覆盖全面的文化产业协作、流通和服务网络。”以发达国家全球文化产业的核心领域为例，如影视业、出版业、印刷业、演出业、网络业等，主要集中在大城市群：“比如美国洛杉矶为代表的西部城市群，集中了全国电影产业生产能力的70%；日本东京城市群，集中了全国电影产业的60%、出版产业的35%、印刷产业的40%；加拿大以多伦多、渥太华和蒙特利尔三大城市组成的中部城市群，集中了全国电影产业的45%、报业的55%；韩国首尔，不但集中了全国50%的人口，而且集中了全国主要的报业、电视台、广播电台、出版社、软件研发机构；至于赫赫有名的美国麦迪逊大街，则成为广告业的代名词，集中了全美主要广告公司，并且辐射国内外市场。”①

“城市群”的形成，现代化进程的加速、城市间联系的日益紧密、大城市与

① 花建：《文化产业竞争力的内涵、结构和战略重点》，《北京大学学报》2005年第2期。

周边地区交流的方便快捷和分工协作的日益科学化，为文化产业地域化联动创造了有利条件。文化产业架构的多层多级性、文化经营的外向性是北京文化产业独特的产业优势，产业的高端化、文化市场的国际化、文化影响的权威化以及文化族群的精英化，是北京文化竞争力的主要标志。以北京文化产业的高端引领为主导，以北京及周边地区文化资源的整合配置、互利互动为基础，北京文化圈的构建，将会进一步大幅度提高京畿地区的文化影响力和文化经济增长能力。

（二）文化发展意义

在以创意文化产业为标志的大文化链条上，文化并不单以文化传统、文化资源或文化产业、文化事业或文化竞争、文化经营的形态出现，更重要的是代表国家形象、民族文明，以标志群体素质追求、人文追求的文化发展方向为旨归——在某种意义上，称之为“文化的社会效益”。北京文化圈正是基于强健文化灵魂、强壮文化体格、强大文化族群、强化文化竞争力诸方面共同发展的大文化构建。主要表现在：

第一，北京文化圈的构建过程是文化资源有效整合的过程。通过对文化资源的整合，更好地提高文化资源的利用效率，加快文化资源保护、开发、利用的现代化、产业化进程，通过这个进程，获得文化发展动力。

第二，北京文化圈的构建过程是文化产业集约化、专业化、分工细化的过程。大型的公共文化服务产品和高质量的社会文化商品，是由众多专业部门、专业人才共同努力的劳动成果。随着社会分工的进一步细化，文化产业链多层面、多级化的专业分工也越来越明显。北京文化圈将有效地联动地域内各层面、各级别、各类别的文化产业，在文化资源专业化科学分工的同时，以产业结构的层次演进方式，促进文化发展。

第三，北京文化圈的构建过程是北京文化地域概念内资源共享、优势互补、品质提升的过程。如涞源避暑胜地和坝上避暑休闲产业的开发，将提升京津市民的生活质量，减少北戴河地区的夏季拥挤，改变夏日单调的“海边避暑”旅游休闲选择，为人们提供更多的优质旅游休闲服务。再如代表中国文化精华的北京文化圈宫廷文化系，如能通过文化圈的构建完善资源配置、完备产业链条、完成产业规划，利用大文化体系的优势，深层次发掘其文化精神，互动信息，联动客流，也将会在文化效益、社会效益、经济效益诸方面获得比单纯旅游参观赚取门票收入大得多的收益，使宫廷文化旅游产业得到质的发展与提高。

（三）文化生态意义

在悠久的中国文化进程中，文化生态始终是一个被关注的问题。中国文化是以人心之“和”、人类群体之“和”、人与自然之“和”为本的高层文化追求。近些年，由于经济索取的过度强烈，未经吸纳、融合、改造的外来文化观、世界观、道德观、政治理念产生的消极影响，以及西方某些大国借“全球一体化”加快实施文化扩张、文化侵略，对中华传统道德的冲击和伤害，延续数千年的中华民族精神、中国文化灵魂遭遇不稳定因素干扰逐渐增多，一些优秀的民族文化因子出现衰亡征兆，造成所谓“文化危机”。因此，如何保护地域文化特色，如何改善文化生态环境，如何科学整合、科学配置、科学养护地域文化资源，把握地域文化变迁的发展方向，就成为我们面临的一个重大课题。北京文化圈将从文化的生命源民生文化着眼，尽力消除行政地域分割对文化生态的消极作用，以积极的姿态，探索和谐社会建设中的文化对策。

总之，北京文化圈是一个大文化集群概念。首先，它是北京及周边地区文化资源、经济模式、创意思想、人文素质教育互融互补型发展模式；其次，它是北京及周边地区相关文化产业集群化、网络化、链条化的互动互惠式发展模式；同时，它还是北京及周边地区其它相关产业，通过文化行为进行横向联合、纵深拓展的复合型发展模式。

北京文化圈的构建，试图以“北京文化地域”概念为基础，以科学的文化理念为指导，以北京文化群落为地域标识，打破行政地域分割对文化嬗变、文化融合、文化分工、文化互动、文化互补等行为的割裂，寻找出区域文化中的有利因素和不利因素，从而寻找出积极对策，为各级决策部门在文化建设、生态建设、经济建设以及文化与相关产业规划、文化资源的开发与养护、文化资本结构性重组、民众福祉与素质提升诸方面，提供决策参考和实施方案。

三　北京文化圈的文化要素概说

根据北京文化圈的建设构想，本着“摸清资源、完善配置、核心完备、产

业科学、特色明显”的原则，文化圈的基础建设工程首先从构建以下四个文化系入手。

（一）以京津演艺市场为核心的互利互补型演艺文化系

天津由于其特殊的地理位置和与北京经济、文化、政治上的紧密关联，从诞生那天起就始终和北京处于一种“行政分治、利益合一、互依共存、相辅相成”的城市群状态。在文化上，也一直在“京津一体化”的大文化环境中寻找自己的文化特色与位置，从未与北京文化环境脱离。早在清代中期，天津就已经成为北京演艺行业的前站，被称之为梨园行的“水陆码头”，凡到北京去演出的艺术团体，大都先要到天津落脚，接受天津观众的评判、检验。时至今日，北京、天津两个人口均超千万的超级大城市，以2008年京津高铁开通运营为契机，再次展现“京津同城”效应，加速了“文化一体化”的大文化构建进程。国家统计局天津调查总队调查发现，在京津高铁的乘客中，天津本地人占近40%，超过60%为外地旅客。在全部外地旅客中，北京人最多，占58.9%。① “去北京听音乐，到天津听相声”，已经成为京津两地市民的文化共识。

2009年4月30日，新华社官方网站新华网在主页发布《新华调查：天津借京津高铁打造高质量“文化圈”》，从聚焦文化产业的角度对京津文化产业尤其是演艺市场给予了特别关注。② 文章透露了以下三个信息。

首先，天津的茶馆相声吸引了不少北京观众。坐落在天津市大胡同估衣街上的谦祥益茶楼，每天都有不少于20位来自北京的观众，周末时间，散座上至少会有四五十位北京观众，平时每周还要接待两个以上的专门体验乘高铁、听相声的北京旅行团；另一个茶馆相声演出场所名流茶馆，北京观众已经成为主要听众，通常在高峰时占到客流量的三分之一。其次，演出公司借高铁优势到天津举办演出增多。如赖声川的经典作品《暗恋桃花源》、大型原生态歌舞乐剧《藏谜》、爱尔兰踢踏舞《大河之舞》等演出，给天津观众更多欣赏各种文化演

① 详见记者陆娅楠《京津高铁通车一周年观察：高铁拉着京津跑》，http：//finance.people.com.cn/GB/70392/9771217.html；《京津高铁与“半小时生活圈”》，http：//bt.xinhuanet.com/2009-04/23/content_16337004.htm。

② 周润健：《（新华调查·聚焦文化产业）让更多人品味到津味文化——天津借京津高铁打造高质量“文化圈”》，http：//news.xinhuanet.com/newscenter/2009-04/30/content_11284548.htm。

出的机会。再次，业内专家注意到“让北京人来天津进行文化消费其实大有文章可做，也大有潜力可挖。京津高铁不仅仅是一条路，更重要的是给两座城市的发展带来了新的机遇。”建议天津从打造自己的特色文化品牌做起，打造一个更高质量的“半小时文化圈”。天津有关部门正在循着这个思路，创作天津演艺精品。

京津演艺市场是一个有着巨大潜力的优质文化产业链。北京演艺市场的国际化、高端化和天津演艺市场的民俗化、民众化，具有互补互益的特点。三千多万人口的观众市场，是一般演艺市场无法具备的基础。据《第一财经日报》报道，借助京津高铁和自驾游带来的便利交通，2009 年“十一”黄金周，京津市民“串门”消费出现高潮，互动游客逾 60 万人次。① 这个庞大的数字说明，如果京津演艺市场能在北京文化圈这个大文化思维下统一认识、统一思路、统一产业规划与资源利用，北京文化圈京津演艺市场文化系将会是一个演艺旗舰。

（二）以北京为中心的宫廷文化系

以北京为中心，以北京故宫、明十三陵、皇家园林、宫廷祭祀场所、宫廷宗教场所、承德避暑山庄、木兰秋狩地、清东陵、清西陵、房山金陵、涿鹿上古传说地、燕下都、曲阳北岳庙、内蒙古辽金元故都遗址等相关宫廷文化遗产为支柱，形成宫廷文化系。

宫廷文化不仅是朝代的记忆、历史的表述，也不仅是作为代表一个历史时期的最高文化遗存，更重要的是作为民族文化精神、文化追求的人文传承而灿烂辉煌于世界。北京是辽、金、元、明、清五朝古都，距离今天更近一些，所以比之西安的汉唐宫廷文化、南京的六朝宫廷文化、中原的商周宫廷文化与北宋宫廷文化、杭州的南宋文化等宫廷文化遗留，具有更多的、更优质的文化遗产存世。这些宫廷文化遗产有相当一部分仍以物质文化遗产的形式吸引着全世界的目光。如北京故宫、颐和园、天坛、明十三陵、承德避暑山庄、清东陵、清西陵等，都属于《世界文化遗产名录》认定的珍贵世界文化遗产。

宫廷文化是一个庞大的文化精华体系，包括“皇家宫殿文化”、“皇家陵寝

---

① 纪虹宇、孟斯硕：《“史上最长黄金周”引爆消费市场》，2009 年 10 月 9 日《第一财经日报》。

文化”、“皇家园林文化”、“宫廷宗教文化”、“宫廷祭祀文化”、“皇家狩猎文化”和“皇家休闲文化”等。[①] 北京文化圈宫廷文化系资源丰富，文化内蕴深厚，效益潜力巨大。它既是历史文化的浓缩，又是艺术精华的集大成者；既是传统文化精神的展示、传承平台，又蕴涵着民族文化追求的未来指向。简单旅游模式下的浅层次走马观花，低标准文化欣赏，很可能使珍贵的文化瑰宝成为一次性的“参观物”，沦落成一般性的旅游商品。开发北京文化圈宫廷文化系文化资源的深层文化价值，提升旅游休闲产业的文化增加值，是北京文化圈构建过程中的重任之一。

（三）以北京为核心的旅游休闲文化系

以北京、天津城市文化观光资源为核心，以张家口、承德、坝上、北戴河、蓟县、涞源等避暑休闲资源为辅助，形成辐射、扩散型的旅游休闲文化系。

旅游休闲的兴起是人类走向物质文明的必然，是人类生命旅程中文化品位、文化享受的自觉追求。它代表了人类文明的进步，是文化发展的指向之一。随着经济条件的改善，中国的旅游休闲产业必将成为文化产业中前景广阔的重要的文化服务产业。旅游休闲产业是建立在文化之上的新兴文化产业，是标准的文化衍生品，任何试图将旅游休闲产业置于文化之外的行为都是不可行的逆文化行为——因为旅游休闲的本质就是文化行为，虽然它被可观的营利性带上了明显的商业、经济色彩。

北京文化地域内旅游休闲产业发展势头强劲。仅以2009年国庆长假为例，就可说明北京旅游休闲产业的旺盛态势。据北京市旅游局信息中心信息披露：“十一”黄金周进入第七天依然势头不减，全市各大景区6日14时至7日14时共计接待游人109.2万人次，同比增长62.2%。[②] 整个长假期间，北京市共接待京内外旅游者1497万人次，同比增长58.9%；旅游总收入53.9亿元，比历史最好水平的2008年同比增长3.1%。其中北京乡村旅游共接待游客达275万人次，同比增长26%；收入2.2亿元，同比增长35%。[③] 创造了良好的经济效益和比较好的社会效益。

但是，我们也注意到，由于旅游休闲产业方兴未艾，相当一部分的旅游休闲

① 吕厚龙：《三求书——吕厚龙学术著作选》，北京，中国戏剧出版社，2007，第124～123页。

② 北京市旅游局官方网站“北京旅游信息网新闻中心·新闻要览”：《黄金周第7天：游人满意度创历史新高》。（http://www.bjta.gov.cn/xwzx/xwyl/247321.htm）2009年10月7日。

③ 北京市旅游局官方网站“北京旅游信息网新闻中心·新闻要览”：《“国庆效应”火爆北京假日旅游市场》。（http://www.bjta.gov.cn/xwzx/xwyl/247590.htm）2009年10月7日。

产品还停留在“吃一顿，睡一觉，看一看，乐一乐，转一圈，拍张照”的感官享受上，因为缺乏严格的文化定位和严谨的文化引导而使旅游休闲产业的文化价值大打折扣。北京有着丰厚的、精深的、集中的文化旅游资源优势，这些文化资源不是旅游消耗品，而是文化影响力。充分发掘文化旅游资源的文化影响力，是文化、文物、旅游、休闲等诸多相关部门的统一文化课题。

世界上许多国家都已经把“文化观光”作为文化影响力、文化扩张力、文化国力，下大力气深化文化旅游的文化内涵。作为文化资源最丰富的文化大国，我们是否还要自满自得于“旅游收入”的增加，自足自乐于“傻玩儿”式旅游消费、旅游经济模式？

如何尽快改变“文物部门花钱保护、文化部门没钱咋呼、旅游部门收钱招呼”的行政体制分割弊病，把旅游休闲产业纳入大文化之中来，回归其“文化旅游、品味休闲、精神愉悦、健康心灵”的文化育化功能，在提升人们生命质量、提高人们文化素质等诸方面发挥更大的作用？如何尽快形成文化资源统一规划、旅游关联行业协会自律、工商行政管理部门监督管理、法律法规公平监督、市场促进公正规范的文化观光产业新格局？如何让旅游休闲这个真正的文化产业重要组成部分、这个影响和关系到未来的文化行为，获得更佳的发展模式？如何尽快摸清北京文化圈旅游休闲产业的家底，科学编制北京文化圈旅游休闲系产业规划，廓清旅游休闲产业的内在价值，提升北京文化圈旅游休闲产业的文化品位和产业质量？这些都是北京文化圈构建过程中必须要做的，但是，首要的，是文化旅游思维的革命性变革。

（四）以北京、天津、河北、山西、内蒙古近京地区等为文化源的同源共荣型民生文化系

在北京文化类型中，宫廷文化、精英文化、市民文化、民生文化都是极其重要的文化类群，尤其是民生文化，同时还兼具北京文化源的特性，既是社会进步、经济发展的基础，又是最重要的文化支撑点，对于“人文北京”的建设和京畿地区关乎民众福祉的文化事业发展尤其重要。民生文化实际上更注重对于人类群体生存文化的关怀。①

① 吕厚龙：《三求书——吕厚龙学术著作选》，中国戏剧出版社，2007，第30页。

北京城市文化的形成，得益于北京周边地区的文化影响；北京城市文化的健康活力，来自于北京文化地域内外的文化良性互动；北京城市文化的发展，决定于北京城市文化空间的包容性、多样性、吸纳性和文化升华能力。北京文化圈的形成，其中一条重要因素，就是北京文化地域内民生文化的汇集、交融和升华。研究北京文化，不可以忽略河北、山西、内蒙古、辽宁等近京地区民生文化的文化源功能。传承、发展北京文化，自然也不可以忽视北京文化地域中的民生文化对北京文化的作用力。建立以北京、天津、河北保定、承德、张家口、山西大同、内蒙古近京地区等地域为同一体系的民生文化产业群，尽量减少行政区划对文化造成的分割，创新民生文化研究、开发、利用模式，让鲜活的民生文化更具独特魅力，更好地使北京文化圈做到“注重文化传承、理清文化源头、抢救文化遗存、廓清发展方向”的大文化功能。

四　结语

北京文化圈的构建，着眼于具有中国社会主义特色的先进文化的发展，立足于北京及周边地区文化特征、文化追求的相近性，是创意文化产业概念下的大文化构想。

北京文化圈的构建并不是“北京+周边”的简单地域组合，也不是“事在四方，要在中央”的主从关系，而是一个具有鲜明地域特色、符合社会发展进程的多元化大文化体系建设。行政区划不等于文化地域，文化地理是人类文化交融、文化进步的产物，是诸多文化行为经过长期磨合、融合、整合才达到的文化生态平衡状态。过于强调行政区划地域的利益，会对地域文化造成伤害，有些伤害甚至是不可修复的。北京文化圈追求的是文化地域内各个层级、各种风格、各种样式、各个类型文化的平等、互利，追求的是对文化多样性的承认与肯定，对文化独特性的尊重与弘扬，对文化地域性的保护与发展，对各个层级不同文化的科学利用，它将有效地保护北京大文化地域内的大文化生态。

北京文化圈的构建，是思维的变革，理念的变革，文化行为的变革，是大文化战略的落实与实践，对文化的升华、社会的和谐、人民的福祉将起到十分重要的推动作用。

北京文化圈的构建，需要北京文化地域概念内地方决策部门、行政职能部门以及相关产业乃至全体民众的共同努力。建议由北京、天津、河北、山西、内蒙古、辽宁等省、市、自治区决策层，依照科学分工、互动发展、共谋利益的原则形成共识，由相关部门、机构组成高效的工作班子，组织人力厘清文化圈概念，理清文化地域内的文化资源，制定文化圈发展规划，并分层分级组织具体实施。

2009年北京文艺演出市场分析

黄知才　散 静*

摘　要：2009年北京演出市场保持持续增长，演出总场次和总台数分别比2008年增长了21.6%和41%。常规演出中，话剧类演出场次最多，音乐类演出台数最多。旅游演出在经历2008年的滑坡之后开始复苏，总场次增长近20%。2009年北京演出市场最大的亮点是联合与扩张，文艺表演团体开始尝试走联合之路，院线联盟向纵深发展，同时，以天创国际为代表的大型演艺机构进军国际市场，"走出去"战略迈上新台阶。

关键词：北京演出市场　增长　联合　扩张

一　北京演出市场数据分析

（一）演出总场次和台数出现恢复性增长

2008年金融危机波及各行各业，艺术品市场和音像市场受金融危机冲击较大，而演出市场则呈现了逆势上扬的态势。数据显示，① 2008年北京市演出总场次和总台数分别增长了15.1%和13.1%，与2007年相比增速有所减缓，但是相对金融危机对全球经济的影响程度而言，2008年北京演出市场总体还是比较乐观的（见图1）。

---

* 黄知才，道略文化传媒产业研究中心高级咨询师，主要研究公共文化和文化产业，参与过文化部、北京市及北京区县的多项文化研究与规划项目。散静，道略文化传媒产业研究中心分析师。

① 本文所有数据来源于道略演出市场监控数据库，该数据库涵盖了2006年至2009年11月北京市营业性演出场所的演出数据，包括节目名称、节目类型、演出时间、演出场所、演出场次、场所所在区域、座位数、演出团体、团体经济属性、最高票价、最低票价等信息。

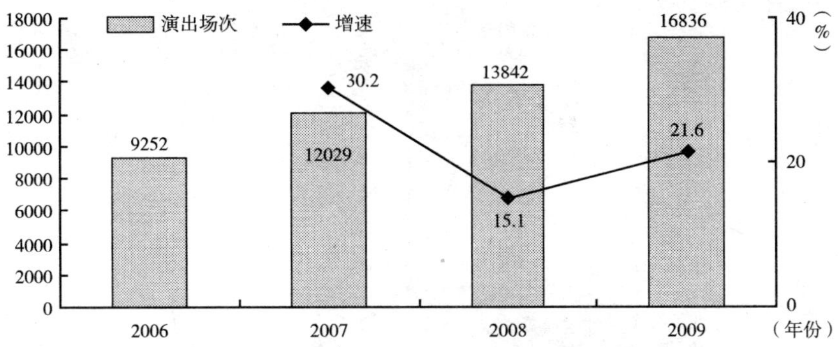

图 1　2006～2009 年演出总场次统计

2009 年，北京演出市场增长重新开始加速。演出总场次为 16836 场，总台数为 2256 台，分别较上一年增长了 21.6% 和 41%，增长速度均有所加快。这表明，在经历 2008 年的短暂调整之后，北京演出市场出现了恢复性增长（见图 2）。

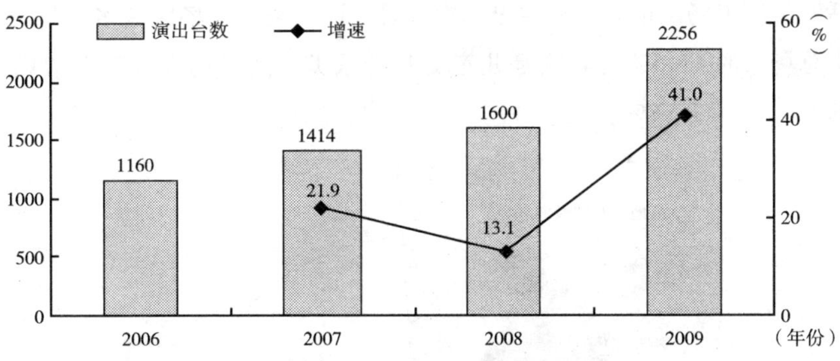

图 2　2006～2009 年演出总台数统计

(二) 音乐类演出台数最多，话剧类演出场次最多

音乐类演出台数最多。从演出台数来看，2009 年北京市不同类型的常规演出[①]中，音乐类演出台数最多，共 740 台，占常规演出总台数的 33.9%，其次为话剧类，共 477 台，占常规演出总台数的 21.8%（见图 3）。

① 常规演出是指除旅游演出之外的营业性演出。

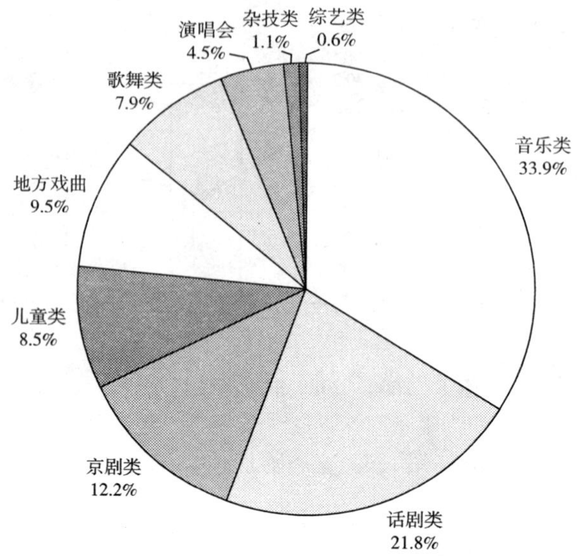

图3　各类型演出活动台数分布

话剧类演出场次最多。从演出场次来看，话剧类演出场次最多，共3536场，占演出总场次的48.6%。其次是儿童类和音乐类，演出场次分别占常规演出总场次的16.3%和12.8%（见图4）。

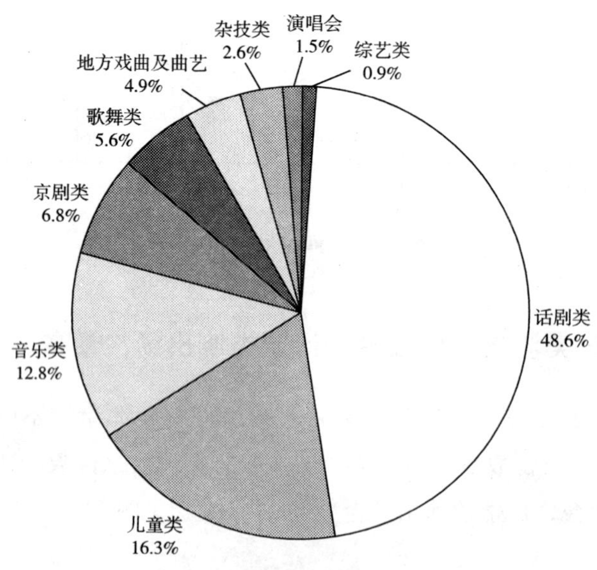

图4　各类型演出活动场次分布

1. 占总台数 29.9% 的音乐类演出集中在国家大剧院上演

从演出场所来看，2009 年北京市音乐类演出主要集中在国家大剧院、中山音乐堂、北京音乐厅等专业场所。其中在国家大剧院上演的音乐类演出占据了演出总台数的 29.9%，中山音乐堂占 19.5%，北京音乐厅占 17.6%（见表 1）。

表 1　2009 年音乐类演出主要分布场所

演出场所	演出场次	所在比例(%)	演出台数	所占比例(%)
国家大剧院(音乐厅、戏剧场歌剧院、小剧场)	282	30.2	221	29.9
中山音乐堂	147	15.7	144	19.5
北京音乐厅	145	15.5	130	17.6

2. 话剧类演出同比增长 32.7%，增长速度有所减缓

2006～2009 年的四年间，话剧类演出市场整体呈上升趋势。统计数据显示，2006～2009 年的四年间，北京市话剧类演出市场均保持了较高的增长速度。其中 2008 年增长速度最快，达到了 43.1%。2009 年增长有所下降，但也保持了两位数以上的水平。

小剧场话剧仍然是话剧市场的生力军。近几年，小剧场话剧异军突起，为北京市话剧市场注入了新的活力。据道略监测，2008 年北京市共上演小剧场话剧 2000 场，占话剧演出总场次的 75.08%；2009 年上演小剧场话剧 2564 场，占话剧演出总场次的 72.9%（见图 5）。

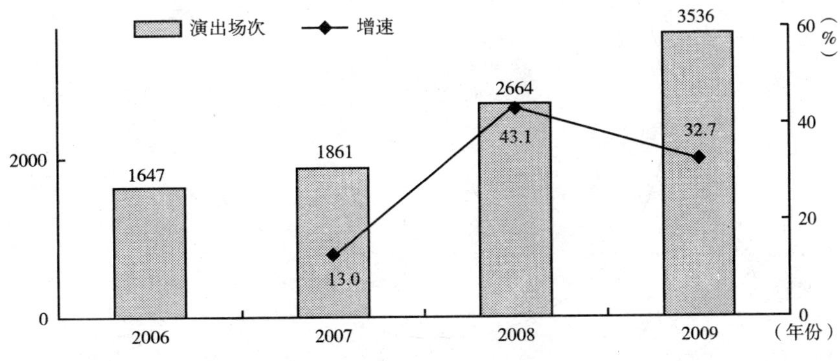

图 5　2006～2009 年话剧类演出场次统计

（三）演出活动主要集中于朝阳、东城、宣武等三城区

2009 年演出活动主要集中在朝阳区、东城区、宣武区，三城区演出总场次为 11567 场，占北京市演出总场次的 68.7%（见表 2）。

表 2　2009 年不同区域演出场次、台数分布情况

所在区域	演出场次	所占比例(%)	演出台数	所占比例(%)
朝 阳 区	4438	26.4	314	13.9
东 城 区	3788	22.5	766	34.0
宣 武 区	3341	19.8	101	4.5
西 城 区	2001	11.9	837	37.1
海 淀 区	1309	7.8	178	7.9
丰 台 区	946	5.6	51	2.3
崇 文 区	538	3.2	4	0.2
通 州 区	365	2.2	1	0.0
怀 柔 区	67	0.4	3	0.1
石景山区	43	0.3	1	0.0
合　　计	16836	100	2256	100

朝阳区以旅游类演出为主。2009 年朝阳区共演出 4438 场，占演出总场次的 26.4%。其中旅游演出 2526 场，占该地区演出总场次的 56.9%。而在旅游演出中，杂技类演出占据了主体（见图 6）。

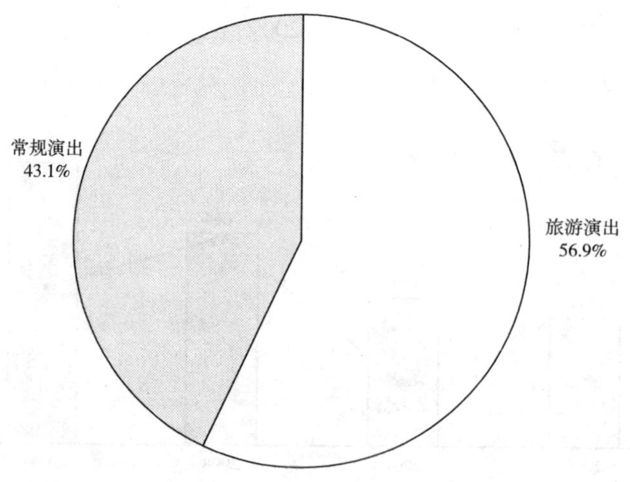

图 6　2009 年朝阳区旅游演出场次比例

东城区以话剧类演出为主。2009 年东城区共演出 3788 场，其中话剧类演出 1696 场，占东城区演出总场次的 44.8%。东城区集聚了大量的话剧剧场特别是小剧场，如人艺试验剧场、东方先锋剧场、蜂巢剧场等，使话剧演出成为东城区的演出特色（见图 7）。

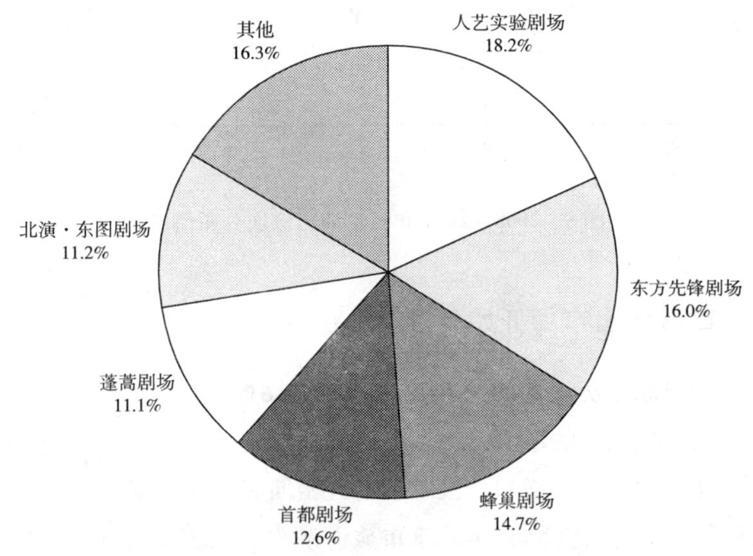

图 7　2009 年东城区话剧类主要演出场所

宣武区主要以地方戏曲及曲艺为主。2009 年宣武区共演出 3341 场，演出最多的类型为地方戏曲及曲艺，演出场次为 1201 场，占 35.9%。地方戏曲及曲艺演出以驻场演出的形式为主，演出场所主要集中在德云社、张一元茶馆、德云书馆等。

（四）1 月、4 月、10 ~ 12 月是 2009 年演出的高峰期

2009 年的演出高峰期为 1 月、4 月、10 ~ 12 月。通过图表 10 可以看出，2009 年的演出高峰期在 4 月、10 ~ 12 月。而往年的演出高峰期一般集中在 1 月、4 月、9 月等。出现这种变化的原因，主要是 2009 年的“十一”为 60 周年大庆，各种类型的汇报演出、文艺演出较多，致使 10 ~ 12 月的演出场次明显增加（见图 8）。

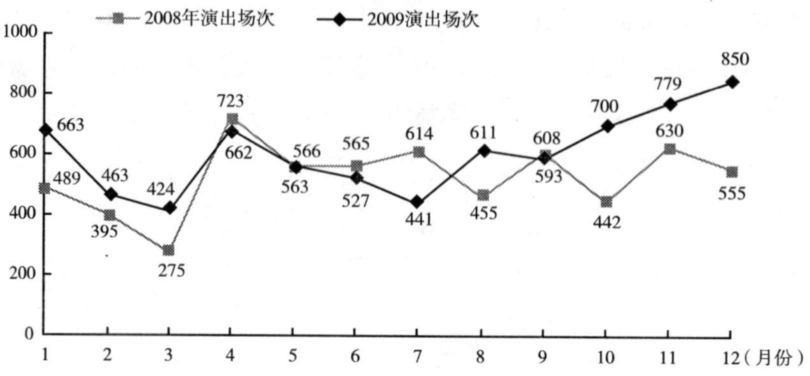

图 8　2008～2009 年月度演出场次分布情况

（五）旅游演出市场开始复苏

1. 旅游演出总场次与 2008 年相比增长了 19.6%

2008 年受金融危机的影响，北京市旅游演出市场有所下滑。随着经济形势的好转，2009 年旅游人次增加，旅游市场开始回暖，与此紧密相连的旅游演出市场也呈现复苏的迹象。2009 年北京市旅游演出共 7253 场，比 2008 年增长了 19.6%（见图 9）。

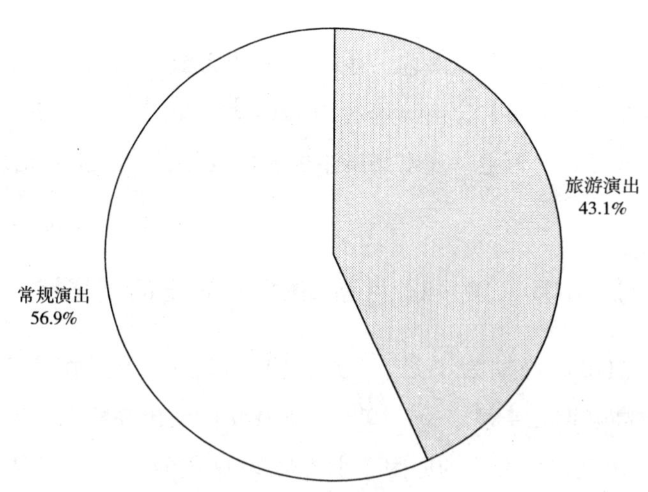

图 9　2009 年北京旅游演出占总演出场次情况

2. 旅游演出以杂技类和京剧类演出为主

旅游演出是指以旅游人群为主要观众群体的演出类型，演出内容涵盖了杂技、综艺、歌舞、京剧、地方戏曲及曲艺等。2009 年北京市各种类型的旅游演出中，杂技类和京剧类所占比重最高。这两类演出分别占据了旅游演出总场次的 75.3%（见图 10）和总台数的 68.4%（见图 11）。

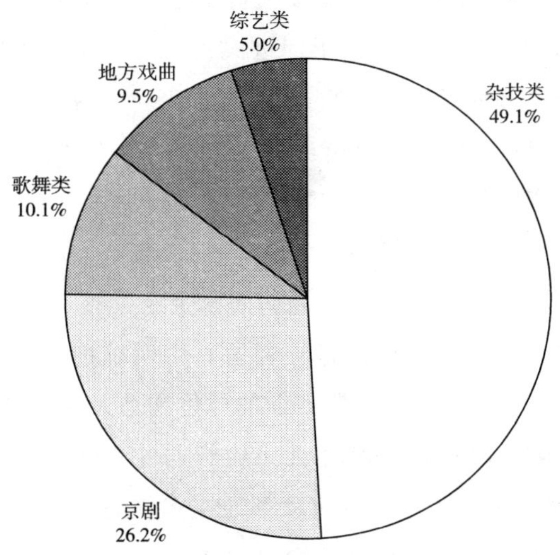

图 10　北京各类型旅游演出所占场次比重

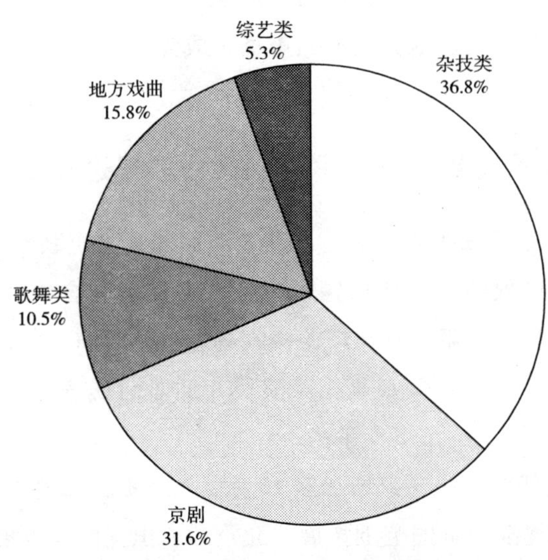

图 11　各类型旅游演出所占台数比重

二　北京演出市场事件述评暨趋势分析

（一）业外资本加速进入演出行业，小剧场等成为投资热点

1. 民营资本关注演艺市场，小剧场投资受宠

2009 年 6 月文化部出台的《关于促进民营文艺表演团体发展的若干意见》，使民营文艺表演团体得到社会各界的关注，在资金、发展环境等方面民营文艺表演团体都得到了来自社会的更多支持。众多投资商纷纷进驻话剧市场。民营团体北京戏逍堂话剧制作坊与枫蓝国际购物中心联合打造了“枫蓝国际小剧场”。西城区着力打造了“繁星戏剧村”，成为我国首家民营小剧场集聚群。

2. 金融资本进入演出行业，助推龙头演艺企业

文化部制定的《文化产业投资指导名录》中明确把演艺服务业放在鼓励类发展方向第一位，为即将涉入演艺服务业的单位和个人提供了指导方向，为金融资本的进入提供了政策保障。2009 年北京银行与北京演艺集团提供意向性授信 10 亿元；工商银行北京市分行与中演票务通正式签署战略合作协议，为其在北京地区提供办理售票业务；天创国际的《功夫传奇》剧目向北京银行贷款 100 万美元到伦敦进行商演，取得巨大成功，加速了天创国际走出去的步伐。这些事件表明，金融资本开始更多地关注演出市场，成为大型演艺机构拓展国内外市场的助推器。

（二）资源整合加剧，院团联合和院线联盟进一步深化

1. 艺馨社加入德云社相声联盟，文艺表演团体尝试走联合之路

文艺表演团体仿效演出场所联盟的形式，尝试走联合之路。2009 年北京艺馨相声社加入德云相声联盟，并在广德楼剧场进行驻场演出。艺馨相声社专门致力于传统曲艺发展，拥有众多专业相声演员，加盟后使德云旗下相声演员突破 200 人，大大增强了团体的市场竞争力。

2. 北京保利院线旗下由 9 家增加至 15 家，演出院线联盟向纵深发展

演出院线联盟逐渐向全国范围拓展。北京的演出场所在发展剧院院线、联盟以及连锁经营方面走在全国前列，且发展迅速。保利院线是全国最早的剧院管理

院线，2009 年 9 月份随着武汉琴台音乐厅、惠州大剧院、泰州大剧院等剧院的加盟，由保利剧院管理有限公司打造的保利演出院线旗下的剧院已由原来 9 家增至 15 家。

北京已建成 5 个院线联盟（联合）。通过多年的发展，北京已拥有 5 个院线联盟，包括：保利院线联盟、中国北方剧院联盟、国家大剧院联盟、中国儿童剧院联盟、中国木偶剧院联盟等。其中，保利剧院联盟和中国北方剧院联盟覆盖范围较广，国家大剧院、中国儿童剧院、中国木偶剧院等三个联盟主要是通过战略合作、连锁经营等方式形成联盟关系。通过院线联盟合作，改变了过去单打独斗的演出模式，达到了资源共享和降低演出成本的目的。

表 16　全国发展院线联盟的演出场所

地区	联盟名称	发展院线联盟情况
北京	保利院线联盟	保利院线管理的剧院目前包括北京保利剧院、中山音乐堂、上海东方艺术中心、深圳保利剧院、东莞玉兰大剧院、武汉琴台大剧院、河南文化艺术中心、泰州大剧院、烟台大剧院等 15 家院线
	中国北方剧院联盟	中国北方剧院联盟由北京天桥剧场、北京世纪剧院、辽宁大剧院、营口辽河大剧院、吉林东方大剧院和黑龙江北方剧场共同组成的“北方剧院联盟”
	国家大剧院	建立与上海大剧院的双边战略合作伙伴关系
	中国儿童剧院	2008 年 3 月中国儿童艺术剧院与深圳市演出公司、深圳市少年宫联合成立“深圳市假日经典小剧场”
	中国木偶剧院	朝阳区管庄社区汉高天弘少儿培训机构东区小剧场作为中国木偶剧院的连锁经营剧场上演木偶剧目
外地	东部剧院联盟	东部剧院联盟旗下剧院横跨浙江、江苏、上海、江西、四川、湖南、湖北、广东、福建等省市。其中有：广东艾利发剧院管理公司、上海美琪大戏院、宁波逸夫舞台、杭州大剧院、嘉善剧院等 36 家剧院
	西部演出联盟	西部演出联盟由演出经纪机构、演出场馆及演出团体三部分组成，其中演出经纪机构、演出场馆有 8 个成员，演出团体有 2 个成员，联盟成员结构中，包含了艺术生产、项目经纪和剧场演出 3 个环节。

（三）外地演艺机构抢滩北京市场，竞争格局发生分化

2009 年 4 月，刘老根大舞台落户北京崇文区阳平会馆，开创了“二人转”文艺团体进军北京市场的先河。继刘老根大舞台之后，吉林省又一“二

人转”演出团体——快乐人生大舞台于10月落户北京，并在颐和园北宫门、芍药居中青旅山水宾馆及北沙滩双泉堡三处开设剧场，常年进行二人转演出。以“二人转”为代表的演艺机构进驻北京市场，标志着北京市演出市场存在着巨大的民间消费潜力，也必然会加剧北京市演出市场竞争格局的分化。

（四）大型演艺机构进军国际市场，“走出去”迈上新台阶

大型演艺机构收购国外剧院，开创国内演艺机构国际并购的先河。2009年12月，天创国际演艺制作交流有限公司以354万美元的价格成功收购位于美国中部密苏里州的布兰森市的白宫剧院，开创了国内演艺机构收购国外剧场的先河。此后，东上海国际文化影视集团也在美国田纳西州大雾山旅游区收购了两家剧院，分别命名为“东上海剧院”和“宫殿剧院”，进一步加速了中国演艺行业走出去的步伐。

中国演艺机构“走出去”迈上新台阶。长期以来，中国演艺机构进军海外市场主要是走单个剧目海外巡演的模式，而且大多通过经纪机构进入国外市场。这两个并购案例，表明国内的大型演艺机构已具备一定的海外市场扩张的能力，标志着国内演艺机构“走出去”战略从此迈出了实质性的一步，登上了一个新的台阶。

（五）竞争优势凸显，全国演艺中心的地位正在形成

北京市对演艺机构的吸引力不断加大，众多演艺机构选择北京作为总部所在地，并以北京为主阵地，逐渐拓展全国市场，从而使得北京对全国的辐射作用不断加强。

北京有望成为全国的创作中心。北京汇集了全国演艺行业一流的创作人才和演艺人才，每年都创作演出众多优秀剧目。如2009年由著名影视编导刘恒创作的话剧《窝头会馆》、国家大剧院制作的《简·爱》、林奕华的新作《男人与女人之战争与和平》等优秀剧目。同时，民营话剧团体也创作了大量的广受市场欢迎的剧目。北京成为众多优秀剧目的诞生地。

各中心城区逐步形成了各具特色的演出领域，有望领航本领域的全国市场。北京不同区域的演出市场各具特色，如宣武区拥有众多地方戏曲演出场所，朝

阳区的杂技类旅游演出颇具特色，东城区则以话剧类演出著称。针对北京缺乏音乐剧专业剧场，怀柔区打造中国的百老汇，构建中国舞台原创产业基地，填补了中国音乐剧史上的空白。海淀区依托杏石口地区现有的产业集聚优势，引入美国百老汇等国际一流剧院演出机构，将西山文化创意大道打造成“十里文化长街”。各个城区的核心优势正在逐步扩大，逐步形成品牌效应，有望领航全国市场。

2008～2009年北京地区出版产业发展述评

荣学良*

摘　要：2009年北京地区出版业逐步摆脱了金融危机的影响，实现了较快的增长。其中，图书出版、数字出版的表现尤为突出，保持了较高的增长态势。同时，由于出版体制改革的全面推进，为出版业带来了绝佳的资源整合机遇，而资本和媒介要素的整合，将推动北京出版业进入资本和跨媒体经营时代，并且将极大地扩展出版业的发展空间。面对新的发展机遇，北京出版业应在资金投入、人才培养、规范化管理等方面加大力度。通过采取设立产业发展专项资金、制定人才培养规划、建立版权经纪人制度等措施，确保产业的健康快速发展，不断提升北京作为全国出版中心的地位。

关键词：出版产业　资本　跨媒体　北京

2009年，对出版业而言是不平凡的一年，出版单位转企改制全面推开，数字出版迅速崛起，民营书业政策的贯彻执行等一系列事件，对新闻出版业的未来走势产生了重大影响。北京作为全国的出版中心，其改革和发展进程在一定程度上成为全国新闻出版业发展的缩影。尽管受到金融危机等不利因素的影响，但总体来讲，北京出版业未来发展面临更多的是机遇——资本、内容、科技、人才等各种出版市场要素整合的机遇，通过横向或纵向的资源整合，产业的发展空间将逐步得到扩展。

* 荣学良，北京市新闻出版局（版权局）政策法规处研究员，主要研究出版法规、文化创意产业、文化体制改革。

一 产业发展概况

（一）基本经济数据有一定起伏，但总体上保持了较快的发展速度

从统计数据来看，[①] 2008 年特别是下半年北京地区出版业的利润、业务收入、税收等均出现了一定程度的下降。而 2009 年前三季度随着整体经济形势的回暖，出版业各项经济指标同比均出现了较大的增长。2008～2009 年期间，北京地区出版业的发展经历了“U”形的变化趋势，基本与全市经济增长变化趋势相吻合。2009 年，在国家扩大内需、北京市农家书屋建设提速等一系列有利因素的刺激下，全市新闻出版业保持较快的增长速度，预计全年增速将会超过“十一五”时期以来的平均增速。

（二）总体出版规模持续扩大，各类出版物走向分化

在图书出版方面，2008～2009 年依然是图书出版的快速增长期，特别是随着图书出版单位的转企改制和新闻出版总署实施书号实名申领制，图书出版的品种出现了较快的增长。2008 年，北京地区共出版图书 136284 种，同比增长 8.7%，其中，初版图书 74677 种，同比增长 7.3%，分别占全国的 49.44% 和 49.79%，总印数 20.78 亿册（张），同比增长 11.2%，占全国的 29.96%。从图书品种结构来看，图书重印率达 45.20%，连续三年出现增长势头。从单册数印刷数量来看，2008 年平均单种图书印数为 15247 册/种，比上年增长 2.4%。从图书品种来看，一般图书品种和印数增幅超过课本增幅，图书出版对课本的依赖程度不断减小。

在期刊和报纸出版方面。2008 年共出版期刊 2898 种，占全国的 30.35%，总印数 9.36 亿册，同比增长 2.1%，占全国的 30.15%。出版报纸 259 种，占全国的 13.33%，平均期印数 3328.21 万份，同比下降 3.63%，总印数 73.21 亿份，占全国的 16.53%，同比增长 0.2%。从出版数量来看，和全国形势一样，期刊报纸的出版进入了低速发展期，特别是报纸平均期印数连续几年出现下滑趋势，

---

① 除特别标明，本部分数据来自北京市统计局和北京市新闻出版局统计资料。

金融危机在一定程度上加剧了这种趋势。

在音像制品和电子出版物出版方面，2008 年共出版录音制品 5071 种，出版数量 18752.96 万盒（张），同比分别增长 4.54% 和 37.79%，占全国的 43.26%；录像制品 5847 种，出版数量 8657.09 万盒（张），同比分别下降 4.77% 和 12.14%，占全国的 49.67%；出版电子出版物 7427 种，出版数量 10431.72 万张，同比分别增长 19.87% 和 29.49%，占全国的 76.82%。总体而言，音像制品继续呈现颓势，而电子出版物则出现较大增长，造成这种现象的主要原因在于两种出版物在产品地位上的不同。电子出版物的内容大多与软件相关，而软件业的繁荣为电子出版物带来了很大的市场。此外，在经营形式上，电子出版物经常以图书等出版物的配套产品的形式出现，图书出版的持续增长，也为电子出版物的增长提供了空间。

（三）数字出版形态多样化，产业发展处于快速成长期

截至 2009 年底，北京市经新闻出版总署批准的互联网出版机构共有 50 家，占全国的近 31%，北京市涉足互联网出版的经营机构数量在 4630 家左右，占全国涉足互联网出版机构总数（22270 家）的 21% 左右。据调研结果显示，2008 年，北京地区数字出版产值达到了 164 亿元，同比增长 152%，占全国总产值的 31%。其中，手机出版 71.4 亿元、网络游戏 45 亿元、网络音像 23.6 亿元，网络教育 15 亿元、数字期刊 5.2 亿元、电子书 3 亿元、数字报纸 5070 万元、网络原创文学 770 万元。在数字出版分类中，北京网络游戏出版的产值规模不仅在全国占优势主导地位，而且已经形成了比较成熟、先进的经营理念和商业模式，产业价值链完整清晰，今后几年将继续成为北京市数字出版产业发展的支柱。随着无线通信技术的进步和普及，无线终端设备的大众化以及手机出版物的丰富，手机出版市场将具有十分广阔的发展前景，有望成为北京市数字出版的主力军。而数字报纸、网络原创文学、数字期刊由于收费方式、盗版等问题，发展都大大滞后，基本上都处于起步阶段，市场正在培育过程中，还没有出现比较成熟的经营模式。

（四）出版物发行市场总体活跃，但出版物库存依然较大

据北京市新闻出版局年检结果显示，2008 年全市有出版物总发行单位 13

家，全国连锁经营总部8家，外商投资分销企业25家，出版物批发企业1326家，市级出版物连锁经营总部26家，零售书店4606家。从业人员96877人，利润总额为13亿元，出版物销售金额为310亿元，同比增长22%，销售数量达71亿册（盘、份）。此外，据统计结果显示，2008年北京地区新华书店系统、出版社自办发行单位库存12.31亿册，271.55亿元，同比分别增长2.69%和9.46%。较大的库存说明出版物的出版和市场需求之间还存在相脱节的地方，出版的规模扩展存在一定的盲目性，产品质量还有待进一步提高。

（五）印刷业保持较快发展，产业集聚发展态势明显

2008年共有印刷企业2300家左右，实现工业销售产值大约200亿元左右，其中，出版物印刷企业683家，实现工业销售产值83.75亿元，同比增长16%，占全国出版物印刷企业工业销售产值的8.57%。包装装潢企业305家，实现工业销售产值约83亿元。从空间布局上，北京地区印刷企业呈现集聚发展的态势，以北京经济技术开发区和大兴、通州、顺义为外环的印刷产业带规模不断扩大，据统计，大兴、通州、顺义三个地区印刷企业的数量占全市印刷企业总数的1/3，从业人员占全市印刷业从业人员的60%，印刷销售产值占全市销售总产值的52%以上。

（六）版权服务体系不断完善，版权贸易逆差持续减小

2008年，北京地区共完成版权自愿登记1004877件，引进出版物版权6575种（不含音像制品和电视节目），占全国的38.75%。共输出出版物版权1232种，占全国图书版权输出的50.49%，各项指标均居全国首位。北京地区版权输出与引进比由2004年的1∶11缩小到了1∶5.3。参与版权输出的出版社数量同比增长了31%，市属出版单位输出总量增长了1.38倍，输出引进比提升了43.7%。版权贸易基地建设成果显著，先后在全市版权产业比较集中的朝阳区、海淀区、东城区等重点地区初步建成了3个国家级版权贸易基地。基地初步具备了版权登记、版权作品展示、版权法律服务、版权保护、版权转让、版权投融资及版权管理等多项服务功能，为创作者、传播者、使用者提供了规范化、系统化、专业化、国际化的全方位版权服务。

二　2009 年产业发展特点与趋势

处在体制改革与产业升级的“变动”阶段，北京地区出版业的发展呈现出很多特点与趋势。2009 年 3 月新闻出版总署出台的《关于进一步推进新闻出版体制改革的指导意见》（以下简称《指导意见》）明确提出，要开辟安全有效的新闻出版业融资渠道，有效地吸纳系统外社会资本和境外资本，实现以资本扩展带动业务扩张、规模扩张带动效益扩张。同时《指导意见》还指出要推动跨媒体战略重组，加快向传统传媒与新兴媒体融合发展转变，打造主流媒体在新闻出版传播格局中的强势地位。在这里，从“资本”和“媒介”两个市场要素角度对 2009 年北京地区出版业的发展特点作一简要评析。

（一）出版业迎来资本时代

由于产业的升级、规模的扩张以及产品研发运作成本的不断上升，出版企业对资本的需求越来越大。但是，由于管理体制的特殊性以及产业发展水平较低，金融资本对包括新闻出版在内的文化产业一直很少光顾，长期以来文化企业融资难成为普遍问题。扩大融资渠道已经成为出版业发展面临的主要问题之一。此外，除了引进资本维系出版企业的扩大再生产以外，通过资本的技巧性运作或资本的优化与科学运动，最大限度地实现价值增值与效益增长已经成为现代企业主要的经营手段之一。2009 年，新闻出版总署柳斌杰署长在接受新闻媒体采访时指出，出版业下一步的发展的关键就是要打破区域界限，打破所有制界限，打破行业界限，让资本和各种市场要素充分流动，走产业化、市场化、国际化的发展道路，由产品经营进入资本经营的时代。

1. 银行资本与出版业开始密切接触

2009 年 8 月 12 日，中国银行和新闻出版总署正式签署《支持新闻出版业发展战略合作备忘录》，根据签署的备忘录，中国银行将把新闻出版作为独立行业进行管理，并将新闻出版总署推荐的重点企业和项目列为中行重点金融服务对象，金融服务范围从商业银行领域拓展至投资银行和保险领域，具体内容包括：授信及融资服务、现金管理服务、资本市场专业化服务、财务顾问和保险服务、咨询与培训服务、国际结算、银团贷款服务和其他创新产品等。双方战略合作协议的签署，将充分发挥中行作为国有大型金融机构的综合金融服务优势，和新闻出版总署作为全国新闻出版事业管理部门的组织优势、政策优势，解决制约我国新闻出版产业发展的金融问题，扶持培育新闻出版产业的重点企业和重点项目，促进新闻出版产业的健康快速发展。2009 年 7 月北京市出台《关于金融支持首都文化创意产业发展的指导意见》，提出要发挥金融对文化创意产业的促进作用，推进首都经济结构优化调整。对在新闻出版等文化创意产业中有特色、有品牌的中小企业，各银行可以开展知识产权、版权、收益权等质押贷款业务。这些政策文件的签署和出台为北京出版业的银行融资带来了曙光，银行资本和出版业开始进入密切接触时期，而一批出版企业包括民营企业通过版权质押、债权（应收账款）质押等形式获得了发展急需的贷款资金。但是，北京地区真正获得银行贷款的出版发行企业依然是少数，单笔贷款规模和有些行业相比也明显偏小。究其原因，固然有出版行业自身对资金需求特性的原因，但也有双方信息不对称、版权评估体系不完善、收益权质押等其他贷款产品需进一步开发等问题。下一步，双方要针对存在的问题，探寻银行资本和出版业合作的制度化机制，不断加深合作的方式，使双方的合作由接触成为融合。

2. 上市融资稍显平寂

上市融资已经成为大型出版单位转企改制以后一个重要发展方向。2009 年外省市很多出版企业在积极谋划上市，如，江西出版集团、河南出版集团、上海世纪出版集团、江苏的凤凰出版传媒集团等。而北京地区除了已经在香港上市的北青传媒，以及中央所属中国出版集团、中国科学出版集团等一直在为上市做准备之外，在上市融资方面，北京地区出版企业特别是市属企业则显得有些平寂。的确，上市融资并不是每个企业的经营手段或目标，上市企业也终将是行业内的少数企业。但是，通过上市融资是实现企业规模扩张的捷径之一，更是建立现代企业制度、实行阳光化管理的有效途径之一。同时，在一定程度上也代表了一个地区行业资源的整合水平，现有国内一些已上市的出版企业已经展现出强大的资源吸附和整合能力，如，北方传媒、安徽时代传媒签订了一系列战略合作的协议，其中不乏北方传媒收购天津出版总社这样的跨区域资源整合的案例。北京地区作为全国出版资源最丰富的地区，在整合资源上市融资方面应该有更大的作为，通过上市融资可以培育几家具有较强国内和国际竞争力的大型出版传媒集团，从而进一步提高北京作为出版中心的资源集聚能力。

3. 系统外战略投资尚需开发

此处的“系统”有两层含义：一是指新闻出版系统，甚至包括整个宣传文化系统。二是指出版单位主管主办所在的系统，由于受特有的管理体制的影响，我国的新闻出版单位大多是按照行业系统和地区进行布局，形成了所谓的条块分割的局面，每个出版单位都隶属于某个行业系统或地区。在出版单位转企改制过程中，特别是在股份制改造过程中，遇到的一个突出问题就是如何实现股东的多元化，很多出版单位在该问题上的结果是“近亲结婚”，即为了实现名义上的股份制，拉来本系统内的一些单位作为股东，这其中有些是实现了系统内资源的优势互补，但很多情况下，由于多个出资人的最终决策者同为本行业的管理者，使得股份制有名无实。此外，从做大做强出版业的角度来看，出版业自身所具有的资本规模和其他行业相比属于较小的水平，引进系统外战略投资可以弥补出版业自身资本不足的瓶颈，推动出版业跨越式发展。北京地区很多行业积累了大量的资本，这些资本正在寻找扩张的方向，而出版单位转企改制为这些资本的流入提供了千载难逢的机遇，当今需要做的只是在系统外资本和出版单位之间架起一座“自由恋爱”的平台，这样的平台搭建应为政府的义不容辞的责任。

4. 民营资本名分已定，路径尚需明确

2009 年以前的政策，对民营资本在出版领域的准入范畴仅仅局限在印刷发行领域，而对于从事出版选题策划及合作出版的民营资本一直未有明确的界定。2009 年新闻出版总署出台的《关于进一步推进新闻出版体制改革的指导意见》第一次把民营出书业的性质界定在“新兴出版生产力”的高度。同时，还指出要在特定的出版资源配置平台上，为非公有出版工作室在图书策划、组稿、编辑等方面提供服务。这样的表述无疑给民营资本带来了极大的期望，但是，对这些宏观政策如何落实，新闻出版总署暂时还没有出台细则，民营资本的生存方式依然是以与出版单位的合作为主。与此同时，出版单位特别是一些资金雄厚的出版集团开始了对民营资本的收购，一些民营选题策划公司已通过国有出版单位控股或兼并，成为国有出版单位的一个子公司或下属部门。这种合作在一定程度上可以被视为双赢的选择，但是，在国有出版单位的体制内，能否发挥民营书业的自身优势，尚需观察。此外，从另一个角度来看，这种“国进民退”的合作也包含有民营书业对迟迟不能获得独立发展通道的无奈。从政策建议的角度来讲，即便在短期内不能完全解决民营资本的出版准入问题，至少要在现有的基础上明确民营资本的存在方式，将从事选题策划的民营企业作为有别于发行企业和出版单位的一个独立的出版企业类型，明确其与出版单位之间的权利义务关系，使其在出版单位享有终审权的前提下能够对其策划的选题享有印制权，确定其生产企业的地位，解决其增值税抵扣和署名权的一些影响企业发展的基本问题。

5. 境外资本蓄势待发

根据中国加入世界贸易组织的承诺，早在 2004 年底，中国已经实际放开外资进入书报刊分销领域。从近几年的发展情况来看，外资分销企业并未如想象的那样疯狂涌入。截止到 2009 年，北京地区共设立外商投资分销企业 25 家，对北京地区出版物发行市场的影响可以说微乎其微。这其中有对境外出版物进口准入限制的因素，也有外资企业自身经营水土不服的原因。此外，对境外资本的关注不应局限于发行领域，据不完全统计，已有 20 多家国际知名出版传媒集团在北京设立办事机构，通过版权贸易、出版合作等形式开拓中国市场的业务，这对出版业的影响要远大于其在发行领域的影响。2009 年，世界贸易组织（WTO）做出裁定，称中国在音像和图书进口及外商分销领域的限制措施，违反了中国入世承诺及 WTO 相关规定。认定中国政府对阅读出版物、家庭娱乐影音制品（DVD）、音乐制品（CD）和影院电影的进口限制违反了《中国加入 WTO 议定书》（Accession Protocol）的相关规定；中国对读物、DVD、音乐制品的外资经销商的限制措施，违反了 WTO《服务贸易总协定》（GATS）；中国对上述进口产品在本国市场实施了歧视性措施，违反了《1994 年关贸总协定》（GATT 1994）。① 这样的裁定一旦生效必将对境外资本在国内的发展产生深远的影响，外资进入北京及国内出版市场的领域和数量将会呈现快速增长。对此，北京出版业应提前做好应对，其中最为重要的是扶持包括民营资本在内的民族出版业迅速成长，特别是要在实现境外资本国民待遇之前，一定先解决民营资本的国民待遇问题。其次，应该看到，适当引进一些外资，对推动我国出版企业建立现代企业制度和引进先进经营理念是有益的，出版企业应该在对外合作中更主动一点，通过合作，学习对方的先进出版管理理念，壮大自己的实力。

6. 风险投资风潮涌动

风险投资是与企业上市相关的一个概念，风险投资大多具有民间资本或具有

---

① 详见财经网：http://www.caijing.com.cn/2009-08-13/110223519.html。

外资背景，虽然不能直接进入出版领域，但是对于发行、数字出版以及民营书业领域，风险投资早已有所介入，近年来，北京地区的一些民营公司由于得到风险投资的注资呈现出快速的增长，而较早获得风险投资的当当网网上出版物发行量甚至呈现成倍的增长趋势。2009 年创业板的开通，为出版企业特别是一些处在成长期的中小数字出版企业、民营企业上市融资提供了现实可能性，可以预见未来风险投资对出版业将更加关注。

（二）跨媒体融合成为产业发展的必然要求

近年来，出版业面临的一个问题是出版业究竟是不是夕阳产业。对这个问题的回答可能不同的人有不同的见解，不同的地区有不同的答案。但是就北京出版业而言，经过改革开放 30 年的发展，出版业的发展已经进入平稳期，行业的平均利润率已由 20 世纪 90 年代所谓的“暴利”行业，转变为现在的微利行业。出版业如何扩容，延长产业链条，发掘更高附加值的衍生产品成为当前及未来出版业关注的重点。从另一种意义来讲，出版业的扩容就是一个产业融合的过程。当前，北京出版业呈现出两种层次的产业融合，首先是出版媒介之间的融合，其次是出版业与其他文化产业的融合。

1. 出版媒介之间的融合

即报纸、期刊、图书、电子出版物、音像制品、数字出版之间的融合。受计划体制的影响，出版业形成了报纸、期刊、图书、电子出版物、音像制品独立经营的出版格局，特别是出版集团组建以前，一个出版企业基本以经营一种出版媒介为主。然而，随着产业的迅速发展，出版企业发现单一出版媒体很难将其资源效益全部发挥出来，如果同时具有不同出版媒介将能更好地发挥其内容、人才、信息等资源方面的特长和优势。如，将报纸和杂志的内容精编成图书和音像制品，将互联网出版的内容转化为纸介质出版物。如果是内容在一次生产完成的同时，通过多个平台进行发布出版，即形成了所谓的复合出版。复合出版将更大地提高内容的利用率。此外，从国外大型出版传媒集团的发展来看，几乎全部是多介质、多业态经营，仅仅依靠一种出版物很难将企业做大做强。北京地区有一批在某一出版媒介领域做得很好的企业，他们无论是从扩大企业规模还是深度挖掘自身内容资源价值的角度，都迫切希望将其经营范围延伸到相关出版媒体领域。目前，在出版体制改革中，政府鼓励引导一些优质出版企业兼并重组其他出版媒体的企业，从而使企业实现跨出版介质的经营。北京市在市属出版单位转企改制中，有意引导一些大型报业集团兼并重组图书、音像出版单位，推动其多业态经营。此外，2009年初，柳斌杰署长在全国新闻出版工作会上，明确提出将来要进行综合出版权的尝试。可以预见，面对跨媒介经营的发展趋势，出版资质的行政审批中所谓的总量控制也将有所变动，对于一些优质的出版企业完全可以优先赋予其他出版媒介的经营权，推动跨媒体发展。

2. 出版业与其他文化产业之间的融合

随着信息技术的发展，出版业（报纸、期刊、图书、电子出版物及音像制品等）与广播电视、影视与电信产业、互联网产业之间不断渗透与交叉，内部各子产业之间相互重组。这种趋势冲击并变更着传统的媒介产业结构，有效地拓宽了产业发展空间。① 大多数情况下，出版业是内容创意的源头，出版的内容创意可以转化为电视、电影、动漫、网游等。同时，一些成功的影视、动漫、网游等作品也可以转化为出版物的形式发行。如，2009年热销的《贫民窟的百万富翁》就是一部集影视、数字出版、纸质出版为一体的跨媒介经营的成功案例。从出版业来讲，利用自身内容资源优势，向利润率更高的下游产业链延伸，是拓展产业发展空间的必然趋势。但是由于在管理体制上的割裂，在出版与其他媒介融合中，尚未形成横跨图书、报纸、期刊、电视、电影、互联网等这样的综合出版传媒集团。对此，北京作为各类媒体资源最为丰富的地区，改革的步伐应该迈得更大些，在行业管理体制改革上积极尝试，推动不同行业资源之间的整合，打造更加完整的产业链条。

三　存在的几个问题及对策建议

（一）存在的主要问题

随着出版体制改革和产业化进程的迅速推进，对出版业的管理和产业的扶持还有很多不适应形势发展要求的地方，主要体现在产业投入不足，扶持方式有待改进；人员素质难以适应产业发展的要求，法律法规滞后，管理标准缺失等问

① 王松茂：《产业融合对我国出版业规制的挑战与对策》，《出版科学》2007年第4期。

题。具体而言，在产业投入方面，出版业作为北京文化创意产业的核心产业，在北京市文化创意产业的各项经济指标中占有了重要比例，多年来，对出版业的投入与其产业地位相比明显不相称。在设立文化创意产业专项资金之前，每年投入扶持出版产业发展的资金有限，仅有大约几百万元甚至几十万元的规模。设立文化创意产业专项资金之后，出版业每年平均投入的扶持资金也仅在两千万元左右，每年扶持的企业在3～6家之间，如按照出版业的细分环节来看，出版、发行、印刷、复制、版权等环节平均每年得到资金扶持的企业最多有1～2家。从人员素质来讲，随着出版单位转企改制，以及出版业资本经营和跨媒体经营时代的到来，出版业最缺少既懂出版专业知识，又懂得现代企业管理、资本市场运作和信息技术的复合型人才。面对国际市场时，还要有法律、国际贸易、外语等方面的专业知识。在行业管理方面，对数字出版、民营选题策划公司等新兴市场主体的行为规范一直缺少明确的规定，使得这些主体的一些经营行为时常处在灰色地带，政府的管理常常处在无法可依的状态。

（二）对策建议

1. 设立出版产业发展专项资金，完善扶持方式，实现投入资金的“以点带面”效应

设立专项扶持资金是西方发达国家和地区出版业的通行做法，新闻出版总署也在2008年设立了国家出版基金。建议整合现有投入资金渠道，适当扩大规模，形成相对稳定的出版产业专项扶持资金。资金的使用应覆盖出版业的几个基本环节和重点发展领域。如重大选题的补贴、传统出版流程的数字化改造、新媒体的发展、版权输出和出版物实物出口、印刷业加工贸易、产业集聚区等。在使用方式方面，除对少数重大产业项目给予直接的资金补贴外，应加大贷款贴息、成果奖励的力度。对于直接的项目补贴，单个项目补贴额度不宜过于集中，应突出资金的带动效应。同时，应加强对资金评审的过程监督，形成公开透明的评选机制，建立资金使用效果的事后考评机制，确保资金被用在真正需要的地方，产生更大的效果。

2. 加大人才培养力度，培养一批复合型的经营管理人才

加强人才培养是出版业保持活力的关键，人才的培养需要一个过程，出版单位和行业主管部门应根据产业发展要求，制定完整的人才培养和储备战略规划，通过建立客观的人才评价机制、有效的激励机制、合理的流动机制为人才成长提供宽松的发展环境，使一批优秀人才能够脱颖而出。从北京出版业来讲，当前特别需要加强培养以下几类人才：一是懂得资本运作的人才。在目前新闻出版体系内短期还难以独立培养的情况下，建议与金融投资行业进行人才交流，适当引进一些有实际经验的专业人才；二是国际经营管理人才。应采取引进来和走出去的办法，一方面要适当引进国外的一些先进人才，另一方面要把国内的人才送出去，通过在国外的学习和实践，形成一批懂得国际市场的复合型管理人才；三是出版专业的领军人才。当前出版业难以出现精品力作，有创作的问题，也有出版选题的问题。只有培养出专业造诣深厚的出版“伯乐”，才能在发掘、组织、策划选题上推出精品，从而杜绝简单化的重复跟风出版现象。

3. 探索建立出版经纪人制度，完善出版市场体系

出版经纪活动是现代出版市场体系中作者和出版商之间的联系纽带，在图书出版、宣传营销、版权输出、国际推广和传播中发挥着重要作用。近年来，北京市涌现了一批优秀的出版经纪人，策划、合作出版了一批有相当影响力的优秀出版物。在版权引进、版权输出乃至国际版权资本运作方面，都十分活跃。目前，对出版经纪人的行为规范尚无明确的法律依据，出版经纪人面临着定位不明确、水平良莠不齐、权益难以得到保障等问题。这不利于维护正常的交易秩序，也限制了出版物市场体系的完善。我国应当将出版经纪制度作为一项基本的出版市场制度加以确立。可以先在北京等出版业发达的地方进行试点，鼓励地方政府探索出版经纪人的管理模式。比如通过地方立法加强职业资格管理，建立出版经纪人资格备案管理制度；明确出版经纪人的法律地位，规范出版经纪人与作者、出版商之间的权利义务关系；建立出版经纪人行业协会，实现行业自律。

4. 完善市场准入，探索建立数字出版产品的规范化管理模式

数字出版是一种新兴业态，国家尚未对其形成一个系统的管理政策法规体系。作为数字出版最为发达的地区，北京市应该在数字出版的管理方面走在前列。当前，应根据数字出版业的发展现状和特点，建立合理的数字出版市场准入标准，对尚未取得数字出版许可资质的数字出版企业进行规范引导，符合条件者赋予数字出版资质，纳入管理、扶持范围。在数字出版产品的管理上，加快推动数字出版产品的规范化、标准化。根据数字出版的不同形态，探索建立数字出版产品的分类标准和出版标识标准。引导数字出版企业建立标准化的产品质量控制流程。

金融危机中寻求契机的北京电影业及发展对策

周春霞*

摘　要：在全球金融危机的背景下，2009年的北京电影业面临着严峻的挑战。新中国成立60周年形成的献礼片热潮、城市化进程的加快、人们新生活方式的逐步形成，为北京电影业迎来了新的发展契机，2009年取得了丰硕成果。本文通过梳理和分析北京电影业一年来的走势，试图总结北京电影业的业绩和问题，并提出进一步发展的对策及建议。

关键词：金融危机　电影票房　北京电影业

在北京文化创意产业中，电影业占据着举足轻重的地位。本文以全球金融危机和中国电影业现况为背景，梳理、分析北京电影业一年来的走势，并对今后的发展提出相应的对策和建议。

一　2009年电影业概况

（一）中国电影业一般情况

虽然金融危机导致全球经济不景气，2009年的中国电影市场仍然取得了不错的成绩。上半年，全国主流院线可统计票房达25.53亿元；[①] 下半年，随着暑

* 周春霞，文学博士，北京联合大学讲师，主要研究当代文学思潮、文化创意产业。

① 范丽珍：《上半年电影市场票房增幅保持高增长　国产份额再超进口片》，2009年7月23日《中国电影报》。

期档、国庆档、贺岁档的良好运作，票房再创新高。2009 年 1 月至 10 月，全国可统计票房近 47 亿元，超过 2008 年全年的 43.4 亿票房。①

值得指出的是，2009 年的电影票房存在着不均衡的现象。上半年的票房收入主要集中于 1～2 月份的贺岁档与 5～6 月的进口影片票房，呈现出明显的冷热不均现象。1 月份由于延续了贺岁片的火爆局面，票房高达 6.4 亿元，2 月份则直接下滑至 3.65 亿元，3 月份更是跌至 2.45 亿元，4 月份的电影票房为 2.8 亿元，有所回升，5～6 月的票房由于进口大片的拉动继续回升，分别达到 3.52 亿元和 4.7 亿元。② 下半年的电影票房，各月之间呈现大体均衡的态势。进入暑期档的 7 月份，票房达到 6.8 亿元，8 月达 5.8 亿元。③ 9 月份票房因举办“优秀国产电影展映向祖国汇报”等活动，达到 4.6 亿元。④ 10 月为国庆档期，加上红色经典献礼片，票房达到 5.4 亿元。⑤ 11 月“淡季不淡”，12 月各贺岁片进入激烈竞争期，《刺陵》、《风云 2》、《三枪拍案惊奇》、《十月围城》、《无人区》等影片扎堆涌现，是票房的强有力的保障（见表 1）。

表 1　2009 年 1～10 月票房

单位：亿元

月份	票房	月份	票房
1	6.4	6	4.7
2	3.65	7	6.8
3	2.45	8	5.8
4	2.8	9	4.6
5	3.52	10	5.4

资料来源：2009 年 7 月 23 日、8 月 20 日、9 月 24 日、11 月 5 日、11 月 26 日《中国电影报》。

2009 年的影院建设，仍然以较快的速度发展。截止到 12 月上旬，新增影院 110 家，新增银幕 505 块，预计年底新增银幕总数将达到 600 块。⑥

① 《2009 年 10 月全国电影市场信息》，2009 年 11 月 26 日《中国电影报》。

② 范丽珍：《上半年电影市场票房增幅保持高增长　国产份额再超进口片》，2009 年 7 月 23 日《中国电影报》。

③ 《2009 年 8 月全国电影市场信息》，2009 年 9 月 24 日《中国电影报》。

④ 《2009 年 9 月全国电影市场信息》，2009 年 11 月 5 日《中国电影报》。

⑤ 《2009 年 10 月全国电影市场信息》，2009 年 11 月 26 日《中国电影报》。

⑥ 林莉丽：《影院建设与发展分析》，2009 年 12 月 10 日《中国电影报》。

总体而言，2009 年的中国电影产业，继续呈现活跃、上升的良好势头。中国电影业不仅是中国文化产业中最具活力的领域，中国也是世界上电影市场成长速度最快的地区之一。

（二）2009 年北京电影市场发展概述

北京市场共分布着新影联、中影星美、北京万达、广东金逸珠江、世纪环球、中影南方新干线、华夏新华大地、重庆保利万和、上海联合等 9 条院线。其中，新影联、万达和中影星美三家的总部设在北京，对北京市场的管理经营及时到位。北京新影联在北京有 57 家影院、178 个厅，2007 年收获票房 19623 万元，占北京院线票房的 53.85%，占本院线票房的 55.57%。中影星美院线在北京有 10 家影院，43 个厅，2007 年产生票房 13011 万元，占北京院线票房的 35.70%，占本院线票房的 35.72%。中影星美旗下的北京 UME 华星国际影城票房和北京星美国际影城票房超过了 4000 万元，分别居北京影院的第一、二位，居全国城市影院排名的第三、第六位。至 10 月底，北京电影的总票房已达到 6.05 亿元，比 2008 年同期增长 53%,[①] 居全国省、区（市）票房之首。

2006 年开始，北京的电影票房每年都处于领先地位，分别为 2006 年的 2.9 亿元、2007 年的 3.65 亿元和 2008 年的 5.25 亿元。[②] 北京电影票房呈现跨越式发展，使得北京成为各大院线的必争之地。

二　电影产业发展特点及趋势分析

（一）电影产业发展特点及趋势

1. 影院建设硬件软件齐头并进

中国的城市化进程为影院建设提供了巨大的空间，促使中国的影院基础建设从硬件与软件两方面提升了服务质量。在影院基础建设与影院上座率之间有

---

① 《北京 1 月至 10 月电影票房突破 6 亿元　同比增长 53%》，人民网，http://media.people.com.cn/GB/40606/10463364.html。

② 《北京电影票房获全国三连冠》，2009 年 1 月 7 日《北京日报》。

着必然的联系，影院的设施、功能为电影市场的增长奠定了基础。从外部建设方面，许多影院在建设的同时注意到了影院周边配套设施的健全与否，充分考虑到观众购物、餐饮、休闲、娱乐的多种消费需求，尽量将影院设在商圈附近；从内部设施方面，通过引进新技术、高新科技设备，提高专业化程度，增加观影效果。2009 年 8 月，经过改造的首都电影院月票房收入突破 700 万元，截至 11 月 17 日，影院票房突破 5000 万元，这样的票房收入与其 2008 年重新装修营业不无关系。①

2. 院线不断深化改革，探索新的经营模式和管理模式

电影院线制实施 7 年以来，中国电影市场无论是银幕数量，还是票房收入，都成倍数增长。这些成绩的取得与院线制改革不无关系。随着改革的深入，各院线也在探索新的经营模式与管理模式，以期取得更好的票房收入。大多数院线开始认识到，简单的合并重组会在短期内使票房增加，但没有资产链接的院线是不稳定的，如加盟院线退出或转签，就会影响院线的发展。于是，越来越多的院线开始投资兴建影院和注资入股院线，院线的竞争也从争夺传统影院向兴建、改造现代化大厅影院、从一般签约影院院线合并重组向资产重组转移。

3. 电影产业向专业化、集中化、规模化方向发展

中国电影产业通过调整、重组，正在向专业化、集中化、规模化的方向迈进。近两年，在不断的调整中，中国电影集团形成了投资、生产、发行、院线等完整的产业链条，逐步形成了核心竞争力。2008 年总投资近 20 亿元的“中影国家数字制作基地”也已经落成并投入使用，② 增加了中影生产加工的专业能力，特别是拥有中央电影频道这一独特的媒介资源，为其提升市场竞争力、影响力奠定了坚实的基础。目前的中国电影集团成为中国资产规模最大、专业化程度最高、产业链最完整的国有电影企业。一些民营企业如华谊兄弟、橙天嘉禾、保利博纳也在通过影院建设，提升企业核心价值，完善电影产业链。在全球金融危机背景下，电影产业的专业化、集中化、规模化是发展的必然趋势。

---

① 林莉丽：《影院建设与发展分析》，2009 年 12 月 10 日《中国电影报》。

② 赵实：《深入学习实践科学发展观　以改革创新精神推动中国电影又好又快发展——在纪念改革开放 30 周年中国电影论坛上的讲话》，http：//www. dmcc. gov. cn/index/asp/c _ bbl/20081125155421. asp。

（二）电影市场发展特点及趋势

1. 国产影片份额占据优势

以往国产影片与外国大片的票房博弈，国产片一直处于下风，但近两年来，呈现国产影片的市场份额超过进口大片的局面。2009 年 5～6 月份，电影市场受到外国影片的冲击，但是从整个上半年看，国产影片的票房再度超过进口影片，延续了2008 年国产影片的票房优势。全国主流城市影院市场可统计票房为25.53亿元，国产影片占53.86%。[①] 在十大票房影片排行榜中，有 9 部过亿，其中国产影片占6 部：《赤壁》（下）、《南京！南京!》、《疯狂的赛车》、《非诚勿扰》、《游龙戏凤》、《喜羊羊与灰太狼之牛气冲天》（见表 2）。

表 2　2009 年上半年十大票房排行榜

排名	影片名称	票房/万元	上映日期
1	赤壁	26000	1.7
2	变形金刚 2	21000	6.24
3	南京！南京!	17200	4.22
4	博物馆奇妙夜 2	12100	5.26
5	游龙戏凤	11400	1.26
6	终结者 2018	11100	6.9
7	疯狂的赛车	11000	1.20
8	非诚勿扰	11040	08.12.18
9	喜羊羊与灰太郎之牛气冲天	10000	1.16
10	X 战警 4:金刚狼	8004	5.3
合计		138844	

资料来源：范丽珍：《上半年电影市场票房增幅保持高增长　国产份额再超进口片》，2009 年 7 月 23 日《中国电影报》。

2009 年国庆档期红色经典主打市场，国产片《建国大业》、《风声》凭借良好的营销策略与制作品质，票房合计达 3.27 亿元，占 10 月全月份额的 60.5%。[②] 贺岁档也是国产片的天下，《刺陵》、《风云 2》、《三枪拍案惊奇》、

① 范丽珍：《上半年电影市场票房增幅保持高增长　国产份额再超进口片》，2009 年 7 月 23 日《中国电影报》。

② 《2009 年 10 月全国电影市场信息》，2009 年 11 月 26 日《中国电影报》。

《十月围城》、《无人区》等影片成为国产影片票房的有力保障。

2. 中小制作影片不乏亮点

中小成本制作影片是近两年电影市场的亮点之一。自宁浩的中国式的黑色喜剧类型片《疯狂的石头》上映以来，取得较好的票房，同时赢得良好的口碑，吸引不少中小成本电影效仿。2009 年，此类影片仍然占据一定的市场份额。如 7 月由中影星美院线主导发行的《寻找成龙》，9 月份上映的《斗牛》等。喜剧片《倔强萝卜》（10 月）成本只有 580 万元左右，累积票房也达到了 2100 万元。①

就中小制作影片而言，除了影片的品质决定票房之外，合理安排档期，认真选择入市时机，也是成功的关键。2009 年上半年，中小成本电影《车票》、《24 城记》、《男生贾里新传》、《第一军规》、《蛇咒》等改变竞争策略，以数字院线、局部地区院线为突破口，也取得了不错的票房，

三　北京电影市场特点分析

（一）资金扶持为影院建设提供政策保障

北京电影票房在国内电影市场上一直保持领先地位，与北京市的政策扶持分不开。市文化局出台的《北京市文化局支持新建改造多厅影院资金补助办法（试行）》规定，自 2004 年 1 月 1 日起，新建、改建的多厅影院将根据影厅建设的星级标准获得每个影厅 30 万元到 50 万元的支持经费，每家影院最高奖励额度为 250 万元。在这一政策的激励下，北京市的影院建设取得了长足发展。由原来的两条电影院线、10 家多厅影院、53 块银幕，发展到 2008 年底的 9 条电影院线、70 家影院，305 块银幕。到 2008 年底，这项政策已投入资金 5450 万元，支持星美国际影城、搜秀影城、枫花园汽车影院等 34 家影院的建设、改造，并带动 8.2 亿元社会资金投入到影院建设中来。②

① 《2009 年 10 月全国电影市场信息》，2009 年 11 月 26 日《中国电影报》。

② 韩云杰：《“中国城市电影市场观察系列”之一：北京城市电影市场观察》，2009 年 4 月 23 日《中国电影报》。

（二）电影市场不断调整应对激烈竞争

多家电影院线进入北京，给北京市场带来了竞争与活力。随着院线制改革的深入及电影市场的产业化进程，北京电影市场开始进入调整期。比如，2008 年 1 月 1 日，与北京新影联院线合作两年的辽宁北方电影院线，恢复独立运作。这迫使北京新影联在影院建设与服务上双管齐下，通过新增票房来弥补由于辽宁北方的离开所造成的损失。北京新影联在北京及外地均有一些项目开始试营业。位于西单新兴购物中心大悦城十层的新首都电影院，在 2008 年 2 月试营业的第一个月，就接待了近 3 万人次的观众，实现票房近百万元。改建后的首都电影院以其传统的品牌及优质的服务，在 2009 年的北京电影市场上占据了重要的一席之地。

（三）影院呈辐射式向周边地区发展

北京市原来的影院布局多集中于繁华商业区，比如东单、西单、王府井、中关村等。最近几年，随着北京城区建设的扩展及居民文化需求的提高，影院建设向三环以外的周边地区辐射。2006 年底，在四环附近或四环以外建成万达、金逸、望京星美、阳光 4 家影院。2007 年初，位于东四环的东都影城开张。2008 年 1 月，在五环外的天通苑大社区建成万达龙德国际影城。按照北京市拟定的整体规划，到 2010～2011 年左右，城区电影银幕数量将达到 450 块，实现平均 2 万人 1 块银幕。① 影院的辐射式发展是未来几年北京市影院建设的一个发展方向。

（四）终端院线建设成为竞争主要内容

当前电影市场的竞争，仍然集中在终端院线建设方面。2009 年上半年，北京万达超过中影星美，位居十大院线之首（见表 3）。究其原因，主要得益于北京万达分布在北京、上海、成都、银川、哈尔滨、呼和浩特、海口、东莞等地的 35 家自建的万达系列影城。这表明，在当前激烈的市场竞争面前，谁在终端院

① 《首都影院迁址变身京城旗舰　13 个放映厅创纪录》，http：//ent. sina. com. cn/m/c/2008－02－03/09311902392. shtml。

线建设方面占据优势，谁就将在电影票房方面占据一些先机。终端院线建设尤其是自建影城的建设正在成为院线竞争的一个重大砝码。

表 3 2009、2008 年上半年十大院线票房排行榜

统计单位：万元

院线名称	2009 年上半年		2008 年上半年		票房增加	增加百分比(%)
北京万达	1	33500	2	21436	12064	56.28
中影星美	2	30539	1	21840	8699	39.83
上海联和	3	27500	4	20254	7246	35.78
中影南方	4	23816	3	20841	2975	14.27
北京新影联	5	22750	5	17057	5693	33.38
广州金逸珠江	6	16933	6	11700	5233	44.73
浙江时代	7	9832	7	6815	3017	44.27
辽宁北方	8	8852	8	5970	2882	48.27
四川太平洋	9	8038	9	5288	2750	52.00
北京世纪环球	10	5646	10	3800	1846	48.58
合　计		187406		135001	52405	38.82

资料来源：范丽珍：《上半年电影市场票房增幅保持高增长 国产份额再超进口片》，2009 年 7 月 23 日《中国电影报》。

四 北京电影产业进一步发展的建议

（一）提升服务：院线建设要“质”“量”并重

近年来国内电影市场迅速增长，有限的银幕数成为整个产业增长的瓶颈之一。国内的有效银幕数与实际需求之间仍然存有缺口。据有关人士分析，以目前国内的影片产量看，要想充分发掘每部影片的票房空间，需要大概 1 万块左右的银幕规模，从目前的近 5000 块银幕扩充至 1 万块银幕，预计还需要 6 年到 8 年的时间。[①] 目前，各院线建设的重点仍然在于“量”的扩展上。

① 林莉丽：《影院建设与发展分析》，2009 年 12 月 10 日《中国电影报》。

在院线建设的过程中，不仅应该注重硬件的建设，还应该提升服务水平，使得软件能够跟上硬件的发展。随着社会的发展及市场的成熟，对于服务就提出了更高的要求，比如院线周边的配套设施、交通条件、影院服务等。院线可以从灵活的互动活动、快捷的订票服务、完美的会员体系、影院内的无障碍设施等方面入手，为观众提供更为周到的服务。

此外，在激烈的电影市场竞争中，影院品牌是形成核心竞争力的关键，而品牌建设的关键，在于如何为影院进行清晰定位，避免影院建设的同质化。各院线已经开始意识到在影院建设中“创新意识”的重要性，但要想在众多具有相似资金背景、管理模式及服务模式的院线中领先，并非易事。这就需要更多地关注观众的消费需求，树立品牌意识，从细节入手，彰显独特个性。

（二）加强研究：探索电影市场规律

目前的电影市场仍存在应当引起充分重视的很多问题。比如，档期的安排与协调问题。2009 年下半年多部影片挤在同一档期的现象十分明显，到岁末的贺岁档，尤为突出。11 月 27 日上映的《花木兰》，使得 2009 年的档期开始进入“前贺岁”档，接下来的 12 月份，《刺陵》、《风云 2》、《十月围城》、《三枪拍案惊奇》、《无人区》一起进入贺岁档，难免会出现激烈竞争的局面。这一方面与影片数量增多有关，但也有如何更合理地安排档期的问题。

此外，低成本的中小制作影片在与大片的竞争中，处境仍然艰难。2009 年国庆档上映的十几部影片中，票房进入前五的影片《风声》、《建国大业》、《窈窕绅士》、《狼灾记》、《麦田》囊括了喜剧、魔幻、古装等多种类型，但《建国大业》、《风声》两部影片就占据了八成的市场份额，而其他多部影片未能完全实现其市场价值。尤其是当同类型的中小制作影片与大片相遇时，票房更是难免会受到影响。如何协调大片与中小制作影片的关系，也是当前电影市场需要加强研究的一个重要问题。

（三）细化市场：满足不同层次观众消费需求

市场细分建立在对受众进行分析的基础之上。作为提高票房收入的一项重要举措，细化市场是准确分析中国现阶段经济水平与观众文化消费需求之间的关系，对市场进行精确定位的结果。院线建设不应该仅仅盯在高层次消费群体上，还应该考虑到消费水平较低的接受群体的文化需求，进一步扩大受众市场，设立能够满足不同层次观众消费需求的多种类型的电影市场。

（四）延伸链条：开发衍生产品，铸造产业链

电影市场如何开发衍生产品、铸造产业链的问题，在2009年再度引起重视。这与2008年文化创意产业的亮点“喜羊羊”与“灰太狼”有关。目前，“喜羊羊”与“灰太狼”不仅占据了电视画面，而且作为玩具充斥大街小巷。“喜羊羊”与“灰太狼”以500万元的投入，创下9000万元的票房奇迹，同时还以影视创作为核心，形成了庞大的后产品开发体系，盘活了玩具业。以“喜羊羊”形象制作的文具、图书、食品、服装、MSN表情、电脑和手机游戏等衍生产品，给片方带来数亿元的丰厚收益。这一文化创意产业的经典个案，给电影产业的启示是深刻的。其他如电影《非诚勿扰》，广告植入占到总投资的一半，又将小说改编权卖给了出版商，以图书、互联网、阅读器、手机阅读四种形式同步传播，再加上图书广告、手机链等相关衍生产品的开发，为电影的商业化成功提供了有力保障。《赤壁》推出系列人物玩偶、人物扑克、U盘、打火机等相关小商品，音像版权和网络版权也引起各方争抢。① 北京电影产业应该认真研究这些成功案例，在开发衍生产品上多动脑筋，使电影票房与衍生产品之间形成良性互动，大幅度提升电影产业的规模效益。

（五）搭建平台：利用地域优势整合各种有利资源

北京具有人才资源、文化资源等独特的资源优势。搭建良好的沟通交流平台，有效开发和利用这些资源，将会提高北京电影产业的市场竞争力以及可持续发展能力。举办电影节是诸多平台中的一种。2009年6月在上海举办的第12届上海国际电影节，提供了电影交易、中国电影项目创投、合拍片项目洽谈等多种平台，吸引了海内外众多的人才、资金与项目，颇有启示意义。北京在占有许多资源优势的同时，能否充分利用好这些资源，成为影响首都电影产业发展的一个重要因素。

---

① 《在国际金融危机困局面前中国电影产业有望成突围“劲旅”》，http：//www. gmw. cn/content/2009 - 04/10/content_ 907700. htm。

总之，在全球金融危机背景下，作为文化创意产业中重要组成部分的电影产业却一枝独秀，生机盎然，显示出中国电影产业的较强发展态势。从 2009 年国务院常务会议原则通过的文化产业振兴规划来看，今后一段时期，文化创意产业仍然是促进国民经济发展的一个工作重点。北京的电影产业如果能够抓住这一机遇，在政府加强政策支持、加大投入的基础上，进一步探索更为有效的产业化发展路径，必将为北京的文化创意产业做出更大的贡献。

依托“奥运理念”加快发展北京动画产业

郑玉明　陈叶子*

摘　要： 北京地区的动画产业，以“奥运”为中心进行动画创作和衍生产品开发，使产业发展空间得到迅速拓展；借“奥运”优势细化产业政策、调整产业结构，使产业政策逐步明确，布局日趋合理，产业结构愈益多样，行业互动更加明显。现存主要问题是企业参与力度不足、产品类型单一、精品力作不多、知名品牌甚缺。因此，亟需提高各类企业参与的积极性，拓展新型媒体动画消费空间，打造知名动画品牌，加强产业关联程度，促进国际联合制作。

关键词： 奥运动画　细化政策　调整结构　精心打造名品

北京地区动画产业依托奥运理念，在北京市各级政府的积极推动下，在动画企业的积极参与下，坚持正确创作导向和产业化发展方向，使得动画产业在生产数量、艺术质量、市场效果、产业布局等方面都取得了显著成绩。

一　北京地区动画产业发展的基本现状和主要特点

2008～2009 年北京地区动画产业的发展，可以分为奥运前和奥运后两个阶段。奥运前，主要以“奥运”为中心进行动画制作和衍生产品开发，这为“后奥运”时代动画产业的发展提供了难得的机遇；奥运后，借奥运优势，

* 郑玉明，中国传媒大学动画学院副教授，《中国动画年鉴》主编。主要研究动漫产业和动漫市场；陈叶子，中国传媒大学动画学院硕士研究生。

细化了产业政策，调整了产业结构，使得动画产业的发展速度加快并更加合理。

（一）以“奥运”为中心，拓展动画产业发展空间

奥运会体育盛会不但要向世界展示自己在经济、文化、科技、社会发展等方面取得的成就，还会利用举办奥运会所带来的强大需求，带动体育以及相关产业的快速发展，从而拉动本地区、本国经济的增长。因此，我国申奥成功，就意味着奥运会必将为北京地区动画产业提供广阔发展空间、为动画创作提供良好机遇，同时也预示着北京地区的动画制作、播映、发行，将围绕“奥运”主题展开。

1. “奥运”丰富了动画创作题材

奥运会举办前，奥运题材的电视动画作品不断涌现，其中以北京卡酷的《福娃奥运漫游记》和央视动画公司的《福娃五连环》、《福娃：超时空任务》三部影响最大；其他奥运题材电视动画作品有《金牌熊猫》、《奥运奇闻》、《大话奥运》等。唯一一部奥运题材的动画电影《真功夫之奥运在我家》由北京其卡通原创和制作，一上映就引起广泛的社会反响，获得极佳的票房成绩。这显示出奥运对国产动画的积极影响，以及动画行业市场意识的增强。

2. “奥运”促使图书和音像出版快速发展

奥运会加大了对图书图片音像出版和版权贸易的需求，也为与奥运主题相关的动画产品提供了广阔的发行空间和市场。北京地区通过举办春秋两季国际版权展示会和新年拍卖会，进一步培育了北京版权交易品牌。北京图书节、北京国际图书博览会的举办，为出版文化活动搭建了平台。

3. “奥运”进一步提升我国版权保护意识

奥运会严格的知识产权法规和维权机制，影响和提升了民众的知识产权意识。为满足奥运需求，促进版权贸易发展，北京重点建设了版权国际交易中心、数字版权登记中心和版权资源中心等版权交易平台，这些措施有助于完善动画版权保障体系、增强动画版权保护意识。

4. “奥运”为开发动画衍生品带来了机遇

“奥运”对北京乃至中国动画产业的影响力，还集中体现在对衍生产品开发环节的完善上。我国目前还没有形成动画产品的消费观念，但是“福娃”纪念品和卡通玩具在全国各地尤其是北京地区的热销，不仅有助于养成民众的动画产

品消费习惯，还对动画衍生产品的开发和销售起到了一定的推动作用。奥运吉祥物衍生产品的创意设计、制作以及销售发行的成功，不仅可以形成一个衍生产品行业的“生力军团”，还可以起到示范作用。

5. “奥运”拓展了新媒体动画产品消费空间

奥运期间，多数人是通过各种接收终端收看赛事转播的。除家庭电视外，网络电视、手机、掌上电脑、车载电视等移动媒体成为百姓收看奥运转播的主要工具。随着奥运赛事转播，这些新型媒体渐渐被百姓接受，拓宽了动画产品的播出渠道。如动画节目“绿豆蛙”滚动播放，具有良好的示范作用。

（二）后“奥运”时代细化了产业政策、调整了产业结构

受到“后奥运”经济助推力的影响，北京各项文化产业政策得到了细化，产业结构进行了调整，进入了一个蓬勃发展的新时期。

1. 产业政策逐步明确，产业布局日趋合理

2008～2009年北京相继出台了《北京市文化创意产业贷款贴息管理办法（试行）》、《北京市文化创意产业担保资金管理办法（试行）》、《北京市关于支持网络游戏产业发展的实施办法（试行）》、《北京市关于支持影视动画产业发展的实施办法（试行）》、《北京市文化创意产业创业投资引导基金管理暂行办法》、《动画企业认定管理办法（试行）》、《北京市动画企业认定管理工作实施方案》。这些政策的出台极大地促进了北京地区动画产业的发展。

特别是2009年6月生效实施的《北京市关于支持中国动画游戏城发展的实施办法（试行）》、《北京市关于支持网络游戏产业发展的实施办法（试行）》和《北京市关于支持影视动画产业发展的实施办法（试行）》三项政策，标志着首都支持动画产业的政策更加明确，保障体系已趋完善，运营机制逐步健全。

在动画产业布局方面，北京加紧建设以中关村科技园为核心，由中关村海淀园、中关村石景山园、中关村东城雍和宫园组成的国家网络游戏动画产业（北京）发展基地，使北京动画产业的布局更加合理。

中关村动画游戏孵化基地是北京市动画游戏产业中专业水平最高、管理手段最先进的基地，目前《兔爷传奇》、《雪域獒王》等6部国产动画大片已在基地制作完成。中关村动画游戏孵化基地预计五年内将吸引入孵企业50家，创业成功企业30家，五年后实现产值20亿元，切实促进海淀区动画游戏产业的产学研

一体化发展。

石景山作为北京市起步最早的文化创意产业聚集区，已经形成以搜狐畅游、蓝港在线、华娱无线为龙头的网络游戏，以华录文化、神笔动画为龙头的影视动画，以暴风网际、千橡互动为龙头的数字媒体三大创意产业格局，产业结构多样，产业聚集效应凸显。目前，高新技术与文化创意产业的融合发展程度已达60%以上，计划在此兴建的中国动画游戏城将会进一步提升石景山文化创意产业聚集区的综合实力。①

此外，宋庄文化创意产业集聚区吸引了三辰动画网游产业基地项目，韩国动画公司等国际多媒体企业也有来此签约合作的意向。

2. 创作热情空前高涨，动画产量迅速增长

在国产电视动画备案公示方面，北京地区2007年备案公示10774分钟，占全国总量的3.5%；2008年备案公示23307分钟，占全国总量的7%，2009年1~10月备案公示38870分钟，占全国总量的10.9%。②

在国产电视动画发行许可方面，北京地区2007年生产制作10部3142分钟，分别占全国5.4%和3.1%，部数和产量均排名第八；2008年生产制作12部7380分钟，分别占全国4.8%和5.6%，部数排名第七、产量排名第六。与2007年相比，全国产量增长率为28%，北京地区产量则增长了135%。

在国产电视动画制作机构产量方面，2007年，排名全国原创电视动画片产量前八位的制作机构中，没有北京的制作机构。2008年，全国七大国产原创动画片制作生产机构中，北京天地人传媒有限公司已排名第五，共生产7部4975分钟。③

以上数据说明，北京地区的企业参与动画产业的积极性在不断提高，国产电视动画备案公示的数量和完成制作的产量逐年上升，北京动画产业的发展势头良好。

3. 传统媒体动画播映效果明显，新媒体动画业已经起步

电视媒体方面。卡酷卫视已拥有卡酷全卡通动画嘉年华、卡酷动画手机电

---

① 《石景山文创产业聚集区风生水起》，《动客卡通》2009年6月15日。

② 参见年鉴编辑部《中国动画年鉴》，中国广播电视出版社，2007；同心出版社，2008；同心出版社，2009。

③ 参见年鉴编辑部《中国动画年鉴》，中国广播电视出版社，2007；同心出版社，2008；同心出版社，2009。

视、卡酷旗舰店和特许零售店、七色光艺术培训中心等品牌业务。通过全产业链的发展模式，两年时间里便从最初投资的4000万元，猛增到2008年营收1亿元，实现了近80%的增长，净资产增长了4倍，总收入也增长了4倍。据AGB尼尔森的数据显示，2008年1月，在包含央视、所有卫视频道的收视率大排名中，卡酷动画位居30位左右，到年末，排名已经稳定在26名左右。在全国4岁以上的观众里面，卡酷卫视的平均收视率在0.6%左右，而上海炫动卡通卫视约为0.2%，湖南金鹰卡通卫视相当于卡酷卫视收视率的1/4左右。①

电影媒体方面。北京市现有百余家影院，银幕300多块，其中，4D影院两家。2009年北京地区动画电影市场异常繁荣，自2009年初《喜羊羊与灰太郎之牛气冲天》火暴大荧幕以来，总共上映国产或合拍电影动画片8部：《喜羊羊与灰太郎之牛气冲天》、《淘气包马小跳》、《麋鹿王》、《神兵小将》、《阿童木》、《快乐奔跑》、《齐天大圣前传》、《马兰花》，也取得不凡的票房成绩。

多类型媒体整合方面。北京卫视联手北京卡酷卫视，在2009年除夕夜推出《新春狂想曲——2009BTV动画春晚》；搜狐网、凤凰网、IBTV北京宽频、PPS、PPL、QQLIVE、悠视网、激动网等多家网络平台也将此节目全球同步直播；视讯中国和BTV手机电视也同时进行了掌上直播和互动；腾讯动画网络、北广传媒移动电视、城市电视也将此节目进行了联动宣传。多类型媒体跨域创新整合，形成了全方位立体宣传与直播模式，是一个传统媒体与新媒体联手整合的全新尝试。

2009年5月25日，西城区建立了全市首家数字动漫平台书库“点点书库”。它是一套多媒体漫画阅读系统，入藏电子图书343种、5217册，分为幽默、历史武侠、科幻神话、侦探、国学、情感、娱乐休闲、青春励志8类，小读者可以通过计算机检索浏览各类动漫图书。

4. 产业聚集效应显著，产品联动效应不断提升

产业聚集方面。集约化生产和规模化运营是繁荣动画生产的必由之路。北京动画通过近两年的发展，与其他城市相比产业聚集效应显著。2009年海淀、石景山和通州的三个文化创意产业集聚区被授予“国家动画产业基地”。“国家动画产业基地”落户北京，必将集聚众多的动画企业，推动北京市动画产业的快速发展。

① 《卡酷动画玩转动漫》，中国动画网，2009年12月10日。

产品联动方面。一些原创实力较强的公司，在产业发展过程中开拓了新的发展路线，为文化创意企业树立了样板。如北京联盟影业投资有限公司制作完成的《武林外传》，在近几年的屏幕上掀起一股“武林外传热”，随后话剧版、川剧版纷纷亮相，也深受观众欢迎，与该剧同名的300集动画片的前100集已经制作完成，同名电影、京剧、音乐剧、网络升级游戏版、玩具、图书等10个衍生产品也即将诞生。不到3年的时间，《武林外传》通过一个庞大而严密的产业链条，投入2000万元，赢利4亿元，获得了包括飞天奖等在内的多项大奖，全方位打造出一个原创民族品牌的生机勃勃的形象。

5. 资金来源更加多样，融资瓶颈得到缓解

北京市2009年出台了一系列政策，着力解决文化创意企业融资难题。包括建立引导基金和产业投资基金，鼓励金融机构发放专项贷款扶植集聚区，组织成立再担保机构等。这些政策的出台，为进一步促进文化创意产业与金融资本的对接，解决文化创意产业发展中的瓶颈起到了一定的作用。

2008年北京银行迈入文化创意产业领域，在北京市范围内推出文化创意产业专项贷款，授信额度达50亿元。2009年，北京银行又对21个文化创意集聚区提供多角度的免费培训，把银行的政策、产品、渠道都介绍给集聚区的企业，以方便资本和产业的对接。①

2009年5月8日，北京版权交易系统及版权产业融资平台在北京雍和园的国际版权交易中心启动。北京版权产业融资平台一期授信额度为12亿元，由国家开发银行、北京银行、中信信托、北京东方文化资产经营公司四方出资共建，预计经过3年该平台有望实现年版权交易总额超过10亿元，版权及相关产业增加值超过100亿元。②

2009年12月，北京文化创意产业投融资项目推介会在北京产权交易所举行。推介会共推出由北京市18个区县精心筛选的100余个文化创意项目，涵盖文艺演出、出版发行和版权贸易、广播影视节目制作和交易、动画游戏研发制作、广告会展、古玩艺术品交易、设计创意以及文化旅游等八大门类。③

---

① 《北京银行2009年重点扶植文化创意集聚区企业》，北京多媒体创意产业园，2009年1月7日。

② 《国际版权交易中心开通版交系统》，中国动画网，2009年5月8日。

③ 《金融机构助力文化产业发展——北京已为74个项目融资4.89亿元》，中国动画网，2009年12月3日。

6. 联合制作得到加强，产品质量逐步提高

2009 年 3 月，在东京国际动漫展上，北京卡酷卫视与日本动漫企业 ADK 联合组建“北京纳斯卡酷联盟公司”。新公司将借鉴动漫产业经验，在动漫研发、制作、销售方面开拓思路，形成一个动漫衍生产品开发和销售的产业集群；新公司还将和北京卡酷卫视目前所拥有的全国性旗舰店和特许零售店网络相结合，形成较大的产业价值。

2009 年 2 月 25 日，中国电影合作制片公司、北京中企广视文化传播有限公司、北京亿商传媒投资有限公司、德国 Primo Gruppe GmbH 公司和奔趣娱乐公司在柏林德国工业联合会（BDI）总部共同签署了合拍动画故事片《熊猫总动员》的合作协议。作为此次中国政府赴欧经贸促进团的主要文化创意产业项目中唯一正式签约的电影项目，该片受到了国家商务部、广电总局的高度重视和支持，也在德国电影界引起巨大轰动。该片经过长达 6 年的精心准备，中德双方总投资额高达 3. 5 亿元人民币，是迄今为止投资额度最高的合拍动画影片。①

二　北京地区动画产业发展的主要问题与对策建议

（一）实际完成动画制作的企业不多，企业积极性有待提高

与国内其他地区相比，北京地区完成动画制作的企业数量不多。2008 年全国共有 122 家动画机构制作完成了电视动画片，而北京只有 5 家，全国排名第七，与江苏（26）、广东（18）、浙江（14）、上海（10）等地区相比有很大的差距。② 政府应进一步利用各种激励手段，切实调动各类企业参与动画产品的生产、发行、播映以及衍生产品的开发活动的积极性。

（二）产品类型相对单一，应继续发展网络手机等新型动画

科技推动了动画及动画产业的发展，动画产业正经历从以“形象”为先导

① 《中德合拍〈熊猫总动员〉》，2009 年 3 月 6 日《北京青年报》。

② 《中国动画年鉴》（2008）。

的传统动画产业，向以“科技”为基础的大动画产业生态系统过渡。“奥运”之后，我国整体进入到科技飞速发展的阶段，并且借助奥运会的助推力，互联网、3G手机等新兴媒体日渐成为人们获取资讯的重要方式与途径。3G时代的来临、移动互联网的崛起、国家战略的支持都为发展手机动画找到了出口，提供了平台。如何塑造手机动画精品，如何培植成熟的用户市场，已经成为完善动画产业链的关键性问题。

日本的手机动漫资源非常丰富，节目制作异常精美。在2009年开播的手机频道中，像《麻布十番学园》、《铃3太郎》都有几十集，每集不超过2分钟，像《幸福的绵羊》这样的“长篇”也只有5分钟。这些经验值得我们借鉴。8月，中央电视台与朱德庸合作推出手机动漫系列《绝对小孩》，这是中国首部原创手机动画系列片，为我国手机动画制作开创了一个新局面。

（三）缺乏扛鼎之作和动画品牌，需加快国产动画的国际化进程

国家广电总局2007年度共向全国电视播出机构推荐播出33部优秀国产电视动画片，其中北京3部、比例为9.1%；2008年度50部，其中北京只有3部、比例为6%；2009年度前3批共有35部，其中北京只有《企鹅部落》、《家有儿女》2部动画作品获得推荐，比例为5.7%。国家广电总局2008年度全国动画精品评审中，一等奖和二等奖中没有北京的产品，9个三等奖只有1个北京的产品，21个鼓励奖中北京也只有1个。中国动画学会“2008年度推荐作品”共有13部，北京只有1部《福娃奥运漫游记》（制作机构：北京电视台，合作机构：北京奥组委、北京卡酷动画卫视）。[①] 无论从政府方面还是企业方面，北京都亟需强化精品意识，提高创作质量。

动画产业的快速发展需要以知名的动画品牌为基础，知名的动画品牌必须有实力强大的动画企业为支撑。在国际化的动画产业发展环境中，北京地区动画的发展要更开放地借鉴成功的模式，通过兼并、重组、收购等措施，努力做大做强龙头动画企业，进而打造知名度高、国际化的动画品牌。国际联合制作也是北京动画企业融资的重要途径和获得经济效益的重要来源。比如，使用三维动画制作

① 参见年鉴编辑部《中国动画年鉴》，中国广播电视出版社，2007；同心出版社，2008；同心出版社，2009。

的300集《武林外传》，已被日本ADK公司引入，这是中国原创动画首次进入亚洲的主流发行渠道，并通过其主流电视台打入动漫大国日本。

（四）市场需求不明确，需完善产品互动、企业联动的运营机制

动画以及相关产品开发的关键是要面向市场。只有明确的市场定位，才能进行有效的动画创作和市场运作。目前，动画企业对市场需求的研究不够透彻，目标不清，很难创作出深受观众欢迎的精品。这种状况必须尽快扭转。在动画精品的创作进程中，还要注意动画、漫画、游戏等相关产品的互动，通过相关产品互动形成企业联动的运营机制。

2009年北京市网络游戏产业发展报告

金　鹏*

摘　要： 2009年北京市出台了一系列以扶持中小网络游戏企业发展、鼓励海外出口、支持自主研发为重点的政策，对北京市网络游戏产业的发展起到了较大的作用。北京涌现出一批以完美时空、金山、畅游等为代表的上市公司，他们以自主研发为主要特征，不仅在国内市场占据领先地位，而且占据了中国网络游戏海外出口50%以上的市场份额。

关键词： 网络游戏　北京　政策　优势　建议

一　网络游戏产业的背景

（一）宏观发展环境

中国国内游戏产业处于快速成长期，市场需求旺盛。2009年网络游戏实际销售收入达258亿元人民币，同比增长速度为39.5%（见图1）。其中，中国自主研发网络游戏市场运营收入达157.8亿元，比2008年增长了29.54%，占中国网络游戏市场实际销售收入的61.2%；① 中国自主研发的民族网络游戏显现出强劲的竞争优势。从网络游戏用户数来看，2008年为4936万，其中付费网络游戏用户超过3000万，② 2009年的增长率为20%左右，付费用户达30%左右。

此外，北京市重视动漫游戏产业，政府的支持力度较大，先后从支持原创、促进产业基地建设、促进人才培养等多个方面出台了十余项政策，产业发展特色鲜明，在全国具备较大的影响。

---

* 金鹏，文化部文化产业司动漫处研究人员。

① 来源：文睿研究数据。

② 来源：IDC数据。

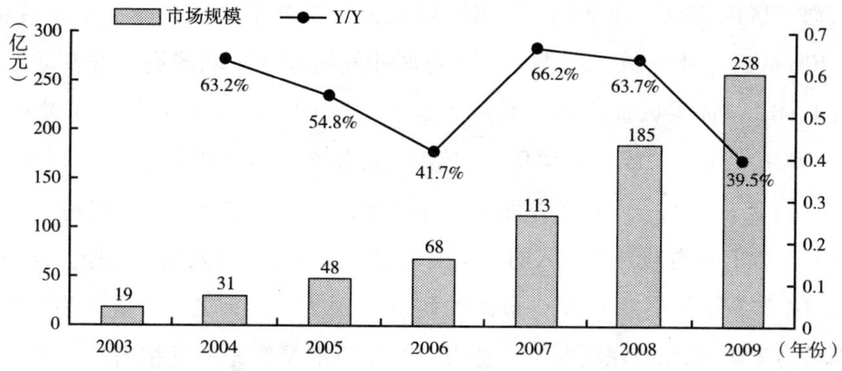

图 1　2003～2009 年中国网络游戏市场规模及增速

注：此处市场规模不包括海外市场获得的收入。
资料来源：文睿研究数据。

（二）北京市的政策和技术环境

近年来，北京市出台了一系列游戏产业政策，支持国产自主研发游戏出口、扶持网络游戏中小企业、支持原创网络游戏、大力发展大型网络游戏企业。具体措施包括专项资金的申请、税收优惠政策、融资、建立产业园区等。

早期的政策有《北京市文化创意产业集聚区基础设施专项资金管理办法（试行）》（2007）、《北京市文化创意产业贷款贴息管理办法（试行）》（2008）。2009 年，集中发布了一批新政策。《文化创意产业担保资金管理办法（试行）》规定，北京市文化创意产业担保资金主要采取对合作担保机构的再担保费进行补贴、对担保业务进行补助等方式，引导担保机构为符合北京市文化创意产业发展总体规划和相关政策的项目提供担保服务。《北京市关于支持网络游戏产业发展的实施办法（试行）》规定，对辖区内自主研发的原创网络游戏产业，择优给予 100 万～200 万元的前期资助；自主研发游戏引擎并利用该引擎制作大型网络游戏 5 款以上的，一次性给予 200 万元资助；同时对网络游戏企业购置、租赁服务器等，符合一定条件的均安排补贴政策，对网游企业知识产权保护、开发海外市场等给予奖励和补贴。

北京市的一些区县也出台了各自的专项政策。如《海淀区文化创意产业专项资金管理办法》（2007）规定，由区财政预算安排文化创意产业专项资金，重点支持海淀区内创意产业基地、集聚区以及公共服务平台和企业孵化体系建设。《北京市宣武区“十一五”时期文化创意产业发展规划》明确提出开发动漫游戏等文化载体。《怀柔区促进生产性服务业和文化创意产业发展的若干政策（试行)》（2007）规定，成立怀柔区促进生产性服务业和文化创意产业领导小组，在政策、资金、土地、人才等方面对涉入文化创意产品的企业予以扶持。

北京市政府对游戏开发投入的力度大，网络游戏企业研发实力雄厚。据网络游戏企业财报数据显示，2008 年，金山的研发费用为 1.249 亿元，盛大为 2.746 亿元，网易为 2.07 亿元。完美时空、金山、畅游等都是领先的网络游戏开发商，完美时空的研发投入可以与国内网络游戏巨头盛大、网易相抗衡，达到 2.27 亿元。

（三）社会环境

网民数量的增加是网络游戏市场增长的一个主要推动因素。北京市网民规模增长迅速，预计到 2009 年底将达到 737 万人，比 2007 年增长 57.5%，互联网普及率为 46.6%。[①] 北京市各类学校集中，学生规模也是构成网络游戏潜在市场的重要因素。此外，北京市人均收入和个人消费能力在全国居于前列，人们对通信业务尤其是宽带娱乐业务的需求不断高涨。这无疑会带动北京网络游戏市场的快速发展。同时，随着网络游戏市场营销方式的变化，以及网络游戏运营和开发商加强企业形象建设，会有越来越多的人参与网络游戏活动。

二　北京网游产业发展现状

（一）产业规模

2008 年北京网络游戏企业的运营收入近 50 亿元，同比增长 51%，占全国的 27%，北京自主研发游戏企业在全部游戏企业中占据主体。2009 年上半年北京网络游戏收入约为 31 亿元，企业数量共计百余家。[②] 预计 2009 全年北京网络游戏企业运营收入将达到 69 亿元，同比增长 38%。[③] 从正在运营的产品来看，北

① 来源：CNNIC 数据。

② 来源：北京动漫游戏产业联盟数据。

③ 来源：文睿研究数据。

京地区游戏公司正式运营的大型网络游戏已经超过了 50 款。

2009 年，以完美时空、金山、搜狐畅游等为代表的游戏公司积极拓展海外市场，成效显著。完美时空的海外收入为 2. 64 亿元，金山约为 6000 万元，搜狐畅游约为 5200 万元，三家网络游戏企业海外总收入占总出口量的 52. 3% 左右。① 北京市自主研发网络游戏产品出口总量居全国首位（见表 1）。

表 1　北京市主要网络游戏企业出口产品

<table>
<tr><th>所属公司</th><th>序号</th><th>名称</th><th>出口国家和地区</th></tr>
<tr><td rowspan="7">北京完美时空网络技术有限公司</td><td>1</td><td>热舞派对</td><td>新加坡、马来西亚、泰国、越南、中国台湾、中国香港、中国澳门</td></tr>
<tr><td>2</td><td>神鬼传奇</td><td>中国香港、中国澳门、中国台湾、越南</td></tr>
<tr><td>3</td><td>口袋西游</td><td>中国香港、中国澳门、中国台湾、韩国</td></tr>
<tr><td>4</td><td>完美世界国际版</td><td>日本、韩国、马来西亚、泰国、菲律宾、印尼、越南、港澳台地区、俄罗斯联邦及其他俄语地区、约四十个欧洲国家</td></tr>
<tr><td>5</td><td>武林外传</td><td>日本、韩国、马来西亚、泰国、中国香港、中国澳门、中国台湾、越南、新加坡</td></tr>
<tr><td>6</td><td>诛仙</td><td>中国台湾、日本、俄罗斯联邦及其他俄语地区</td></tr>
<tr><td>7</td><td>赤壁</td><td>日本、韩国、马来西亚、泰国、中国香港、中国澳门、中国台湾、越南、新加坡</td></tr>
<tr><td>北京像素软件科技有限公司</td><td>8</td><td>寻仙</td><td>中国台湾、中国香港、日本</td></tr>
<tr><td>北京目标在线科技有限公司</td><td>9</td><td>天骄 2</td><td>德国等欧洲国家</td></tr>
<tr><td>北京麒麟网信息科技有限公司</td><td>10</td><td>成吉思汗 OL</td><td>中国台湾、越南、新加坡、马来西亚</td></tr>
<tr><td rowspan="5">金山软件股份有限公司</td><td>11</td><td>剑侠情缘</td><td>中国台湾、越南、马来西亚</td></tr>
<tr><td>12</td><td>封神榜</td><td>中国台湾、越南</td></tr>
<tr><td>13</td><td>剑侠情缘二</td><td>中国台湾、越南、马来西亚</td></tr>
<tr><td>14</td><td>反恐行动</td><td>泰国、马来西亚</td></tr>
<tr><td>15</td><td>春秋 Q 传</td><td>马来西亚</td></tr>
<tr><td>蓝港在线(北京)科技有限公司</td><td>16</td><td>西游记 OL</td><td>越南</td></tr>
<tr><td>搜狐畅游股份有限公司</td><td>17</td><td>天龙八部</td><td>韩国、泰国、马来西亚、越南、中国台湾、中国香港、北美、新加坡</td></tr>
</table>

① 来源：文睿研究数据。

由于网络游戏行业采用代理经营的模式并通过互联网向用户提供业务，这使得无论是研发公司还是运营公司的竞争都是全国性的。本地游戏公司之间的竞争更多的是在人才等资源上的竞争。由于游戏市场总体还处在快速发展过程中，且北京几家大型游戏运营公司之间的市场定位存在较大区别，各自之间的竞争还不是特别激烈。

从2009年的发展情况来看，不同细分领域的竞争情况存在差别：在3D网络游戏领域，2009年光宇华夏和金山分别推出了自主研发的3D游戏《创世OL》和《剑侠情缘3》，搜狐畅游也将推出自主研发及代理运营的3D网络游戏，这对以3D网络游戏为主营业务的完美时空而言是直接的竞争，但完美时空目前在3D网络游戏领域仍处在领先地位。在网页游戏领域，千橡互动、北京游戏谷、昆仑万维等企业处在领先地位。

（二）产业结构

从产业结构来看，北京市游戏产业结构层次丰富，由MMORPG、休闲游戏、网页游戏和社交游戏等多种形式组成。

大型角色扮演游戏（MMORPG）产值高，且增长稳健。从2009年游戏产业的产值来看，北京地区游戏总产值落后于上海，但MMORPG产值却和上海差距不大。这主要是因为完美时空、搜狐畅游、金山、光宇华夏等公司都专注于MMORPG游戏。从2009年的增长速度来看，完美时空和搜狐畅游的增长稳定，超过了上海地区游戏公司的增速。

休闲游戏发展比较稳定，但规模较小。这个领域，上海的久游、盛大，以及深圳的腾讯是全国的领先者。北京地区的完美时空、光宇华夏和金山也各自运营一款休闲网游，分别是《热舞派对》、《炫舞吧》、《反恐行动》，但总体规模较小，2009年在线人数不超过10万。北京地区的联众公司旗下的“联众世界”是全国仅次于腾讯“QQ游戏大厅”的棋牌休闲游戏平台，但在线人数仅为腾讯的1/10。

网页游戏发展迅猛，出现龙头企业。千橡互动、昆仑万维、游戏谷是北京地区网页游戏的佼佼者，也是全国网页游戏产业的龙头企业。2009年，千橡互动、昆仑万维网页游戏业务收入分别为2亿元和1亿元左右，居于行业前五位。北京游戏谷则获得了500万美元的风险投资，业务发展稳健。

社交游戏总体规模小，但处于国内领先状态。热酷、智明星通是国内最大的社交游戏开发商之一，尽管月收入还在百万元的级别，但发展速度快，已经处在领先地位。值得关注的是，热酷等公司一直把海外市场作为自己的重点。

（三）主要企业

完美时空成立于2004 年，并于2007 年7 月登陆美国纳斯达克证券交易所，是中国最大的3D 网络游戏开发和运营商，也是中国最大的网络游戏出口企业。

完美时空主要基于自主研发的 Angelica 3D 和 Cube Engine 3D 两款3D 网络游戏引擎来研发网络游戏，陆续推出《完美世界》、《武林外传》、《完美世界国际版》、《诛仙2》、《赤壁》、《热舞派对Ⅱ》、《口袋西游》、《神鬼传奇》8 款3D 网络游戏和1 款2D 回合制游戏《梦幻诛仙》。在海外市场方面，截至2009 年，产品已出口到70 多个国家和地区，大部分采用代理合作模式，北美则采用的是建立全资子公司的模式，《完美世界国际版》、《口袋西游》和《诛仙》3 款游戏已在北美市场成功推出。完美时空在2009 年第三季度的网络游戏收入达到5.45 亿元，比第二季度增长4.5%。2008 年完美时空的海外收入约为1.86 亿元，截至2009 年前三季度，其海外收入约为1.52 亿元，2009 年第三季度环比增长27.2%。①

畅游有限公司是一家在线游戏开发和运营商，前身是搜狐的游戏事业部，2003 年起开始运营大型多人在线角色扮演游戏（MMORPG）业务，2007 年12 月拆分成为一家独立运营公司，并于2009 年4 月在纳斯达克上市。目前，搜狐畅游公司主要运营《天龙八部》、《刀剑英雄》等网游产品，并于2009 年推出了MMORPG《刀剑英雄2》，开启了《鹿鼎记》、《剑仙》、《古域》等多款游戏的测试。2009 年第三季度搜狐畅游的网络游戏收入为4.69 亿元，比第二季度增长3.0%。预计2009 年收入达18.3 亿元，同比增长32.2%。② 另外，2008 年搜狐畅游网络游戏业务的海外收入达4900 万元，2009 年前三季度达到3900 万元。③

金山软件是一家香港证券交易所的上市公司，成立于1988 年，是应用软件产品和互联网服务供应商，在珠海、北京、成都、大连、深圳5 地分设研发中

① 来源：文睿研究数据。

② 来源：文睿研究数据。

③ 来源：文睿研究数据。

心。目前公司有网络游戏、办公软件、安全事业和词霸事业四个业务板块，其中软件和网络游戏为两大核心业务。目前金山运营10款自主研发的网络游戏，游戏类型以MMORPG为主，且多以中国古代历史和神话传说为主线，同时兼顾国际化视点。2009年下半年，金山的首款3D MMMORPG大作《剑侠世界3》开始公测，目前在线人数超过10万人，成为中国3D网络游戏市场上具备较强竞争力的运营商。在运营策略上，2009年以来，金山积极与多家游戏运营公司探索联合运营，效果如何尚待评估。2009年第三季度金山网络游戏业务收入达到1.63亿元，比第二季度增长2.9%。预计金山网络游戏业务在2009年收入达6.5亿元，同比增长18%。

北京光宇华夏科技有限责任公司创建于1999年，是中国领先的游戏运营及游戏产品开发商，目前运营《问道》、《西游Q记》、《秦始皇》等近十款MMORPG，产品涵盖回合制、MMO以及休闲游戏等多种类型。2009年，《问道》在线人数保持了比较稳定的增长，5月突破百万在线，成为中国自主研发的第三款百万在线的网络游戏。12月光宇华夏宣布签约目标软件3D MMORPG《天骄3》，全面进入3D游戏领域。光宇华夏积极布局自主研发，在沈阳、成都、北京、深圳四地拥有研发团队，研发人员超过450人，同时研发8款网络游戏。预计光宇华夏游戏业务2009年收入达8.8亿元，同比增长51.7%。①

总部位于北京的联众是中国最早从事网络游戏运营的公司之一，也是中国最大的网络游戏联合运营商之一，研发合作伙伴包括成都梦工厂、西安纷腾、北京游戏谷等，在联合运营的三年多时间内共运营过20多款游戏。“联众世界”棋牌游戏平台于1998年开始运营，一直是中国最大的棋牌游戏平台，从2004年被腾讯推出“QQ游戏”平台取代，市场份额被挤压到不到10%，在线人数只有“QQ游戏”的1/10。联众以联合运营或者代理休闲游戏为主，如《灵游记》、《天黑请闭眼》等。2008年开始自主研发《精武世界》。

三　北京发展网游产业的优势

产业集群优势。北京游戏产业规模位居全国前列，产业链完善，而且有多家

① 来源：文睿研究数据。

游戏行业上市公司，人才聚集，技术领先，是企业公认的游戏产业领先地区。公认的产业领先地位能够吸引大量优秀的团队和公司落户北京，有利于行业的长远发展。

研发力量雄厚。北京拥有国家及市属科研院所 267 家，数十只国内游戏原创团队。完美时空、金山、目标软件、畅游等公司每年投入的研发费用达到数亿元人民币，他们在 3D 游戏开发技术领域处在国内领先水平，均具有自主研发的 3D 网络游戏引擎。

出口优势领先。北京网络游戏出口规模位居全国第一。仅完美时空、金山和搜狐畅游三家海外出口规模即占据全国网络游戏海外出口规模的 52.2%,[①] 远远超过其他区域海外出口规模。

政策优势。北京直接针对动漫游戏产业的专门扶持政策有 3 个，充分体现扶持民族原创的原则，明确加大财政支持力度，重点支持优秀原创作品、动漫游戏核心技术研发、公共服务平台搭建、动漫游戏产业基地建设、动漫游戏人才培养。2006～2009 年，仅北京市文化创意产业发展专项资金直接支持的重点动漫网游项目达 47 个，支持资金 1.96 亿元，带动社会资金投入近 20 亿元。

四　存在的问题及面临的挑战

第一，来自其他地区游戏公司的竞争。目前，中国游戏产业形成了广东、上海和北京三足鼎立的局面。上海的盛大、广东的网易和腾讯是中国游戏行业的前三名，人才储备充足，游戏开发和运营经验丰富，产品线长，是北京游戏公司强有力的竞争对手。

第二，产业结构有待于进一步调整。北京地区的 MMORPG、网页游戏、社交游戏等都处在全国领先的地位，但在高级休闲游戏方面，北京地区的游戏公司较弱。而高级休闲游戏占据了全国网络游戏市场的 20% 左右，其“轻松、轻量、短时”的特点可能更符合未来游戏人群的游戏需求，因而该市场可能会有更大的发展。腾讯及上海的久游、世纪天成和天游软件占据中国高级休闲网络游戏市场 70% 以上的市场份额，他们运营的《QQ 飞车》、《QQ 炫舞》、《穿越火线》、

① 来源：文睿研究数据。

《劲舞团》、《跑跑卡丁车》、《CSOL》、《街头篮球》等影响最大，同时在线人数超过了400万。休闲网络游戏是北京游戏产业的软肋。

第三，研发人员竞争激烈。2008年全国网游从业人数24768人，比2007年增长17.7%，北京地区2008年从业人员4757人，比2007年增长8.2%，北京地区低于全国平均水平9.5%，研发人员增长率与产业发展速度不相称。[①] 由于人才的流动以及团队自身的问题，每年都有少数团队解散和重组。对于少数大公司来说问题不大，对于中小团队而言首先要解决的却是研发人员的流失问题。另外，作为创意型产业，中小团队势必将个性产品的研发制作作为发展方向，选择打造特色产品将有利于在网络游戏市场上寻求更大的发展空间。

第四，游戏人才培训体系不规范。高校没有专门针对网络游戏的专业，毕业生进入企业后还需要经过一段时间的培训。网游培训机构目前还没有完善的市场规范，学校资质以及学员的能力参差不齐，不合格的毕业生学员常引起部分研发团队的不满。

五　发展趋势和对策建议

（一）发展趋势

1. 北京市网络游戏市场规模持续增长

根据文睿研究中心的预测：中国网络游戏市场2014年市场规模将达到608亿元，2009～2014年年均增长率为22.3%（见图2）。预计北京市网络游戏产业的增长速度会快于中国的网络游戏市场。

另外，北京市高校、IT公司、网络游戏公司密集，有着充足的人才供给。人才供给是绝大多数游戏公司（尤其是创业公司）选择落户地时首先考虑的因素。预计未来北京市会吸引更多的游戏公司入驻。

2. 原创游戏市场份额进一步提高

北京市以完美时空、金山、搜狐畅游等企业为代表的网络游戏产业，是以自主研发为主的企业，其自主研发的网络游戏收入保持稳定增长，在全国的自主研

① 来源：《2008年中国动漫产业发展报告》。

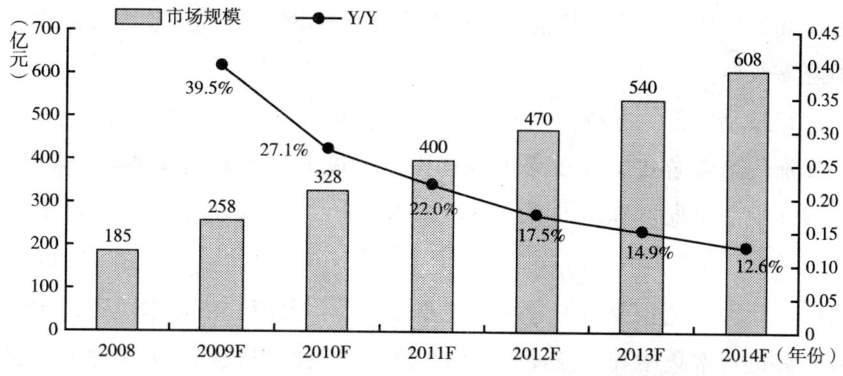

图 2　2009～2014 年中国网络游戏市场规模预测

数据来源：文睿研究。

发游戏市场居于领先地位。自主研发网络游戏收入占整个网络游戏市场收入的60%左右，随着网络游戏市场规模的不断增长，自主研发网络游戏市场将持续增长。另外，北京市每年还有一批新兴的网络游戏公司成立，初创型的网游公司多以自主研发为主。

3. 网络游戏海外出口前景良好

北京市网游企业自主研发的网游产品以 3D 为主，对于打进欧美市场具有一定的优势。由于欧美市场是成长型市场，出口到欧美市场的游戏绝大部分为 3D 的高品质游戏，游戏的附加值高，而北京市的完美时空、金山、搜狐畅游等企业自主研发的产品符合欧美用户的消费习惯，将在全国网游出口额排名中位居前列。

（二）对策建议

1. 对政府主管部门的建议

第一，完善游戏产业投融资平台，支持中小企业发展。资金短缺是我国中小网络游戏企业面临的首要问题，应采取“政府资金撬动社会资本”的方法，政府以直接补贴、奖励、贷款贴息等政策性资金带动社会投资和民间投资，合理吸收外资，解决网络游戏企业融资难的问题。

第二，打造大型骨干网游企业，培育企业集团。应当鼓励网络游戏企业向集团化方向发展，打造一批全国性的乃至世界性的大型骨干企业，增强网络游戏行业在全国和世界的竞争力。目前，行业排名前三的网络游戏企业均不在北京，这种局面急需改变。

第三，鼓励原创，支持自主研发。为促进北京市动漫游戏产业的进一步发展，必须加快培育游戏版权要素市场建设，建议通过专项资金支持企业自主研发、支持知识产权保护等，以进一步提高动漫游戏企业的原创能力和技术研发能力。

第四，壮大本地企业与引进外地企业并重。一方面，依托本地资源和现有产业基础，促进资本集中和规模经营，增强产业发展的根植性。另一方面，大力引进资本、人才、技术和大型品牌企业，积极承接产业转移，增强外向发展的能力。为此，北京应当进一步积极改善投资环境，以引进外地网络游戏企业。

2. 对北京网络游戏企业的建议

第一，游戏企业应更加注重研发人员的培养。针对人才稀缺和游戏研发人员高度集中于大型上市公司的情况，游戏企业自身要形成良好的人才培养和知识分享机制。目前，许多游戏公司的管理非常粗放，采用“师傅带徒弟”的原始方法，大量的知识集中于几个资深游戏人，而这些游戏人大多忙于日常事务，缺乏专人去做游戏公司内部的知识管理和分享。上海的盛大网络等公司现已定期开展对新员工的培训，值得其他游戏公司借鉴。

第二，游戏企业应大力开展自主创新。我国网络游戏行业经过 10 年的发展，顺利地完成了从“代理海外企业游戏产品”到“自主研发产品与海外游戏产品‘百花齐放’”的过渡阶段，企业的自主创新能力得到了大幅度的提升。2008 年，我国自主研发网络游戏产品出口中，出口收入达到了 0.72 亿美元，预计 2009 年将达到 1.06 亿美元。[①] 在未来，我国网络游戏行业将面临更加激烈的行业竞争，企业只有不断提升自主创新能力，才能提升自身的竞争能力，增强我国网络游戏行业在国际市场中的影响力，肩负起新型文化企业的社会责任和历史使命。

---

① 来源：文睿研究数据。

北京旅游业与文化创意产业的融合现状与发展趋势

荆艳峰　陆跃祥*

摘　要： 文化创意产业与旅游业的融合形态造就了可持续发展的新路径，呈现出结合形式多层次、旅游休闲主题加强、空间布局和产业分布相对集中的特点。具体融合形式有文博旅游、民俗旅游、创意旅游工艺品、文化节庆与会展旅游、艺术区旅游与影视旅游、旅游文化演出、主题公园等。在优势互补和协同创新、市场机制完善和知识产权保护制度健全方面，有待进一步完善。

关键词： 文化创意产业　旅游业　融合

2009年，北京市在"后奥运经济"和"国庆60周年大庆"等利好因素的背景中，在"投资消费双轮驱动，城市农村两个市场，区域合作共同发展"的旅游发展战略指导下，旅游业克服H1N1疫情与金融危机的影响，实现了又好又快的发展。前三个季度，北京接待旅游总人数达到1.26亿人次，同比增长19.96%；旅游收入1862亿元，同比增长16.5%。[①] 其中，文化创意经济与旅游业的融合形态异军突起，造就了一些新的旅游吸引物和新的旅游热点。

一　北京旅游业与文化创意产业的融合背景及意义

（一）融合背景

文化创意经济是在全球化背景下发展起来的，在以人的创造力对既有文化进

* 荆艳峰，北京联合大学副教授，主要研究旅游经济和市场营销；陆跃祥，北京师范大学教授、博士生导师，主要研究市场经济、消费行为与心理。

① 丁向阳：《在第十一届北京国际旅游节开幕式上的讲话》，2009年10月23日。

行创新和突破的基础上，依托文化差异对经济发展进行的支持与推动。而创意产业则是以文化为基础、以创新为根本、以知识产权为核心要素、以满足消费者精神需要为目标的居价值链高端的经济部门。①

北京发布的《北京市文化创意产业分类标准》（2006）把北京市文化创意产业分为9个大类。本报告的主题系指旅游、休闲娱乐业与其他8项产业的结合。文化创意产业与旅游业的融合已成为各方关注的焦点，创意旅游的发展表现出比传统旅游业更为旺盛的生命力，更具发展潜力。

（二）融合意义

文化创意产业在扩张的同时，通过融入旅游产业的价值链环节，与旅游产业整合、联动和升级，使旅游产品更加丰富和精细化，增加旅游消费服务内容，实现旅游地价值提升和产业协同营销，形成旅游业多元化、多层次的赢利模式，显著改变旅游产业的内容和发展走向，为旅游业可持续发展提供新的发展机遇与空间。目前，各文化创意产业之间的联动效应还没有很好地规划和融合，协同效应和聚合形式的发展还有很大空间。

二　北京旅游业与文化创意产业的融合特点与形式

（一）北京旅游业与文化创意产业的融合特点

1. 融合程度呈现多层次

在政府认定的21个文化创意产业聚集区中，按照与旅游业结合的紧密程度，大致可以分为三类。

第一类，本身就是旅游休闲和会展的主体，如潘家园古玩艺术品交易园区、琉璃厂历史文化创意产业园区、前门传统文化产业集聚区、北京欢乐谷生态文化园、北京（房山）历史文化旅游集聚区、北京时尚设计广场、顺义国展产业园等。

① 刘友金、胡黎明、赵瑞霞：《创意产业与城市发展的互动关系及其耦合演化过程研究》，《中国软科学》2009年第1期。

第二类，正在成为旅游热点地区和新地标，包括中国（怀柔）影视基地、中关村科技园区雍和园、北京 798 艺术区、北京 DRC 工业设计创意产业基地、宋庄原创艺术与卡通产业集聚区、北京大红门服装服饰创意产业集聚区、惠通时代广场等。

第三类，未来有望实现产业融合的新领域，如中关村创意产业先导基地、北京数字娱乐产业示范基地、国家新媒体产业基地、中关村软件园、北京 CBD 国际传媒产业集聚区、清华科技园、北京出版发行物流中心等。

2. 旅游、会展、休闲等主题加强

从行业的分布看，在认定的聚集区中，一些休闲业态、古都文化老字号、传统街区突出了旅游、会展、休闲等主题，在广告会展、出版发行、文艺演出、文化旅游等领域丰富了文化创意产业集聚区的形式。

3. 空间布局和产业分布相对集中

东城、西城、崇文、宣武四个城中心区，凭借其历史、人文资源，形成了以古玩艺术品交易、旅游休闲为代表的传统文化区；以房山、怀柔为代表的生态涵养区，凭借其独有的旅游资源，形成了以文化旅游、影视制作和交易为主的城远郊旅游休闲区；以海淀、石景山为核心的城西地区，凭借科技资源，形成了以动漫网游等计算机、软件及服务为主的科技创意区；以朝阳、通州为代表的城东地区，则得益于城市的快速建设发展，形成了以传媒、设计创意为代表的门类繁多的新兴文化产业区。① 目前，旅游产业和创意产业结合较好的重点地区为四个城中心区和城市郊区。

（二）北京旅游业与文化创意产业的融合形式

1. 文博旅游

为保护历史文化名城整体风貌，北京市先后分三批划定了 43 片历史文化保护区，努力形成历史文化名城和历史文化街区的整体风貌。2002 年开始实施《北京旧城二十五片历史文化保护区保护规划》、《北京历史文化名城保护规划》，2003 年开始实施《北京皇城保护规划》，2005 年公布实施《北京历史文化名城保护条例》。通过保护试点工作，北京市文物建筑得以修缮，整体文化氛围和原

① 《北京市文化创意产业集聚区再添新军》，《投资北京》2008 年第 5 期。

住民生活形态得以保存，有的地区发展了集餐饮、购物、休闲、体验于一体的旅游接待能力，有效带动了区域的经济和文化发展。2007 年和 2008 年，两批文化创意产业集聚区的认定，对部分文化街区和旅游休闲产业的发展提供了优良的发展环境。

目前，历史文化街区具备良好旅游接待能力的大致有以下四个系列。

第一，皇家历史文化旅游系列。主要包含紫禁城、太庙、社稷坛、北海、中南海及周边历史文化保护区，集中了王府和公馆的张自忠路北历史文化保护区，以及涵盖清代“三山五园”的西郊清代皇家园林历史文化保护区。这一系列皇家历史文化精品，是北京“东方古都”的历史文化名城的特色名片。

第二，旧城风貌及中轴线文化旅游系列。主要包括北锣鼓巷、南锣鼓巷、什刹海、国子监、张自忠路南等历史文化保护区，体现老北京旧城整体风貌和深厚历史，反映了北京中轴线的对称格局，是皇城文化的重要补充。其中，南锣鼓巷的发展与该区小剧场的发展密不可分。该区 5 个小剧场为南锣鼓巷聚敛了大量的人气，吸引了大量不同国籍和不同年龄层的观众来到这里。① 目前中轴线附近的“胡同游”已具备一定的影响和品牌号召力。政府部门对“文化休闲街”的改造和“胡同文化节”的举办等相关支持活动已陆续展开。部分地区，如什刹海附近，存在商业气氛过于浓重，在一定程度上影响了古都市井风貌和老北京风土人情的历史表达，未来对这一地区的外观风貌管理、交通管制和商业规制，有待加强。

第三，名人故居、会馆及宗教寺庙文化旅游系列。如法源寺历史文化保护区集中了法源寺、湖南会馆、绍兴会馆等文物保护单位，街区整体风貌保存较好。

第四，商业文化旅游系列。在认定的 21 个文化创意产业聚集区中，琉璃厂历史文化创意产业园区、前门传统文化产业集聚区、潘家园古玩艺术品交易园区、中关村科技园区雍和园、北京大红门服装服饰创意产业集聚区、北京时尚设计广场、惠通时代广场等以商业为主要特色。此外，其它商业街区发展也很迅速。如雅宝路（民间对外贸易）市级特色商业街、烟袋斜街特色商业街、前门大街等。雍和宫大街受到雍和宫佛教气氛的影响，已经变为一条独特的佛文化商业街。朝阳区高碑店古典家具街实现年收入近 1 亿元。三里屯、大栅栏、东西琉

① 《北京特色创意街区：安静而不安分的南锣鼓巷》，http://www.chuangyi.org.cn/cyzx/infocontent.aspx? ID = 14551。

璃厂等传统商业文化街，目前已经形成各具特色的商业和休闲消费街区。

2. 民俗旅游

北京（房山）历史文化旅游集聚区成为北京市文化产业聚集区。此外郊区古村落、古驿站、古军事据点及革命系列，主要有门头沟区磨石口、三家店、爨底下村；延庆县榆林堡、岔道城；怀柔区黄花岭长城；平谷区将军关长城；密云县古北口、遥桥峪城堡、小口城堡；丰台区卢沟桥宛平城；顺义区焦庄户地道战遗址等。这一系列的文化旅游接待逐步成熟，传统村落的四合院民居、戏楼、庙宇、城堡等建筑风貌保存完整，具有浓厚地方特色。在地方政府的支持下，发展民俗旅游和接待较为成熟。

据北京旅游局最新统计，2009 年国庆黄金周期间，北京乡村旅游共接待游客达 275 万人次，同比增长 26%；收入 2.2 亿元，同比增长 35%。其中怀柔接待乡村旅游游客 62 万人次，同比增长 35.2%；房山接待 29.7 万人次，同比增长 82.6%；延庆接待 37.3 万人次，同比增长 49.7%。[①]

3. 创意旅游工艺品

具有文化内涵的旅游工艺品附加值高。旅游纪念品在宣扬地域文化特色，拉动区域旅游经济方面具有积极意义。据北京工业设计促进中心提供的数据显示，目前国内的购物消费仅占旅游消费的 20%，国际上旅游商品的消费平均已占全部旅游消费的 40%，发达国家的这一比例更是高达 60%。[②] 在北京，游客购物花费占旅游总花费的比重尚不足三成。这在一定程度上反映了目前文化创意未深度参与旅游商品开发的现状。

北京旅游商品的创新研发已经引起政府、相关机构和企业的高度重视。一些联合开发创意旅游商品、拓展旅游商品市场的行动，已经陆续启动。

北京奥运会的举办推动了现代工艺品与纪念品的创意设计与销售。同时，艺术品交易产业的快速发展，形成了以画廊、艺术家工作室、艺术品创作与生产企业、艺术品中介行业与销售企业等形式的艺术品产业链，高端艺术品拍卖和古玩仿制与交易市场随之繁荣起来。这在一定程度上为北京旅游工业品市场的开发与

---

① 《北京黄金周旅游进账近 54 亿超历史最好水平》，http://60.people.com.cn/GB/166970/168157/10164071.html。

② 《旅游纪念品呼唤业内研发“好设计”》，http://haikuosheji.blog.163.com/blog/static/6634710320099291022515 5/。

拓展起到积极作用。

2008 年北京市旅游局在全市建立了 7 家旅游纪念品示范店，统一品牌为“北京礼物”。“北京礼物”店要求 70% 是自己景区特色的旅游产品，30% 是北京市旅游商品大赛获奖并能进行批量生产的纪念品；2009 年全市 4A 以上景区都要建立“北京礼物”店，让“北京礼物”遍地开花。

“旅游商品设计大赛”坚持十余年，推出七届专题竞赛活动。主要目的是促进北京旅游商品设计创新，推动旅游商品产业发展，提高旅游综合收入，为发展首都经济服务。2009 年的主题是“北京礼物”创意产品征集大奖赛，旨在逐步形成具有鲜明北京特色的旅游商品体系。

一些景点在自主品牌和合作开发方面也迈开步伐，如 2009 年，通过“中国设计交易市场项目”促成了世界著名的 Alessi 设计公司为故宫博物院进行皇城文化系列产品的开发，使故宫的形象更国际化。此外，中华世纪坛、颐和园等著名景点也通过巧妙的创意和设计，充分挖掘特色元素，开发出类别丰富，集纪念性、艺术性和实用性于一体的旅游商品。

今后，北京应在文化聚集地进一步完善配套和整合体系，不断吸收其他文化创意领域的优秀成果，拓展传播渠道，加快旅游纪念品推陈出新的步伐，及时调整经营方式，有效提升产品的附加值。

4. 文化节庆与会展旅游

2009 年 9 月，第七届花博会展会期间，相继成功举办了插花花艺大赛、精品兰花展、花卉与科技展、北京区县成就展等专题展览和插花花艺论坛、国兰敬师、战略框架合作协议签约等专题活动，室外销售区现场销售花卉达到 500 余万元。7 天共接待游客 180 万人次。①

自 1998 年始，“北京国际旅游文化节”至今已经举办了十一届。文化节由北京市人民政府、国家旅游局主办，吸收借鉴国内外优秀旅游节庆活动的成功做法，以盛装行进表演为核心内容，包括多项文化活动及节庆盛典，在开展文化、艺术、民俗和旅游活动的同时，整合、开发北京人文与自然交相辉映的丰厚旅游资源，为中外文化交流搭建平台。2009 年 10 月，第十一届北京国际旅游文化节

---

① 《第七届中国花卉博览会圆满闭幕》，http://www.7flowerexpo.com/newscenter/expoArticle.aspx? id=526。

在朝阳公园举行，共接待游客32.9万人次，同比增长71.8%，[①] 全面展示奥运会和建国60周年庆典后北京旅游的新形象。

北京市旅游局组织了12家旅游商品设计生产单位，5个文化旅游演出团体以及第七届北京旅游商品设计大赛获奖作品展。参加了第四届中国北京国际文化创意产业博览会。在旅游商品设计生产单位展区内，既有工美集团、二商集团、荣宝斋、北京珐琅厂等老企业集团及企业，也有曾丹服装、福人福地、故宫宫苑、华流风上、中华民族艺术珍品博物馆、百工坊、三多实业和闽龙陶瓷等新的旅游商品设计、生产、销售企业。北京少林武校、功夫传奇、金面王朝、石景山游乐园欢乐无限、龙在天皮影演出活动，吸引了众多参会人员驻足观看。传统手工艺现场制作区包括了鼻烟壶、面塑、风筝、剪纸、脸谱、吹糖人、中国结、烙画、纸雕以及荣宝斋的木板水印。[②] 同时举行了文化旅游创意产品——京港台设计师论坛，主题为透过文化创意商品推动旅游产业、文化底蕴如何转化为旅游市场的设计语汇等。

5. 艺术区旅游与影视旅游

北京798艺术区、宋庄原创艺术与卡通产业集聚区、中国（怀柔）影视基地、北京DRC工业设计创意产业基地等北京市文化创意产业聚集区，与当代艺术、建筑空间、文化产业、历史文脉和城市生活环境有机结合，已成为北京都市文化的新地标。其中，尤以798艺术区最为典型。

798艺术区在2003年被美国《时代》周刊评为全球最有文化标志性的22个城市艺术中心之一。2004年，798组织“大山子国际艺术节”，2006年，变身为“798艺术节”。国际性的新锐艺术展接连不断，入驻北京798艺术区的海内外画廊、艺术家个人工作室以及动漫、影视传媒、出版、设计咨询等文化机构达400余家。到798艺术区来参观、访问、观摩、学习、交流、购买艺术品的游客，越来越多。

6. 旅游文化演出

2008年奥运会、残奥会的开幕式、闭幕式、火炬传递、奥运歌曲征集表演

---

① 《北京节日旅游进账近54亿比奥运年同期增3.1%》，http://info.meadin.com/TravelNews/2009-10-9/0910918212.shtml。

② 庞林华：《北京旅游　创意无限—第四届文博会旅游创意展馆异彩纷呈》，http://www.bjta.gov.cn/xwzx/xwyl/287626.htm。

等展演活动，为北京表演艺术产业带来新的机遇。同时，通过邀请世界各国著名文艺演出团体来京表演，进行大规模的文化艺术国际交流，获得了全球性的影响。

在旅游文化演出项目上，目前各个景点纷纷推出自己的代表作，北京之夜、功夫传奇、天桥杂技、湖广会馆的京戏，都十分精彩。今后，北京还将鼓励推出具有民族特点、北京特色、质量上乘的原创文化旅游演出剧目，扶持若干个品牌实景演艺剧目、大型歌舞剧目、传统特色演艺剧目和京味文化演出剧目。①

2009 年音乐舞蹈史诗《复兴之路》和主题展览《复兴之路》、鸟巢版《图兰朵》、国家大剧院“秋季艺术行”、北京音乐厅“十一”黄金周演出等活动，都显示出北京作为全国文艺演出中心的地位和旺盛的市场需求。

此外，在北京市旅游局和北京市文化局的共同推动下，奥运会后北京市驻场演出的项目越来越多。常规剧场的驻场演出在经历多轮市场选择后，经营优秀的剧场和剧目得以保留和传承。奥运场馆在赛后利用的探索中，也开始向驻场演出的形式靠拢。

首演于 2004 年的大型功夫舞台剧《功夫传奇》，是北京演艺市场第一部大型常态旅游演艺剧目，至今已演出二千二百多场，接待了国内外游客百万余人次。在北京民族宫大剧院拉开帷幕的大型视觉交响京剧《新白蛇传》（2008 年 12 月 23 日），是专为北京国际文化大都市量身打造的高端商业旅游演出剧目。2009 年 3 月，“同一首歌”剧组与朝阳公园签订协议，在奥运沙排场馆长期驻场演出。由北京市演出公司打造的“梦幻水立方”系列，开创了奥运场馆大型水幕、声、光演出的先河，大型全景芭蕾《天鹅湖》融合了花样游泳和跳水表演，带给观众全新的艺术享受，软硬件相得益彰、完美融合。国家体育场作为中国杂技团演出的驻地，与俄罗斯马戏团合作，打造出中外瞩目的杂技驻场演出。

高端驻场演出不仅为北京旅游休闲业增加了吸引力，更带来新的发展空间。一些剧目的衍生产品开始出现，并被企业认识。可以预计，未来演出市场会在游戏、动漫、影视等方面进行进一步的集成发展，形成一些具有品牌效应的大型公司。

7. 旅游文化主题公园

欢乐谷有 40 多项娱乐设备、50 多处人文生态景观、10 多项艺术表演、20 多项

---

① 《文化旅游业发展空间巨大》，http：//www. 28. com/sp/zt/n－483772. html。

主题游戏和商业辅助性项目。建成3年来，累计接待游客750万人，营业额10亿多元。在北京市民中，品牌知名度已达93.1%，满意度达96.6%；先后获“北京市第二批文化创意产业集聚区”、“中国文化创意产业高成长企业百强”等称号。①

北京市在2008年11月26日发布的《关于全面推进北京市旅游产业发展的意见》中已经提到：“积极推进国际著名的大型主题公园建设，推进中国大马戏表演、中国杂技秀、中华武术擂台赛等大型现代旅游娱乐设施落户北京。”2009年8月，位于朝阳区东北部的北京大环旅游文化集聚区示范项目“梦公园高尚文化生活驿站”举行开园仪式暨汇报首演。按照规划，未来几年将兴建12座风格各异的主题剧场，同时打造20台具有民族特色的原创精品剧目，包括舞台剧、音乐剧、木偶戏等。此外，该集聚区还将兴建星级酒店、高档传媒以及相关娱乐、购物等配套设施，每年由此带来的演出及衍生品销售收入将高达30亿元。②

奥运会后，体育文化主题旅游活动健康发展。奥林匹克公园开放以来，日均人流量达20万人次。北京三个标志性场馆在大型活动的开发运作方面也初见成效。鸟巢在2009年“五一”期间举办“成龙演唱会”，6月举办“魅力中国”大型音乐会，推出张艺谋执导的“图兰朵大型实景歌剧”、世界“赛车王中王争霸赛”等大型演艺和赛事活动。水立方从2008年9月起推出“梦幻水立方”大型水幕、声、光音乐会。五棵松体育馆在2008年10月承接了NBA中国赛的最后一场比赛，艾薇儿中国巡演北京站演唱会等。11月，2008索尼液晶电视秋冬季新品发布会也在北京五棵松体育馆举行。

三　北京旅游业与文化创意产业融合中的问题与困境

（一）创意旅游开发有待多样化与真实化

创意旅游开发受观念制约，重复性的生产较普遍。如何让历史、文化通过建筑与历史的融合，古老与现代的融合，实现时间与空间同时再现，在操作的技巧

---

① 《北京欢乐谷，开心的文化乐园》，http：//paper.people.com.cn/rmrb/html/2009－10/24/content_367081.htm。

② 华锴：《梦公园村落户北京　朝阳将兴建12座主题剧场》，http：//www.chycci.gov.cn/zhengwugongkai/zhengwuxinwen/2995.shtml。

上还有待提升；本源文化如何保持独立性和特色化的问题，也对原生态文化的保护提出了更高要求。

（二）知识产权保护的缺位

文化创意产业以知识产权为核心资产。由于创意具有非排他性，知识产权的保护就成为旅游文化创意产业生存与发展的关键。旅游文化创意如果没有保护，模仿和重复建设就会持续不断，这对走在创意前列的旅游企业是个沉重的打击。一方面，先期投入的巨额研发费用得不到有效回收；另一方面，模仿和复制形成"创一个死一个"的被动局面，对旅游产业的可持续发展非常不利。目前，我国知识产权的立法保护方面还有很多工作要做，首先需要解决知识产权的界定、交易和产权变动、诉讼等问题。

（三）市场配置效率的瓶颈

创意的商业化需要市场做有效配置。目前面临的主要困难有：创意的估价与市场价值的形成机制问题；为文化创意产业与生产企业、技术开发企业以及资本运营企业之间搭建交易平台的中介机构缺位问题；文化创意交易市场的形成与运行模式问题；文化创意产业的担保融资和上市障碍问题。这些困难需要理论界和金融中介机构进行新的模式创新和机制摸索。

（四）文化旅游协同创新的困难

目前主要表现在，自主文化创意、自主技术手段、自主营销体系、自主管理品牌的缺位和相互之间的割裂。如何开发创意与技术并行的旅游文化产品，是对我国创意产业发展和政府宏观规划与调控提出的更具挑战性的要求。政府现在支持的文化创意产业基本实现了空间上的聚集，但还未实现协同生产的聚集，聚集区内各企业各自为政，社会综合媒介和服务机构缺位，信息资源没有充分流动和互动。群体优势和协同优势还未显现出来。集成发展的模式还有待质的突破。

四　文化创意产业与旅游产业的融合趋势

未来的旅游业将进一步吸收文化创意产业的发展成果，推动旅游新产品开发，注重文化创意知识产权保护与市场配置，实现文化创意产业与旅游产业集成发展。

（一）政府对旅游业的重视程度会进一步提高

2009 年 11 月 25 日，国务院总理温家宝主持召开国务院常务会议，讨论并原则通过了《关于加快发展旅游业的意见》。《意见》强调：必须加强统筹规划，从改革、开放、服务、管理入手，着力提升发展质量，把旅游业培育成国民经济的战略性支柱产业和人民群众更加满意的现代服务业。同时，会议提出的五条措施将为旅游业的发展带来新的政策导向和发展机遇。预计，未来北京文化创意产业中旅游休闲主题将更加丰富。

（二）文化创意将大力推动旅游新产品开发

在旅游新产品的开发过程中，文化创意的介入可以避免低水平重复建设。但旅游业也对文化创意产业的介入形式提出更高要求。旅游文化创意将实现通俗化、集中化、特色化和参与化。

（三）知识产权保护制度和市场机制的健全与完善

完善知识产权的保护制度是旅游文化创意生存与发展的必然前提。在市场配置方面，预计未来将文化创意与旅游产业充分融合的方式有四种：一是文化创意在旅游业中的股权化经营；二是创意企业可以与旅游企业、资本运营企业、科研院所达成战略投资计划；三是文化创意通过信托、寄售等方式，或通过文化创意交易市场进行产权授权经营或转让；四是旅游文化创意产业直接经营。

（四）协同创新平台和机制的搭建

信息资源的共享与协同创新对旅游创意产业非常重要。这需要研究机构、创意企业、旅游企业、生产企业，公共服务管理建立企业战略联盟，实现资源共享与优势互补，形成新的组合能力和创新能力。构建给予新的旅游价值链上的专业化分工协作，实现整体产业的提升。在具体运作过程中，需要用创新的思维和理念指导产业开发，使各种文化搭接与共生、资金资源充分流动，把无形的文化转变为有形的生产力。这其中，文化是灵魂，创意是触媒，技术是手段，营销策划是条件，管理模式是重点。

（五）文化创意产业与旅游产业融合模式与路径逐渐明晰

创意是旅游知识经济的密集反映。文化创意产业和旅游产业的发展将会沿着共生、融合、集成发展的路径不断演化。在共生阶段，旅游产业和其它创意产业类型将互相伸出触角，谋求创造适合双方发展的共同空间；在融合阶段，双方将找到并致力于开拓共同的发展模式，此时互相促进，但矛盾与合作同在，处于磨合期；在集成阶段，双方在某种层次和战略上将合二为一，环境、资本、体制和谐，形成利益综合体，达到高级协同共生。

旅游业与文化创意产业的深度结合和集成发展是未来的发展趋势。探索和发展旅游文化创意产品的业态、经营方式和管理方式尤为重要。旅游业应结合自身资源，借鉴和使用文化创意的优秀成果，对旅游产品与旅游项目进行创意改造，与广告、动漫、戏剧、广播、电视、电影、广告、艺术品交易等文化创意产业深度结合、集成发展，构建旅游文化创意产业体系，这需要产业界和理论界共同努力。

北京非物质文化遗产旅游发展现状、问题及对策

石美玉　李秀娜*

摘　要： 北京市拥有丰富的非物质文化遗产，对其进行旅游开发将会进一步提升北京市的旅游竞争力和文化竞争力。在对北京非物质文化遗产的资源规模和类型、旅游开发现状等进行调研的基础上，分析目前北京非物质文化遗产旅游开发过程中存在的主要问题及产生的原因，最后提出推动北京非物质文化遗产旅游发展的政策建议。

关键词： 非物质文化遗产　旅游开发　政策建议

非物质文化遗产融入旅游产业是旅游业的一个发展趋势。但其利弊共存：处理得当，则相得益彰；处理不当，则两败俱伤。非物质文化遗产的旅游开发，涉及众多利益相关主体，如传承人、政府、开发商、消费者、社区、专家、媒体、民间社团等。这些利益主体的利益诉求各不相同，互相博弈，互相制衡，从而构成复杂的利益主体关系圈。为了寻求非物质文化遗产保护和旅游开发双赢的目标，应平衡各利益主体的需求，以利益机制调动各利益主体，引导他们在正确地追求自身利益的同时，积极投身于非物质文化遗产的保护与传承。

一　北京非物质文化遗产旅游开发现状

文化是旅游资源的重要内涵，而非物质文化遗产有着重要的历史、艺术和科学

---

* 石美玉，旅游管理博士，商业经济学博士后，北京联合大学副教授。主要研究非物质文化遗产的旅游发展、旅游购物与旅游商品开发、旅游政策评价等。李秀娜，法学博士，北京联合大学副教授。主要研究旅游法、非物质文化遗产法律制度。本课题组成员还有赵晓燕、杨劲松、孙梦阳、石金莲和林峰。

价值，是传承中华民族文化的载体，具有重要的旅游经济价值。北京非物质文化遗产资源具有总量较大、类型繁多、分布广泛的特点。① 其旅游开发现状如下。

（一）旅游资源价值较高

非物质文化遗产因其具有独特的文化特性，是重要的旅游资源。北京市拥有74项国家级非物质文化遗产项目，分布在十大类非物质文化遗产类别中，旅游开发价值较高。首先，表演艺术类遗产本身的艺术效果较强，受人喜爱，旅游客源市场有保证，可开发的旅游产品类型有观赏型、参与型旅游产品。如昆曲、京剧、天桥摔跤等已成为重要的休闲旅游娱乐项目。其次，传统技艺类资源旅游开发前景看好，它们主要应用于旅游商品开发，是旅游购物的对象，在旅游收入中占有举足轻重的地位。还可应用于游览观光型旅游产品的开发，成为旅游观光的对象。再次，民间文学类资源对于旅游的辅助作用巨大，节庆民俗类资源中部分资源的旅游开发市场规模较大，如厂甸庙会，有一定的群众基础，旅游开发后的旅游效应相对较高。最后，知识实践类中的传统医药特色明显。如同仁堂中医药。

非物质文化遗产虽拥有深厚的文化底蕴，但并不是每项非物质文化遗产项目都适合大量开发、投入旅游市场。例如，玉雕的重要材料玉石是稀有的一次性资源。目前，国内一些大型的玉器厂都遭遇原料紧缺的问题，大批量开发受到严重的限制。

（二）旅游开发积极性高

随着北京市旅游业的迅速发展，旅游市场规模的不断扩大，越来越多的非物质文化遗产传承人希望借助旅游市场这一平台，实现遗产的广泛推广，进行旅游开发的积极性很高，并已通过一些渠道与旅游局的相关部门或企业，开展了多种形式的旅游合作。例如，宣武区旅游局邀请当地旅行社大力推介厂甸庙会；很多传统手工技艺类企业以前店后厂的模式吸引旅游者进行观光、游览与体验。也有非物质文化遗产企业不愿意加入到旅游市场中来，对旅游市场开发不感兴趣。例如，北京同仁堂集团目前还没有考虑进入旅游市场，因此，也不考虑旅游产品开发。

---

① 参见本卷《北京市非物质文化遗产年度保护状况报告》。

（三）旅游开发主体多元化

1. 企业运作

大部分非物质文化遗产的旅游开发已采取完全的企业运作模式，最典型的是传统手工技艺类非物质文化遗产项目，如百年老字号企业中国全聚德（集团）股份有限公司、北京市荣宝斋、北京瑞蚨祥绸布店有限责任公司、北京内联升鞋业有限公司等。在杂技与竞技类非物质文化遗产类中，也有一些以企业运作模式重新获得了生机，如北京付氏天桥宝三民俗文化艺术团主要以中幡、艺术摔跤、硬气功、拉洋片、双簧、古典戏法为主。此外，北京皇家粮仓、景泰蓝生产经营企业都以成熟的企业运作模式开展旅游开发，取得了较好的经济效益。

2. 政府介入

政府参与非物质文化遗产的旅游开发，起到有力的推动作用。例如，2001年，由宣武区政府成立的京都公司来策划每年的厂甸庙会，宣武区政府作为组织者每年都投入上百万元，以推动厂甸庙会的发展。政府的介入使厂甸庙会得以以崭新的面貌、深厚的民俗文化内涵出现在京城百姓面前。

3. 个体小作坊运作

由于传承人流失或资金严重缺乏等原因，一些非物质文化遗产的传承受到严重威胁。某些传承人在自家简陋的小作坊中独自勉强维持，如北京“瞎掰”（鲁班枕）制作技艺，条件极其恶劣，目前只有一位传承人，其技艺的保护与传承成了重要的问题。

（四）客源市场多层次化

非物质文化遗产的历史成因、文化特色不同，其受众群体也不同，对客源市场结构产生影响。目前，对非物质文化遗产有较大需求的群体主要有非物质文化遗产的爱好者，这些群体是非物质文化遗产的重要市场基础；观光游客，这些人对传统文化有强烈的好奇心和兴趣，大部分是团体观光游客；潜在市场，以前从未接触和了解此类非物质文化遗产，但易于被其特色吸引，这是重点开发的对象。从目前情况看，外国人对北京市的非物质文化遗产具有更强烈的需求，因此，入境旅游市场是非物质文化遗产最为重要的市场。

（五）旅游开发模式多样化

1. 独立经营模式

传统手工技艺类非物质文化遗产项目与旅游业的关系最为紧密，一般采取生产、参观、购物、餐饮为一体的独立经营模式。例如，北京的景泰蓝生产企业，往往把旅游购物与餐饮两大主营业务捆绑在一起，既作为工艺品的生产、销售地，同时作为接待游客的重要停留地。

2. 开发旅游线路

目前，非物质文化遗产有的内嵌在其他旅游线路中，有的开发成独立的旅游线路，成为吸引游客的亮点。如国家京剧院与北京市旅游局共同推出了京剧体验“一日游”；北京中医药大学附属护国寺中医医院与中国国际旅行社和中国青年旅行社合作，在欧美游客北京旅游线路中设立一项参观中国传统医药文化的内容，让客人到医院参观骨伤科。

3. 旅游节庆

一些杂技与竞技类、民间舞蹈类非物质文化遗产项目通过表演参与旅游节庆活动，知名度逐渐提升。如北京付氏天桥宝三民俗文化艺术团节目被看做唯一的原汁原味老天桥艺术，目前已参加了诸多地方和国家举办的庆典活动，以及亚洲杯、农民运动会、民俗运动会、南京世界名城博览会、国际马拉松、北京体育运动会、大连艺术节、宣南艺术节的开幕式，还参加了每年的庙会，如北京地坛、厂甸庙会，沈阳东郊庙会，南昌绳金塔庙会等。2006 年还随北京代表团赴澳大利亚为 2008 年北京奥运会做宣传活动。

（六）各区县政府高度重视

为了更好地实现非物质文化遗产的保护与传承，从北京市文化局到各区县文委、文化馆，都积极地投入到非物质文化遗产的申报、保护工作中，为旅游开发奠定了基础。目前，已有一些区县文委和文化馆积极与旅游局、旅游企业开展了不同层次的旅游开发，取得了较好的成绩。如宣武区文委与旅游局共同推动本区的非物质文化遗产的开发，把厂甸庙会等非物质文化遗产作为本区旅游局旅游推介的重要内容，效果良好。

（七）旅游经济效益参差不齐

非物质文化遗产因其发展历史、运作模式、市场定位不同，生存与发展状况也不同。目前，只有少数非物质文化遗产的旅游经济效益良好。如北京皇家粮仓厅堂版昆曲《牡丹亭》，经出品方普罗文化公司的精心策划，自2007年开业以来已演出200多场，上座率大多能达到八成左右，票房收入达到540万元。但大部分非物质文化遗产企业资金匮乏，如北京付氏天桥宝三民俗文化艺术团的运作每年需资金100万元左右，而一般每年只能筹集到30万至40万元左右，一直在为生存而奔波。

二　非物质文化遗产旅游发展中存在的主要问题

（一）缺乏系统规划，旅游开发较为零散

目前北京市非物质文化遗产的旅游开发缺乏系统的规划，旅游开发较为零散，基本上是非物质文化遗产地主管部门自行组织非物质文化遗产表演和展示活动，忽视旅游市场结构分析，缺乏可行性论证，一些非物质文化遗产旅游活动往往“昙花一现”，难以形成持续的旅游效应。

（二）体制机制不顺，难以提高整体效益

十大类非物质文化遗产涉及文学、艺术、商业、医药、体育、旅游等众多的领域和行业，旅游开发涉及各相关政府部门，跨行业、跨领域的联系与合作是必然的发展趋势。目前，北京市相关的政府部门之间尚没有紧密的联合与沟通机制，非物质文化遗产的申报、保护和旅游开发等工作，都是各自为政。如北京市的文化馆和文委主要负责非物质文化遗产的收集、整理、申报等工作，与旅游开发企业和旅游局很少有正式的联合机制；旅游局和旅游企业在宣传旅游、开发旅游产品时，往往得不到及时的信息，难以实现保护与开发的有效结合。

（三）法律法规不健全，旅游开发无法可依

北京市在文化遗产保护方面所制定的地方性法规已形成较为完整、合理的

体系，但大多集中在对有形的文化遗产保护方面。目前，《北京市非物质文化遗产保护条例》还没有进入立法程序。已有的《北京市人民政府办公厅关于加强本市非物质文化遗产保护工作的意见》和《北京市传统工艺美术保护办法》等，位阶较低，前者属其他规范性法律文件，后者属地方政府规章。现亟须在传承人的法律地位、资金投入、保护性旅游开发等方面制定明确的法律条文。

（四）文化内涵挖掘不深，特色不鲜明

在对非物质文化遗产的旅游开发中，存在着简单化、庸俗化、雷同化的倾向，文化内涵挖掘不深。如厂甸庙会自从恢复以来，其文化特色逐渐淡化，与其他的庙会的区别越来越小，大大降低了对游客的吸引力。原因在于对本地区、本民族的非物质文化遗产的内涵挖掘不深，导致相应旅游产品缺少个性。

（五）市场营销能力弱，宣传力度不够

非物质文化遗产旅游产品同样需要通过上档次的市场运作、“商业包装”树立品牌。目前政府部门对北京市丰富的非物质文化遗产等文化旅游资源的宣传力度较弱，导致市场知名度低。

（六）过度商业化，导致遗产消失

有些非物质文化遗产旅游开发项目以赚钱为目的，将遗产当做“卖点”和赚钱机器，使得遗产逐渐扭曲、变形，特色荡然无存。这种不负责任的开发方式，也是人们对旅游开发多有诟病的原因之一。例如，民间歌舞、表演是宣传传统文化、地方文化的有效方式，也可为当地带来可观的经济效益，增强本地人们的文化认同感，有助于非物质文化遗产的继承和发展。但是被作为旅游资源过度开发后，变成了一种为外来游客的表演，其非同寻常的原本意义和神圣性被消解了，当地人的参与热情减弱。这与利用旅游开发来保护非物质文化遗产的初衷背道而驰。

（七）人员流失严重，资金投入不够

部分非物质文化遗产传承人因经济压力、自卑心理以及观念束缚等原因，转

行另谋出路。例如，昆曲从业人员待遇较低，年轻人不愿从事昆曲行业，昆曲生源不足问题已日益成为制约昆曲艺术继承发展的瓶颈。此外，非物质文化遗产开发是一项庞大的系统工程，需要耗费大量的人力、物力和财力，若资金投入不足，则不可能变成现实的旅游产品。目前，由于资金问题，北京市不少独具特色的非物质文化遗产旅游资源还无法转化成旅游产品。

三　发展非物质文化遗产旅游的建议

（一）理顺体制机制，提高整体效益

为切实做好北京市非物质文化遗产旅游开发与管理工作，建议由北京市旅游局规划统计处牵头负责，从组织、人事体制上予以保证。鉴于非物质文化遗产发掘涉及到诸多的行业和领域，旅游开发的难度非常大，建议市旅游局规划统计处与北京市文化局、建委、金融局、工商局等相关部门或单位建立有关非物质文化遗产保护与开发的联席会制度，定期召开会议，专门讨论本市非物质文化遗产旅游开发的重大决策、政策制定与实施等，以统筹政策、协调工作、统一行动，共同确保非物质文化遗产的旅游开发工作能够合法、有序地开展。

（二）制定非物质文化遗产旅游发展规划和相关扶持政策

北京市旅游局应会同相关部门和单位编制《北京市非物质文化遗产旅游发展专项规划》，明确北京市非物质文化遗产旅游开发的原则、目标、发展阶段、重要政策、重点项目及保障措施等，并将此规划作为纲领性文件，指导推进北京市非物质文化遗产的旅游开发工作。专项规划的编制应采取公开招标的方式，确保规划的质量，北京市旅游局等相关政府部门和单位要做好规划的审核与把关工作，确保规划编制的科学性与合理性。与此同时，制定全方位的旅游开发扶持政策，从公共财政、金融、招商引资、精品项目开发等各方面给予必要的保障和支持，促进旅游开发走上一条快速发展的道路。如设立非物质文化遗产旅游开发专项基金，对有旅游开发价值的重点非物质文化遗产项目进行直接的资金支持；对从事非物质文化遗产旅游项目开发和运营的法人实体给予一定的税收减免优惠；对作出突出贡献的法人实体或个人，给予奖励。

（三）建设非物质文化遗产旅游开发试验区

把宣武区、崇文区这两个非物质文化遗产资源丰富、项目数量多、旅游发展基础良好的区域作为非物质文化遗产旅游开发试验区，建设成北京京味文化旅游目的地。北京市旅游局应与这两个区域的旅游局、文委、文化馆等联合，开发一批文化旅游景点、推出一批京味旅游商品、整合一批特色演出场所、打造一批文化特色餐厅和主题酒店，从而形成文化旅游特色产业聚集区。政府应从财政上大力支持试验区的发展。

（四）加强市场宣传与促销

应加强对非物质文化遗产的宣传力度，通过城市旅游标识系统、网络视频材料、媒体推介、导游讲解等加强对非物质文化遗产的宣传和介绍，提高非物质文化遗产的知名度，吸引更多的旅游者前来观光游览，让旅游者充分认识和了解非物质文化遗产。

北京市旅游局应每年推出不同的非物质文化遗产旅游线路，可以考虑安排非物质文化遗产旅游体验年等大型活动，以集中宣传非物质文化遗产旅游的重点和亮点。

鉴于非物质文化遗产对国外旅游者的吸引力更大，可以先开拓国际市场，以国际市场来带动国内市场，从而达到国内外旅游市场共同开拓繁荣的目的。在这个过程中，应积极与国内外旅游经销商协作，共同开拓市场。

（五）健全相关行政法规，加强监督和管理力度

应尽快制定《北京市非物质文化遗产旅游开发管理办法》，对从事非物质文化遗产旅游开发的企业或个人的权利、义务做出规定，明确非物质文化遗产的旅游开发应在保护第一的前提下，遵循市场规律，保护投资企业或个人的合法权益，形成一部规范政府、投资者、非物质文化遗产传承人三方的行政法规。认真把目前的非物质文化遗产保护活动纳入到现有的法律框架下，建立一套切实可行的法律保护机制。研究制定非物质文化遗产旅游产品知识产权保护办法。搭建旅游产品知识产权交易平台，保障并促进旅游产品的合理、有效流通。制定非物质文化遗产旅游产品商标管理办法，定期编制和发布全市非物质文化遗产旅游产品

著名商标名录。为保证北京市非物质文化遗产的旅游开发工作正常、有序进行，北京市旅游局应与北京市文化局、工商局、卫生局等其他相关部门组成联合执法大队，定期或不定期抽查重点非物质文化遗产旅游项目或场所。开设北京市非物质文化遗产旅游开发公众热线以及网络信息平台，以听取公众意见和建议，接受公众对非物质文化遗产旅游开发过程的监督，同时向广大群众推介非物质文化遗产旅游项目，提高市场知名度。

北京温泉休闲消费市场调查分析

徐菊凤*

摘　要：北京依托得天独厚的市场优势和资源条件，已经形成一定规模的温泉产业。本研究对北京温泉休闲消费市场的需求特征和满意度进行了实证调研分析，包括北京居民的温泉消费频率、消费方式、动机、满意度、意见建议，以及人口统计学特征等。研究结果可以为北京温泉旅游可持续发展提供参考。

关键词：温泉休闲　温泉旅游　休闲消费　消费市场

近年来，旅游和休闲热潮带动了温泉消费的快速增长。我国现有温泉资源总数约为4000个，其中广东省共有温泉300多处，已开发200余处，每年接待海内外游客500多万人次，年营业收入达100亿元。[①] 国土资源部和中国矿业联合会共同组织的"中国温泉之乡"活动已评选出16处。北京周边拥有比较丰富的温泉地热资源，小汤山镇在清朝康熙年间建有汤泉行宫，供皇室、显宦洗浴，乾隆年间曾扩建，留下了乾隆皇帝的御笔"九华兮秀"。目前，京北昌平地区形成了20公里的"温泉——沙河——小汤山"温泉带，已勘察地热资源几乎全面被开发利用。北京温泉聚集地——昌平小汤山镇有地热资源开发利用单位40余个，从业人员近5000人。其中温泉企业投资规模达到4380亩，投资金额达20多亿元，形成了以九华山庄、凤山度假村、天龙源温泉、龙脉温泉、温都水城五大温泉为首的温泉企业集群，并形成集保健、疗养、休闲、娱乐、文化为一体的温泉产业，经济效益良好。顺义、大兴、通州区也逐步开发出一些温泉度假村。一些

* 徐菊凤，管理学博士，北京联合大学旅游学院休闲与旅游研究所研究员，主要研究领域：旅游与休闲消费行为，文化旅游等。

① 参见海泉湾领军全国温泉界，http：//news. sina. com. cn/c/2009－06－24/002715837905s. shtml。

项目如九华山庄、龙熙温泉度假村等比较成功地走出高档和综合发展之路，部分项目获得稳定的家庭市场。但北京目前的温泉项目还存在一些问题，如产品雷同、过度集中、低层次开发和服务质量不高等。许多企业定位不清晰，产品缺乏竞争力，部分项目交通条件不便利。系统了解市场对北京温泉产品的态度、评价和消费倾向，对于北京温泉企业完善产品结构，提升服务质量，增强竞争力，更好地满足市场对温泉休闲服务的需求，无疑是有益的。

一　基本情况介绍及调查方法

我国的温泉旅游研究始于2003年，主要侧重温泉旅游开发模式和发展趋势，关注温泉消费市场需求的不多。从地域上看，研究广东地区的最多，其次为西安和重庆。

温泉旅游兴起于15世纪的欧洲，主要是为了满足“求治”游客的需求，以洗浴保健为主。17、18世纪之后，随着海滨度假地的兴起，以及欧洲水疗法的发展，温泉旅游地逐渐走向衰落，温泉旅游地数量减少，温泉旅游地的功能发生转变，增加了许多娱乐设施或者服务设施，温泉旅游地的保健功能有了一定的延伸，由温泉疗养地演变成为旅游度假地。[①] 广东省温泉旅游开发也经历了温泉疗养院、温泉旅馆集合体和露天温泉旅游度假区阶段。[②] 根据配置旅游项目不同，广东的温泉景区可以分为三类：第一类，仅有温泉泳池，主要是一些规模较小的旅游地，多分布于偏远山区；第二类，除温泉游泳池外还配有桑拿、蒸汽浴、沐足、按摩等保健项目。这类温泉数量较多；第三类，在第二类旅游项目的基础上配有高尔夫、滑草、保龄球等娱乐设施，如清新温泉。从旅游地项目设置来看，广东温泉旅游产品以保健、疗养型为主。[③] 在西欧，温泉地设有赛马场、体育场、剧院、大型音乐厅等。日本的温泉周围有美术馆、动植物馆、博物馆、滑雪场等。有研究者指出，温泉资源综合素质、自然和人文景观环境、客源市场和交通条件、区域经济发展水平、温泉旅游文化特色、空间集聚和竞

① 张玲、魏清泉：《广东省温泉旅游地空间竞争及演化态势》，《商业经济文荟》2005年第6期。
② 王华、吴立瀚：《广东省温泉旅游开发模式分析》，《地理与地理信息科学》2005年第2期。
③ 王华、吴立瀚：《广东省温泉旅游开发模式分析》，《地理与地理信息科学》2005年第2期。

争以及决策者行为，作用于温泉旅游开发选址和开发特色，共同影响温泉旅游的发展。①

根据美国温泉协会的调查，温泉旅游动机排在前三位的是减压，放松，感觉更好。② 我国研究者通过对广东4家高档温泉度假区的游客抽样调查，将游客划分为“公务享受型”、“亲朋情感型”、“康体保健型”3类利益细分市场，③ 提出温泉游客认为最重要的利益追求是“和家人在一起”、“和朋友在一起”、“强身健体”和“参加单位集体活动”。这说明，“亲情”、“友情”、“健康”、“集体”是温泉游客最主要的利益取向点。温泉“表现身份地位”的意义被普遍认为不重要，“解除病痛”、“护肤美容减肥”的保健功能受重视的程度也相对较低。这说明，温泉保健疗养的基本功能被游客淡化，温泉旅游消费已经日益大众化，并且从单纯疗养的物化享受，提升到文化和精神的消费层面。

本报告旨在对北京温泉消费市场的需求特征和满意度进行实证研究。共发放问卷480份，收回479份，剔除6份不合格样本，有效样本数为463份。调研时间为2009年11月。调研对象的人口统计学特征如表1所示。

表1　北京温泉休闲消费市场调研对象特征

单位：%

年　龄	<14	15~24	25~44	45~64	>65		
百分比	2.41	24.56	37.72	28.95	6.36		
学　历	小学	初中	中专或高中	大专或本科	研究生以上		
百分比	2.22	8.22	24.89	52.23	12.44		
月收入	<2000	2001~4000	4001~6000	6001~8000	8001~10000	10001~16000	>16001
百分比	25.38	30.80	22.99	12.15	4.56	3.69	0.43

二　研究结果分析：北京温泉休闲消费市场特征

（一）北京居民温泉休闲消费频率

温泉消费与其说是一种旅游消费，不如说是一种休闲消费。温泉地难以像著

① 王华、彭华：《温泉旅游开发的主要影响因素综合分析》，《旅游学刊》2004年第5期。

② 王华、吴立瀚：《广东省温泉旅游开发模式分析》，《地理与地理信息科学》2005年第2期。

③ 梁江川、陈南江：《广东省高档温泉度假区游客利益细分研究》，《旅游学刊》2006年第5期。

名旅游景点那样形成对远程客源市场的吸引力，但有可能成为近程休闲市场反复消费的产品。游客抽样调查表明，温泉旅游地的客源市场主要以国内为主，而且80%的游客集中在4小时交通半径范围内的周边城镇群。只有少量具有广泛知名度或特色的温泉度假村，成为人们中远途旅游行程中的一个节点。这就要求温泉旅游地必须选址在经济发达、人口众多的城市或特大城市的周边地区，以保证有良好的客源市场条件和通达条件。因此，温泉度假地要想保持可持续发展，除温泉资源特色这一硬性条件外，其市场区位条件和交通条件将显得十分重要。

北京的温泉资源条件没有广东等地优越，大多数采用地热资源，但其市场区位条件优越，位于距离城市中心区20～40公里的近郊区，开车1个多小时即可到达，九华山庄、龙脉温泉还可乘坐公交车。这既为家庭休闲和商务会议市场提供了便利，也为具有充足闲暇时间的老年群体提供了机会。本项调研显示，北京居民一年当中前往温泉点消费1～2次的人最多，达45%，前往3次以上的人为28%，只有27%的人若干年才前往一次。总体来看，前往温泉消费2次以上的人群约占半数。从北京的人口和收入结构来看，温泉消费的潜力非常大。

（二）温泉消费动机

调查显示，有将近40%的人是为了休闲放松，其中20%的人将其作为节假日休闲方式，18%的人作为平日放松的方式；另有16%的人将其作为一种生活享受，或者与家人同乐的方式（14%）；传统概念中的康体保健动机只占13%；社交应酬，或者因为公务活动等其他方式而顺带进行的，总体份额不足20%（见图1）。这说明，北京居民的温泉消费动机已经从单一的康体保健过渡到以休闲放松为主，① 并且市场份额的大部分由家庭消费构成。这一研究结论，与上述对广东地区温泉游客的利益追求研究的结果相同。

（三）温泉消费方式

对于温泉消费的支付方式和支付主体的调查结果显示，43%的人是自己临时买票前往消费，由他人买单的占19%，因公务会议等活动由单位买单的合计占

① 由于缺乏更早时期北京温泉旅游消费动机的研究资料，而且北京温泉开发大部分集中于2000年以后，因此或许北京温泉消费的动机一开始就形成了类似现在的结构。

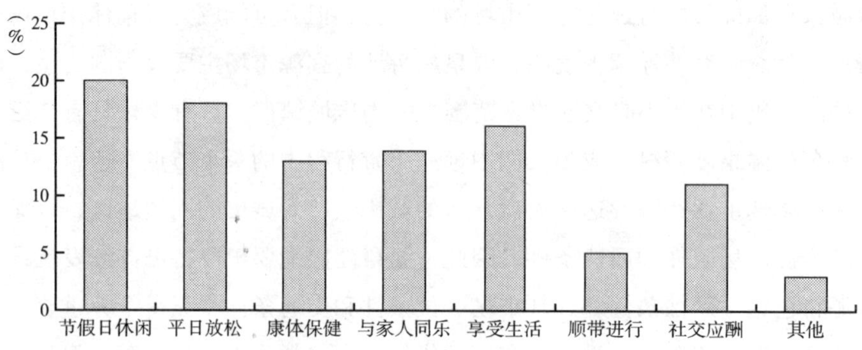

图1　北京居民温泉消费的目的

21%。这说明，北京温泉消费的三大市场依次为个人/家庭消费、公务消费、礼品式消费（见图2）。

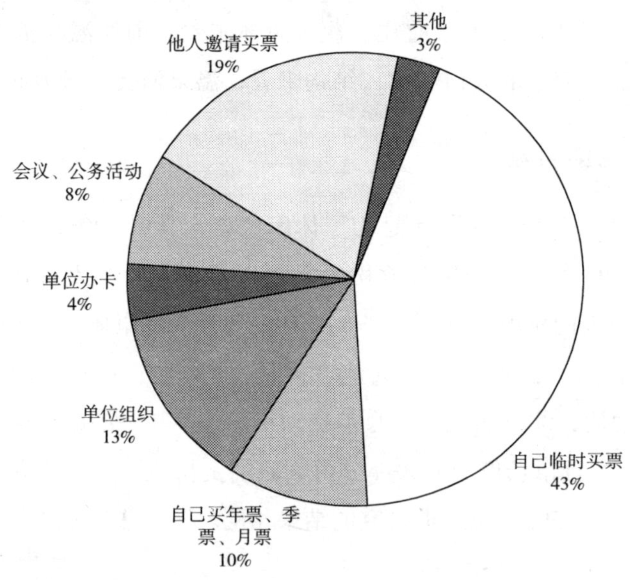

图2　居民温泉消费支付特征

（四）温泉消费满意度及相关意见分析

按五级指标设置，分别对价格、环境氛围、硬件设施、服务质量、活动项目、康体保健效果、娱乐放松效果，以及总体满意度进行测量。结果是，人们对大部分项目的评价为“一般”，是一个比较含糊的评价，总体上选择“满意”的比率高于“不满意”。从各项评价比较来看，人们对温泉的“娱乐放松效果”最为满意，达60%，其次是对“环境氛围”和“康体保健效果”比较满意，但对“价格”表示满意的比率最低，只有28%（详见表2）。

表2 消费者对北京温泉休闲的满意度

价　　格	很不满意	不满意	一般	满意	很满意
满意度(%)	2	17	53	25	3
环境氛围	很不满意	不满意	一般	满意	很满意
满意度(%)	0	5	42	49	4
硬件设施	很不满意	不满意	一般	满意	很满意
满意度(%)	1	11	47	38	3
服务质量	很不满意	不满意	一般	满意	很满意
满意度(%)	1	11	49	35	4
活动项目	很不满意	不满意	一般	满意	很满意
满意度(%)	1	9	48	37	5
康体保健效果	很不满意	不满意	一般	满意	很满意
满意度(%)	1	6	43	43	7
娱乐放松效果	很不满意	不满意	一般	满意	很满意
满意度(%)	0	3	37	50	10
总体满意度	很不满意	不满意	一般	满意	很满意
满意度(%)	0	4	44	48	4

就温泉消费的价格而言，北京的温泉价格普遍偏高，绝大多数单一温泉项目门票标价都在128元以上，知名度较大的达到300元左右。相比之下，广东省的温泉价格较低，著名的珠海御温泉项目门市价格为128元，全国首家“国家旅游休闲度假示范区”海泉湾的温泉门市价为168元，均低于北京温泉的门市价和实际售价。①

从抽样调查结果来看，有52%的消费者对北京温泉休闲消费效果总体上感到满意，但评价为“一般”的比率过高，蕴含着朦胧的不满，是一种不可忽视

① 笔直通过电话调研了解到，北京温泉价格的实际售价普遍比门市价格低，例如九华山庄的单次温泉门票+足底按摩套票为198元，温都水城的套票实际售价也是198元。然而，这些温泉门票实际售价仍然高于广东温泉景区的门票。

的中性评价。在调查表的意见栏中，有近1/3的被调查者提出了建议。按所提意见类型进行归类统计，从高到低依次为：价格太贵，服务不够好，娱乐及活动项目少，硬件设施有待改善，卫生条件有待加强，吃的不好，水质不理想（见表3）。价格偏高的问题再一次在消费者心目中引起强烈反应。提出这一意见的被调查者的收入情况，大多在2000元以下和4000元以下，也有少数收入较高者提出了类似“条件好的价格贵，价格合适的条件环境差”的意见。从北京与广东两地温泉市场调研结果看，温泉消费已经成为一种大众消费。因此，面向大众市场的北京温泉企业有必要重新审视自己的定价策略。

表3　消费者对北京温泉度假地的意见和建议

被提及次数	意见/建议归类
29	价格太贵，希望贴近大众消费水平
17	服务不好，质价不相符
14	娱乐活动项目少，希望增加新颖的休闲娱乐项目
11	硬件设施质量有待改善
8	卫生条件令人不满意，尤其是周末人多时。希望加强卫生管理
6	吃的不好，自助餐品种少，缺少清真食品
5	水质与理疗效果不尽如人意，广告宣传与实际不相符
4	应该多介绍温泉知识和使用方法，不要只注重硬件和项目宣传

另一项开放式问题，是填写值得推荐的温泉度假地名称。大部分被调查者给出了回答。推荐面广，既有国内的，也有国外的，数量最多的还是北京的温泉度假村。获得推荐次数高低依次为：九华山庄、温都水城、龙脉温泉、凤山温泉、天龙源，均在昌平区，与该区五大龙头温泉企业完全吻合，显示出强者恒强的态势。

三　总结和建议

通过上述研究，可获得如下结论和建议。

第一，约占半数的北京人平均每年到周边温泉地进行休闲消费，频率是1～2次。从北京的人口规模和收入结构来看，温泉消费的潜力还非常大。

第二，北京居民的温泉消费动机以休闲放松为主，减缓工作和生活压力，放松身心，享受生活成为人们的主要动机。即使是退居次位的社交应酬和其他原因带来的温泉消费，也可以在很大程度上理解为是为了休闲放松的目的。

第三，北京温泉消费的三大细分市场依次为：个人/家庭消费、公务消费、礼品式消费。

第四，人们对北京温泉的“娱乐放松效果”最为满意，其次为“环境氛围”和“康体保健效果”，而对“价格”表示最不满意。北京温泉消费价格普遍偏高，引发消费者对其价格策略的质疑或留下质价不符的印象。

第五，消费者认为北京温泉企业在价格定位、服务质量、休闲娱乐项目、硬件设施，以及卫生条件等方面仍有改进余地。

这些都值得引起业界和行业管理部门的重视。

公共文化服务与文化批评

CULTURE PUBLIC SERVICE AND CRITIQUE

北京市公共文化建设现状调查

黄知才　张旭华*

摘　要： 北京市正在构建国内领先的公共文化服务体系。近几年通过不断加大对基层公共文化建设的投入、实施系列文化惠民活动、举办具有地域特色的文化节会等，扩大了公共文化服务的覆盖范围，提升了文化活动的品牌影响力。但北京市公共文化建设也存在诸多制约因素，如社区文化活动场地缺乏、设备与群众需求错位、基层工作人员数量不足等，鉴于此，我们提出以构建“多方共建”模式为代表的五大政策建议。

关键词： 公共文化服务体系　公共文化满意度　公共文化需求

* 张旭华，道略文化传媒产业研究中心分析师，参与过多项北京市区县的文化研究与规划项目。

近年来，中央高度重视公共文化建设，提出增加投入、转换机制、增强活力、改善服务的要求。北京市围绕构建首都社会主义和谐社会首善之区、建设“人文北京、科技北京、绿色北京”的总体目标，对公共文化建设中的改革、发展、政策以及繁荣程度等方面都提出了新的标准和规范。在新的形势下，北京市与时俱进，创新发展思路，出台了一系列的公共文化政策，在公共文化设施体系、活动体系、品牌建设等方面都取得了显著的成绩。“人文北京”呼唤领先的公共文化服务体系。本文立足现状，从供给、需求两个方面对北京市公共文化建设的现状进行了客观分析，同时也指出了北京市公共文化建设存在的制约因素，提出了未来的发展方向。

一　北京市公共文化建设供给分析

（一）公共文化建设投入不断加大，4 年累计投入 18 亿元

近几年，北京市财政不断增加对基层文化建设的资金投入，完善和提高市公共文化服务系统特别是公共文化四级网络系统的建设。2006 年投入公共文化建设资金 2.22 亿元，2007 年投入 4.37 亿元，2008 年投入 5.1 亿元，2009 年投入 6.32 亿元，四年累计投入资金合计 18.01 亿元（见图 1）。从全国范围来看，北京市的文化建设财政投入规模名列前茅。

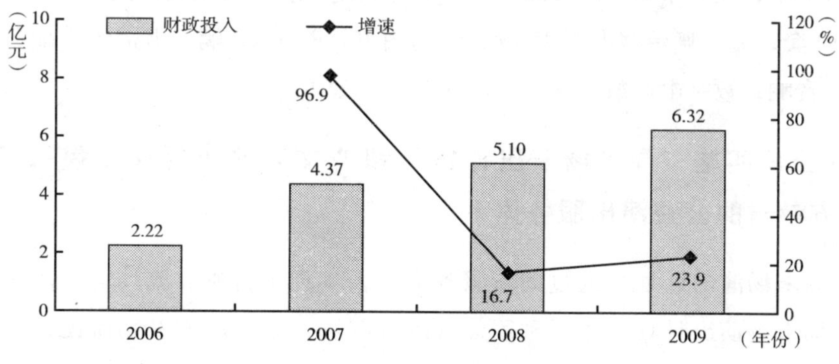

图 1　北京市公共文化建设财政投入

资料来源：北京文化热线网站公开资料。

（二）基层公共文化设施建设成效显著，农村公共文化设施体系完备

1. 实施基层多媒体综合文化中心和信息资源共享工程建设，且已基本实现全覆盖

多媒体综合文化中心建设完成总量的99.4%。乡镇、行政村多媒体建设是以农村综合数字影厅建设为依托，集科普教育、文化信息、书报刊、文艺演出、数字放映于一体，截至2009年底，实际建设完成3859个，并向所有中心提供了设备和建设配套资金。

文化信息资源共享工程实现市、区县、街道乡镇、行政村四级服务网络100%全覆盖。共享工程建设以有线电视广播网络作为主要传输平台，采用“有线入村、无线入户”的新技术模式，结合无线局域网技术，将文化信息资源直接引入农民家庭，拓展其服务途径和范围。目前共享资源总量达到10TB字节，平均每天推送各类资源超过2.5GB，视频直播节目24小时循环播放。

基层公共图书馆服务逐步完善。2009年底，实现全市街道、乡镇图书馆全覆盖，联网图书馆有166家。另外，公共图书馆基层服务网点达到4067个。

2. 为区县和街道社区配备了流动舞台演出车、广场音响等一系列大型文化设备

近年来，北京市向基层投放了大量文化设施设备。其中共向区县级配备广场音响19套，流动舞台演出车21辆，流动图书捐赠车20辆。街道级也配备了大批灯光音响，数字电影放映设备和放映车（见表1）。

（三）实施“周末场演出计划”和“文艺演出星火工程”，形成了多方参与的公益演出服务体系

“周末场演出计划”通过创新服务方式，实现了百姓、剧场、院团多方受益。“周末场演出计划”主要利用郊区闲置剧场，采取政府补贴院团，剧场低价售票的方式，鼓励各类艺术表演团体深入农村进行公益演出。从2006年9月市文化局推出到2009年底，共演出2256场，累计财政拨款5574万元（见图2）。

表 1　近年来基层文化设备投放统计*

投放区域	设备	数量
区　　县	广场音响	19 套
	流动舞台演出车	21 辆
	流动图书捐赠车	20 辆
街　　道	灯光音响	315 套

* 数据来源：《推进首都文化大发展大繁荣访谈》中，北京市文化局公共文化事业发展处处长讲话。

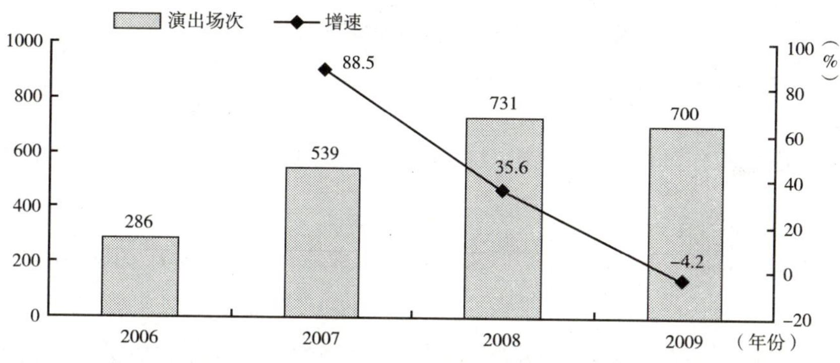

图 2　周末场演出计划演出场次统计

数据来源：《北京市文化局工作报告》。

“文艺演出星火工程”实现了农村演出市场多方参与，多方共赢。“文艺演出星火工程”由市文化局出台补贴政策，引入竞争机制，鼓励国有和民营的各类专业艺术院团到农村演出，并鼓励业余文艺团队开展跨区县的演出交流活动。规定每村每年 4 场演出，其中 3 场为群众业余或民营职业团体，1 场为专业院团。从 2006 年 5 月推出到 2009 年底，共演出 32096 场，累计财政拨款 1 亿 2434 万元（见图 3）。

（四）建立文化志愿者服务体系，扩充了公共文化人才队伍

北京地区集聚了大量的高校、文艺院团以及各种文化服务机构，汇聚了众多艺术人才、文化专家名人。为了整合资源，发挥首都人才优势，充实基层文化人才队伍，2009 年北京市文化局倡导成立了市文化志愿者服务中心。另外，18 个区县文化志愿者服务分中心相继成立，乡镇级文化志愿者服务站首先在密

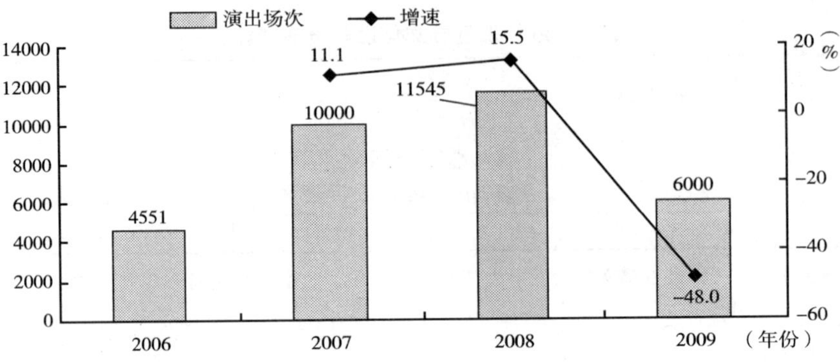

图3 文艺演出星火工程演出场次统计

数据来源：《北京市文化局工作报告》。

云试点，推广工作陆续展开。市，区县，街乡三级文化志愿者服务体系逐步建立。

文化志愿者服务中心主要负责文化方面专业志愿者的招聘、组织和管理等工作。朗诵、导演、主持、形体训练、舞台灯光音响等各方面文艺能人将有更多发挥专长的途径和平台。文化志愿者服务体系的建立有效缓解了基层文化人才不足的现状。

（五）通过引导扶持特色文化节会，形成了一批特色文化活动品牌

文化活动是提供公共文化服务，满足群众文化需求的重要载体。北京市通过引导全社会力量参与，形成了一批具有广泛影响力和地域特色的文化活动品牌。

市级文化活动丰富多彩。目前全市性的文化活动主要有北京国际戏剧舞蹈演出季、北京国际音乐节等。其中，“夏日文化广场”和“五月的鲜花”歌咏活动是北京市基层群众的传统文化盛会，在活动内容、水准、特色、运作等各方面均有所提升。

另外，各区县级文化活动地域特色突出，主题鲜明，品牌影响力逐年提高。如海淀区从2004年起，已连续成功举办六届“海淀文化节”，组织各类演出和展览千余场。2009年，第六届海淀文化节历时28天，先后推出22个项目，300多场活动，参与人数逾50万人次（见表2）。

表 2　北京市和部分区县重要文化活动一览*

区　域	活　　动
市　级	北京国际戏剧舞蹈演出季、北京国际音乐节、夏日文化广场、“五月的鲜花”歌咏活动等
海淀区	海淀文化节、中华世纪坛春节文化庙会、中关村科技庙会、金源新燕莎室内庙会、“百花闹新春”等
朝阳区	流行音乐周、国际风情节、北京民俗文化节、大学生戏剧节等
丰台区	春节庙会、三下乡、团拜会、文化一条街等
宣武区	宣南文化艺术节、宣南文化“四进”活动、庙会等

* 数据来源：北京市文化局及各区县文化委员会网站。

二　北京市公共文化建设满意度和需求分析

（一）居民对文化活动的参与度和满意度较高

近七成群众对文化活动评价较好，文化活动得到了群众的认可。根据道略文化传媒产业研究中心对北京市社区文化阵地建设的调研，在对文化活动满意度的评价中，认为“非常好”的占21.1%，“较好”的占48.8%，“一般”的占26.7%（见图4）。

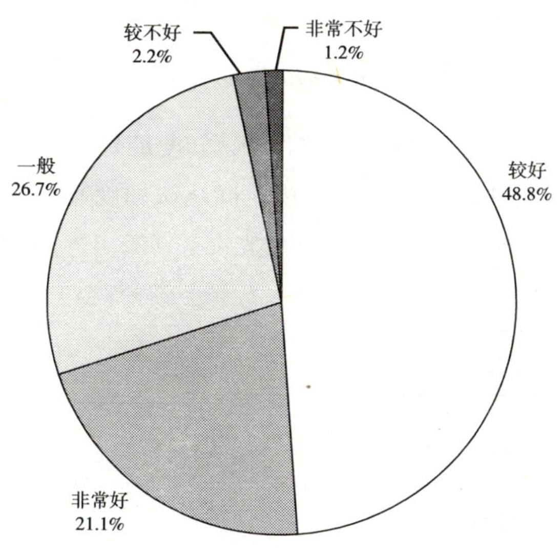

图 4　群众文化活动的总体评价

资料来源：北京市两区县公共文化建设现状调研。

另外，群众的整体参与度较高。根据调研统计，有 58.1% 的群众表示自己经常参加文化活动，而只有 5.2% 的群众表示自己几乎不参与街道或社区等组织的各项活动（见图 5）。

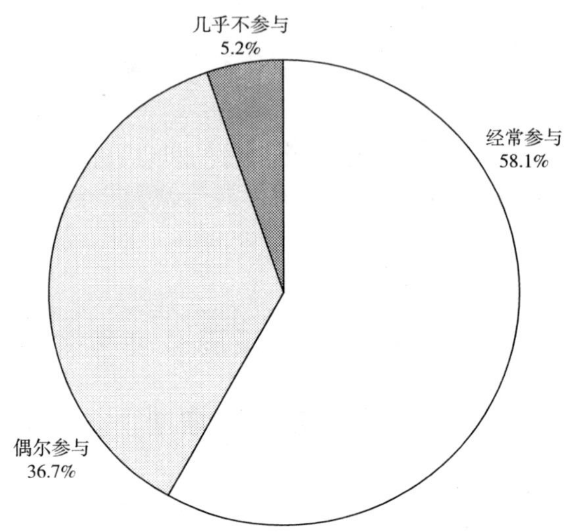

图 5　群众参与文化活动的情况

资料来源：北京市两区县公共文化建设现状调研。

（二）电影设备、音响设备是最受欢迎的文化设备

文化设备中，电影、音响和灯光等设备认知度最高，也最受群众欢迎。据调研，在北京市下发到基层的文化设备中，群众认知度高的有数字电影放映车（25.6%）、广场音响设备（24.1%）和灯光设备（22.6%）（见图 6）。

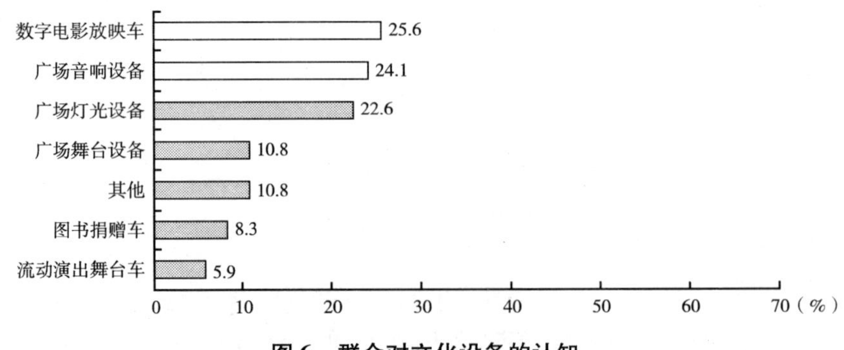

图 6　群众对文化设备的认知

文化设施中，距离群众较近，开放性高的场所使用率最高。根据调研数据统计，群众去的最多的地方是宣传栏（64%），其次是图书室（46%）和文化广场（45%）（见图7）。

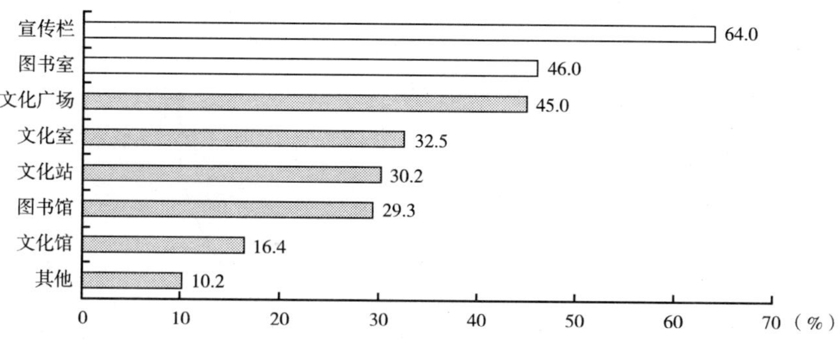

图7　群众所去过的文化场所分布

（三）体育健身和文艺演出等活动类型需求最为强烈

体育健身和文艺演出等类型文化活动群众最喜欢，需求也最为强烈。据调研结果显示，群众希望增加的文化活动主要有：体育健身（67.8%）、文艺演出（61.8%）、电影（52%）、学习培训（51.6%）（见表3）。这几项将成为未来群众文化活动的继续关注点。

表3　群众希望增加的文化活动类型

	频次	百分比(%)		频次	百分比(%)
体育健身	447	67.8	学习培训	340	51.6
文艺演出	407	61.8	展览展示	246	37.3
电　　影	343	52.0	其　　他	22	3.3

（四）文化工作人员态度积极，但培训与需求存在差距

大部分文化工作人员认为自己有兴趣、有信心、有能力做好工作。据对文化工作人员的调研统计显示，对文化工作不喜欢或认为不适合自己的人数比例只有15.60%，绝大多数的工作人员表示自己有信心和能力做好工作（见图8）。

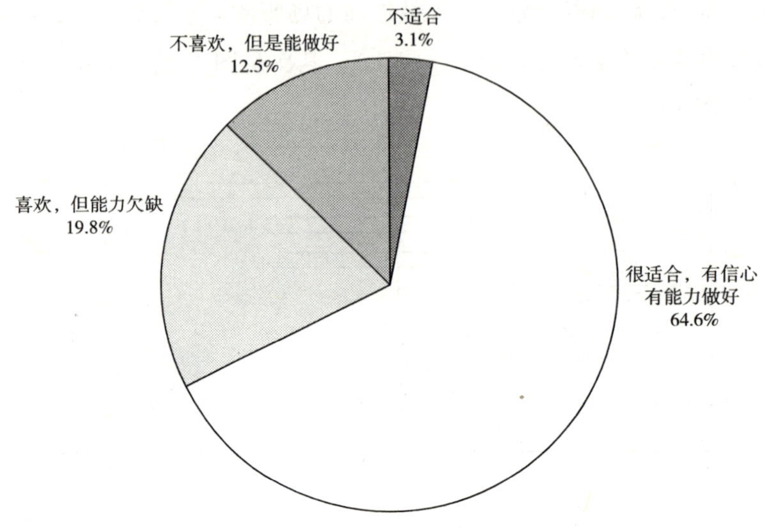

图8　文化工作人员工作自评

另外，工作人员对于培训需求强烈。据调研，在提高工作人员积极性的路径选项中，有66%的基层工作人员希望能够给与更多的培训机会，提高自身的专业知识和工作技能。其次，有64.9%的人希望提高收入（见图9）。

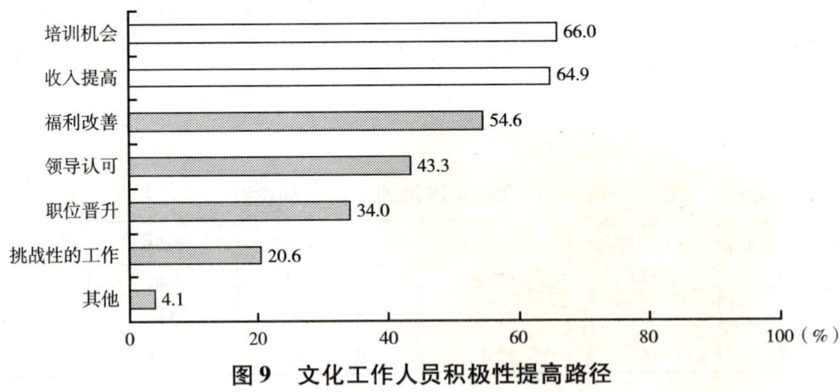

图9　文化工作人员积极性提高路径

三　北京市公共文化建设的制约因素

（一）建设力量单薄使得社区文化建设对政府产生了路径依赖

从目前的社区文化建设的推进力量来看，政府仍然是文化建设中的绝对主导力量，政府直接办文化的色彩比较浓厚。

这种沿袭计划经济的做法会产生三方面的不良影响：一是政府的人、财、物投入过大，管得太“宽”，规划与引导作用没有发挥出来；二是社区文化阵地建设逐渐形成了对政府较严重的路径依赖；三是社会力量的文化参与意识、积极性和参与程度都明显不够，各种社会资源没有得到很好的利用和整合。

（二）社区文化活动场地缺乏制约群众活动开展

文化活动场地是群众文化活动必不可少的硬件条件之一。但是由于规划不完备，或者规划后未严格执行等原因使得现在社区的文化活动场地严重匮乏，活动开展受到制约。

根据北京市某中心城区统计资料显示，仅有14.3%的街道和5.4%的社区拥有独立的文化广场。大部分的社区缺乏专门的室内活动场所，使得居民只能到公园、社区花园等开展文娱活动，有的甚至不得不在马路边、立交桥下等开阔地进行活动。

（三）文化设备与群众需求错位导致设备利用率较低

农村与社区文化设备投放存在较大差异。由于现在的政策主要向农村倾斜，社区受惠程度相对偏低，以至于出现了农村文化设备部分闲置，而社区文化设备缺乏的矛盾现象。

设备的发放与群众需求存在一定程度的错位。文化设备未按需发放造成资源的利用效率不高，下发的设备没有得到有效利用。如流动舞台拆装费时费力，存放运输不便，实用性较差，根据道略文化传媒产业研究中心对市郊某区县15个乡镇的调研，仅有不到一半的乡镇能够正常使用。

（四）专业人才缺乏是群众文化团体面临的最大难题

随着人们欣赏水平的提高，所有团体都希望提高文艺表演的质量，向专业化方向发展。但现在专业人才或专业指导匮乏成为群众文化队伍发展的一大阻碍。据调研，有72.63%的被调研者反映群众文化队伍建设最大的问题是专业人才的缺乏。而多数文艺团体由于培训经费不足，无法请到专业指导老师。

（五）基层工作人员身兼数职无法保证全力投入

基层工作人员不足、身兼数职现象普遍存在，且数职之间的工作内容和工作性质差异很大。如街道文教科工作人员需要负责体育、卫生、科普教育等多方面工作。比较而言，文化工作在数职中分量“轻”，投入较少，基本处于响应状态。

根据道略文化传媒产业研究中心对北京市社区文化阵地的调研，73.7%的工作人员反映身兼数职，文化工作投入有限；44.7%的人认为人员少，工作量大（见图10）。

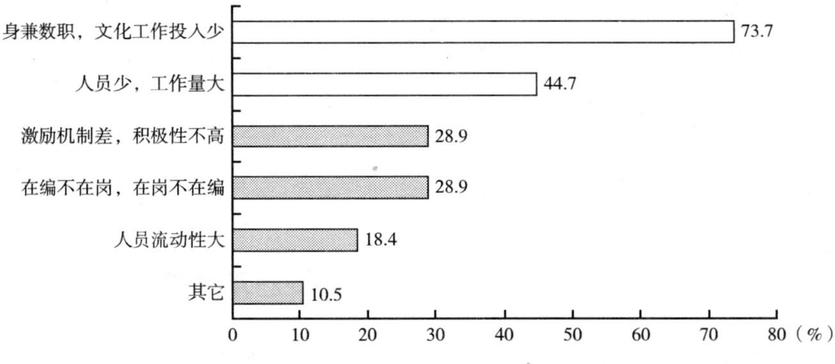

图10　文化工作人员存在的问题统计

资料来源：北京市两区县公共文化建设现状调研。

四　加强北京市公共文化建设的政策建议

（一）实现公共文化从“一方建设”向“多方共建”转变

针对目前公共文化建设基本依赖于政府投入和推动，社会力量参与程度不够的问题，我们建议从资金投入、场地提供、设施管理、活动开展等各方面挖掘社会力量积极参与。通过实现从政府“一方建设”向引导社会力量“多方共建”转变，创新公共文化建设财、物的投入方式，形成政府引导、社会共建、全民共享的文化格局。

（二）通过改扩建、租赁等方式扩大社区文化活动场地

文化活动场地缺乏是社区文化活动开展的主要瓶颈，也是文化事业繁荣发展的最大制约因素。从实际情况来看，通过改建、扩建现有活动场地，以及租赁其它单位部门的闲置场所是最有效的解决措施。另外，加强统筹指导和协调，积极探索建立区域内文化资源的共享机制，推进机关、企事业单位、学校等内部文化设施向社会开放。

（三）根据群众需求有针对性地配备文化设施设备

针对调研中发现的文化设备建设投入与群众需求之间存在的矛盾，我们建议政府应充分调研，了解群众实际需求，提高文化设备投入的针对性和有效性。

第一，组织各地区展开文化设备需求详细调研。充分了解各街道社区实际需求状况，提高文化设备投入的针对性和实用性，改变目前文化设备发放与群众需求错位的状况，满足各地区的多样化需求。

第二，制定和完善文化设备管理办法，加强考核。针对已经下发的广场演出设备、数字电影放映设备、流动演出舞台车、图书捐赠车等和以后可能下发的文化设备制定出具体的管理办法，指导对设备的保管、使用，明确各级机构的责任和义务，实施监督和考核。

（四）吸纳社会力量加强对公益性演出活动的监管

近几年，政府投入巨大财力、物力用于公益性演出活动的补贴，例如在京郊农村推出的“周末场演出计划”和“文艺演出星火工程”，已累计财政投入一亿多元，获得了群众的广泛认可，产生了良好的社会效益。但是，据调研发现，在实施过程中也存在演出时间与群众观看时间错位，演出团体敷衍了事等情况。如何避免此类现象发生，保持和扩大公益性演出活动的影响力是政府必须考虑的问题。

我们建议政府可以委托第三方机构建立和完善公益性演出活动的评估考核体系，对公益性演出活动的实际需求、实施过程和演出效果进行科学评估，不断调整活动的内容和方式，推动各种公益性演出活动的良好开展。

（五）推行“百分之一公共文化艺术计划”，保障公共文化持续投入

针对目前城区公共文化设施规划和建设缺乏有效政策保障，新建社区公共文化设施未能实际落实的问题，我们建议政府推行“百分之一公共文化艺术计划”。即在项目建设投资总额中提取1%以上的资金用于公共文化艺术设施建设。

由政府各相关部门联合建设、规划、园林、艺术等方面的专家共同组建“百分之一公共文化艺术计划”指导委员会，负责公共文化项目的决策和评估，使公共文化艺术设施必须与项目主体工程同步设计、同步施工、同步验收、同步投入使用。纳入“百分之一公共文化艺术计划”的投资项目应包括：所有政府性建设工程、城市主干道临街建设项目、大型工业企业项目（包括产业园区项目）、大型公共建筑、居住小区等。

“人文北京”呼唤更加公平的首都教育现代化

桑锦龙*

摘　要：教育公平是社会公平的重要基础，将促进教育公平作为基本教育政策是“人文北京、科技北京、绿色北京”建设的必然要求。新中国成立60年来北京教育发展取得了巨大的成就，基本完成了教育普及任务，为保障首都教育公平奠定了坚实的基础。为了促进“人文北京、科技北京、绿色北京”建设，当前首都教育必须确立关心每一个学生发展的理念，进一步提高教育普及水平、义务教育均衡化水平、外来务工人员随迁子女接受教育保障水平，完善弱势群体教育资助制度，构建富有活力的终身教育体系，推进更加公平的首都教育现代化。

关键词：首都　公平　教育现代化

在成功举办2008年夏季奥运会和残奥会之后，市委市政府进一步提出了建设“人文北京、科技北京、绿色北京”的要求，并把它作为实践科学发展观、推动首都发展的新思路，从而使以人为本、科技创新、生态文明的要求在首都现代化建设中处于更加突出的位置，这也促使首都教育系统深入思考如何进一步解放思想、深化改革、加快发展。而越来越多的事实说明，将促进教育公平作为基本教育政策，强化政府责任，提高教育公平水平，已经成为建设“人文北京、科技北京、绿色北京”对首都教育提出的新的更高的要求。

---

* 桑锦龙，博士，北京教育科学研究院教育发展研究中心副研究员，主要研究教育社会学、教育发展战略与规划。

一　教育公平："人文北京、科技北京、绿色北京"建设的必然要求

教育公平是中国特色社会主义的本质特征，是新时期实践科学发展观的根本要求。教育不仅是促进人力资本增加、推动经济发展的重要动力，还是改变个人命运、推动社会进步的重要途径。当今世界把教育作为一项基本人权的观念日益深入人心，通过促进教育公平实现社会公平也是许多国家教育改革和发展的共同趋势。特别需要指出的是，教育公平是建设中国特色社会主义现代化的内在要求，也是中国特色教育现代化的主要标志。面对我国教育发展现状，党的"十七大"明确提出"教育是民族振兴的基石，教育公平是社会公平的重要基础"，这不仅对于准确把握首都教育发展现状具有重要的指导意义，也对进一步推进"人文北京、科技北京、绿色北京"建设指明了方向。

（一）重视教育公平是当前世界教育发展的重要趋势之一

以 2008 年 11 月 25 至 28 日在日内瓦举行的国际教育大会第 48 届会议为例，其主题就是"全纳教育：未来之路"。会议在其最终文件中明确指出："全世界的教育系统都面临着如何有效地为所有儿童、青年和成年人提供教育机会的挑战。""无论是发达地区还是发展中地区，都面临着一个共同的挑战，即：如何让所有学习者接受高质量的公平教育。""全纳教育的宗旨是，消除因人们对种族、社会阶级、民族、宗教、性别和能力方面的多样性所持态度和所作反应而引起的社会排斥现象。因此，这一做法的起点是，认为教育是一项基本人权，是建设一个更加公正的社会的基础。从这个意义上讲，它也是用以确保'全民教育'真正做到惠及全民的一个具体手段。"① 我国的相关研究显示，国际社会促进教育公平的基本理念、主要内容以及推进教育公平的政策及其实践对于促进我国教育公平的启示在于：确立以教育公平为教育持续发展的政策价值取向；充分保障义务教育经费投入，提高经费利用效率；深入推进课程与教学改革，建构合理有

---

① 联合国教科文组织国际教育局："全纳教育：未来之路"［M］，巴黎：联合国教育、科学及文化组织，2009。

效的学业评价体系；提高教师专业能力水平，均衡配置师资资源；有计划地发展超常教育，为培养拔尖创新人才奠定基础。①

（二）促进教育公平是首都建设社会主义和谐社会首善之区的客观要求

2006年11月颁布的《中共北京市委关于构建社会主义和谐社会首善之区的意见》明确指出“首都的社会和谐，在国家构建社会主义和谐社会的全局中占有重要位置”。“人文北京、科技北京、绿色北京”建设是首都实践科学发展观的重要载体，其核心就是要把“以人为本”的方针贯彻到城市现代化建设的各个环节中，努力把北京建设成为最具人文关注品质、科技文化高度发达、市民文明素养不断提高的创新型城市和社会主义和谐社会首善之区，实现可持续发展。而这客观上也对首都教育的公平水平提出了新的更高的要求，因为无论在社会主义和谐社会首善之区的构建中、还是在创新型城市的建设中，以及在可持续发展观念和行为方式的养成中，首都的发展离不开社会精英的引领，更不能缺乏具有创新精神、实践能力、学习习惯的社会大众的广泛参与。简言之，构建首都建设社会主义和谐社会首善之区，全面推进“全民学习和终身学习”的学习型社会建设，实现“学有所教”，必然要求首都把促进教育公平作为基本政策。

总之，正如有些研究所言，“教育公平实际已经成为了社会和谐的一个关键内涵，没有教育的公平，和谐社会的建设是不可能的。”② 促进教育公平，保障人民群众公平享有接受良好教育的权利和机会，已经成为新时期首都深入实践科学发展观、建设“人文北京、科技北京、绿色北京”的必然选择。

二　基本完成教育普及任务：首都教育公平取得的历史成就

2009年是中华人民共和国建国60周年的重要历史时刻。回顾新中国建立以

① 北京教育科学研究院课题组：《国际社会促进教育公平的实践及其对我国的启示》，《当代教育与文化》2009年第3期。

② 谢维和等：《中国的教育公平与教育发展（1990～2005）》，教育科学出版社，2008。

来北京教育发展历程，尽管道路曲折，但这60年仍然是北京教育公平水平提升最快的时期，其中最重要的成就之一就是首都基本完成了教育普及任务，为保障首都的教育公平奠定了坚实的基础。

新中国成立以后，通过全面改造旧教育、建立和完善社会主义教育制度，从根本上为保障首都人民群众公平享有受教育权奠定了制度基础。统计资料显示，1948年10月北京市各类幼儿教育机构共15所，共接受托幼儿2403人，全市只有极少数幼儿能接受幼儿教育，但到1978年，全市幼儿入园率已经达到44.7%；[①] 1949年学龄儿童入学率仅为55.95%，但到1978年已经提高到98.98%；1949年小学毕业生的升学率仅为59.43%，但到1978年已经达到102.55%。[②] 建国后首都的高等教育也获得了快速发展，到1965年，北京地区的高等学校达到55所，是1949年的4.2倍，在校生111435人，是1949年的7.35倍。55所高等学校中，只有少数几所是新中国成立前原有学校保留下来的，新建院校占90%以上；重点院校21所，占全国重点院校的32%。[③]

党的十一届三中全会以来，市委市政府根据改革开放的新形势，全面贯彻“教育要面向现代化、面向世界、面向未来”的指导方针，推进改革开放，不断增加教育投入，北京的教育普及水平日益提高，为保障人民群众公平享有受教育机会创造了条件。据统计，到2000年北京市3~6周岁儿童入园率达到87.48%，小学学龄儿童入学率达到99.95%，初中阶段毛入学率达到116.01%，高中阶段毛入学率达到95%，18~22岁人口高等教育毛入学达到40%。[④] 由于这一时期教育事业的快速发展，我市的人口文化素质也显著提升，教育对首都经济、社会和科技发展的贡献日益显著。例如，由于中等教育发展较快及接受大专及以上教育的人口不断增加，到2000年我市人口平均受教育年限（6岁及以上人口）已经达到10年，比1982年的7.8年增加了2.2年。特别是接受高等教育的人口增幅最大，6岁及以上人口中接受过大专及以上教育的人口由1982年的44.9万，

---

① 北京市教育志编纂委员会：《北京市普通教育年鉴1949~1991》，北京出版社，1992。

② 北京市统计局编：《北京50年》，中国统计出版社，1999，第319~320页。

③ 中国教育年鉴编辑部：《中国教育年鉴（地方教育）1949~1984》，湖南教育出版社，1986，第32页。

④ 北京教育科学研究院：《首都教育发展研究报告2000年卷—构建首都现代教育体系》，北京教育出版社，2001，第6~8页。

大幅增加到2000年的228.5万，增长了5倍多。每10万人口中拥有大专及以上教育程度的人口由1982年的4866人上升到2000年的16839人，增长了2.46倍，绝对规模和增长速度都在全国居于首位。①

进入21世纪以来，面对建设创新型国家和创新型城市对教育事业提出的更高的要求，首都教育系统不断推进教育创新，首都市民的受教育机会日益丰富多样。特别是以2003年我市高等教育毛入学率达到52%，② 率先在全国进入高等教育普及化阶段为标志，我市教育普及的任务基本完成。此后，首都教育的普及水平进一步提高，截至2008年底，我市学前三年毛入园率124.0%，0~3岁婴幼儿接受早期教育率90%，小学教育净入学率100%，初中教育毛入学率为112.2%，高中教育毛入学率98%以上，高等教育毛入学率为57%，高考录取率为75%。③

总之，经过建国60年特别是改革开放30年的发展，首都的教育普及水平已经达到了世界先进国家的平均水平，为保障我市的教育公平奠定了坚实的基础。

三　实现公平发展：新时期首都教育发展和改革的重要使命

尽管首都教育公平水平已经有了很大的提高，但是必须认识到与首都建设"人文北京、科技北京、绿色北京"对教育提出的新的更高的要求相比，首都教育的公平水平还有进一步提高的空间，特别是由于较长时期一直处于教育规模的扩张期，因此首都教育机会的迅速增加也掩盖了许多问题和困难，其中就包括一些与教育公平有关的问题。也正是在这种背景下，《中共北京市委关于构建社会主义和谐社会首善之区的意见》明确提出"目前，首都社会总体上是和谐的。但是，也要清醒地看到，在新的发展阶段，经济体制深刻变革，社会结构深刻变动，利益格局深刻调整，思想观念深刻变化，首都的发展进步既显示出蓬勃生机和巨大活力，也

---

① 北京市第五次人口普查办公室、北京市统计局：《世纪之交的北京人口》，2002，第29~31页；北京市统计局、国家统计局北京调查总队编：《数说北京改革开放30年》，中国统计出版社，2008，第125页。

② 北京市教育委员会：《"十五"期间（2001~2005学年）北京市教育事业统计资料（内部资料）》，2006。

③ 北京市教育委员会发展规划处：《首都教育发展概况（1949~2009）》，2009年4月。

存在着一些影响社会和谐的矛盾和问题”，其中“社会管理体制和公共服务体系不够完善，就业、社会保障、教育、医疗、住房、收入分配、交通拥堵、安全生产、社会治安等关系群众切身利益的问题还没有完全解决”，就是首都现代化建设中面临的突出问题之一。这就要求首都从战略高度重视教育公平问题，在实现首都教育公平发展上迈出新的步伐。

（一）让关心每一个学生发展的理念成为教育界的普遍共识和制度保障

联合国教科文组织发布的《全民教育：提高质量势在必行——2005 年全民教育全球监测报告》指出：“正在致力于保障所有儿童受教育权利的众多国家，因偏重教育机会而忽视了质量问题。但质量是全民教育的核心所在，它决定了学生能够学到多少知识和能否学好知识，还决定了各国的教育努力能在多大程度上实现个人、社会和发展的一系列目标”。[①] 尽管目前世界各国对于教育质量的定义不尽相同，但是关注每一个学生的发展，“不让一个学生掉队”，[②] 致力于让每一个学生获得终身发展的能力，却是世界各国提高教育质量的共同着力点。但是，面对普及程度日益提高的新形势，首都教育教学实践中的许多陈旧的观念，仍然与上述世界教育发展趋势相悖。在一些学校，只重视少数学科学习成绩好和升学有望的学生，忽视绝大多数学生的现象普遍存在，同时也存在忽视甚至压抑优秀人才出现的不良倾向。当然，与此相关的体制性问题，包括在教育评估中重结果（升学率）、轻过程（教育质量监控），在资源配置上重视名校、忽视普通学校的现象也在一定程度上存在，显然这对进一步促进首都教育公平发展是不利的，也是新的历史时期首都教育发展必须做出改变的重要方面。

（二）进一步提高学前教育的普及水平

尽管首都教育普及任务基本完成，但仍然面临着进一步提高教育普及水平的任务，特别是伴随着人民生活水平的提高，如何尽快满足他们日益增长的对学前

---

① 联合国教科文组织：《全民教育：提高质量势在必行——2005 年全民教育全球监测报告》，中国对外翻译出版公司，2005。

② 2002 年美国政府公布了一项教育法案《不让一个孩子掉队法案》，其目的就在于通过建立中小学教育责任制等手段，提高教育质量，推进教育公平。

教育的需求，已经成为当前首都教育发展迫切需要解决的问题之一。目前，首都学前教育发展存在的问题主要是，对于政府在学前教育发展中的责任认识和规定并不明晰；政府部门特别是教育行政部门兴办的高质量幼儿园较少，难以满足市民日益增长的需求，民办幼儿园较多，其中部分幼儿园质量不高和收费不规范的问题比较突出；城乡学前教育发展差距较大；外来人口子女比重大，但入托率极低，因而低收入家庭子女接受优质幼儿园教育的难度大。这就要求进一步明晰学前教育的性质以及各级政府发展学前教育的责任，采取多种措施提升政府对学前教育的保障能力和调控能力，公平配置学前教育资源，充分满足适龄幼儿的入园需求，以此保障"教育开端"或"教育起点"的公平。特别需要指出的是，面对全球经济危机对各国财政支出带来的压力，以及部分国家和地区出现的企图消减学前教育支出的迹象，经济合作与发展组织在其2009年9月发布的30个国家儿童福利状况报告《为儿童做得更多》中，明确提出了警告："任何试图节约对儿童教育及健康支出的短视行为将会为社会带来更加沉重的长期成本"。①

（三）进一步提高义务教育均衡化水平

自"八五"期间北京在全国率先普及义务教育以来，以缩小城乡、区域、校际办学条件为主要内容的"均衡化"，一直是首都义务教育发展的主题。经过多年的努力，这一进程已经取得了明显的成效。以监测办学条件最重要的指标教师学历合格率为例，在2005～2007年间，我市各区县差距较小，其中小学教师学历合格率区域差距小于初中。具体而言，我市各区县的小学教师学历合格率普遍达到99%以上，初中教师学历合格率普遍在98%以上，只有崇文区、石景山区在此水平以下，但即便是石景山区，在2007年其小学、初中教师学历合格率也分别达到89%和86.2%，与其他区县的差距并不明显。② 但是，从适应城市发展新格局和满足人民群众日益提高的优质教育需求出发，特别是针对引起各方关注的"择校"问题和"乱收费"问题来看，未来首都还必须采取新的措施，进一步推进义务教育均衡化向纵深发展，包括尽快形成与城市空间结构、人口分布相协调的义务教育学校布局，加快推进办学条件标准化建设，尽快建立区县教育资源统筹

---

① 经济合作与发展组织，http：//www.oecdbookshop.org/oecd/display.asp？SF1 = identifiers&ST1 = 5KZ7XQBQQV5D&CID = &LANG = en。

② 北京市教育委员会：《北京教育年鉴》（2008、2007、2006），北京：开明出版社。

调控机制、城乡义务教育一体化机制，以及义务教育质量监控、评价和督导体系建设等。只有这样，才能实现以教育质量均衡为主要内容的更高层次的“均衡化”。

（四）进一步提高保障外来务工人员随迁子女接受教育的能力

世界银行发布的2007年世界发展报告指出，目前发展中国家12～24岁青少年的人数达历史最多，投资改善他们的教育、医疗和职业培训，可以产生促进经济高速增长和大幅度减少贫困的效果。其中，有助于加强对青年投资的三项战略性政策包括：扩大机会；提高能力；对由于困境或选择不当而落后的青年，给他们提供第二次机会。针对中国等国家和地区出现的流动人口，该报告认为“地域间的流动可以拓展青年人的机遇”，并提出要“增加机会，减少移民风险”，具体政策包括：制定政策承认从农村流入城市的移民的权利，给予他们与城市居民一样的享受社会服务的机会，为他们提供全方位的社会保险和保障权益；扩大对弱势群体的社会保障计划；积极扩大移民的机会。① 无论从理论上还是从世界各国的具体实践来看，承认流动人口子女在流入地接受教育是不可阻挡的历史潮流。

北京总人口已近1700万，土地资源有限，自然资源严重匮乏，政治、文化、国际交往功能又高度集中。对于这样一个超大型城市，尤其需要处理好环境、人口与可持续发展之间关系，以及近十年来日益增多的外来务工人员随迁子女接受教育的问题。2002年至2008年，北京先后出台了9项解决外来务工人员随迁子女接受义务教育问题的政策规章，基本确立了以公办学校为主的体制，自2003年起市级财政投入已经超过4亿元。2008年，还对经审批合格的自办学校给予学杂费补助，在解决外来务工人员随迁子女教育问题上做出了巨大的努力。但是由于外来务工人员随迁子女的规模呈上升趋势，并且部分人员的需求已开始从义务教育阶段向高中阶段延伸，因此，对北京市特别是外来务工人员居住比较集中的区县的公共教育服务体系，带来了日益增加的压力。据统计，截至2007年底，全市共有外来流动人口适龄子女数量为40.5万人，其中26.6万人在公办中小学就读，约占总数的65%。目前，北京市获得批准的专门接受流动人口的自办学校为63所。②

---

① 世界银行：《2007年世界发展报告·发展与下一代》，北京：清华大学出版社，2007。

② 北京市教育委员会：《北京教育年鉴（2008）》北京：开明出版社，2008。

如何进一步提高保障外来务工人员随迁子女接受教育的能力，建立外来务工人员随迁子女接受教育的长效机制，成为实现首都教育公平发展无法回避的重大课题。

（五）进一步完善弱势群体教育资助制度

近年来，北京市在建立健全弱势群体教育资助制度方面取得了长足的进步，基本上形成了奖（学金）、免（费）、勤（工俭学）、助（学金）、贷（款）等多种形式的家庭经济困难学生资助制度，相关政策的覆盖范围和力度不断增大。以2008年为例，先后实施了对高校家庭经济特困生给予饮用水、洗澡和电话费三项补贴，补贴金额达1500万元，对城近郊区公办学校义务教育段的39.9万名学生免收杂费，并为其中的4.2万名农村户籍学生免费提供教科书，减免金额达8700万元，[①] 有效减轻了农村和城市贫困家庭的负担。同时，针对残障人士的特殊教育也快速发展，整体水平不断提高。目前，以随班就读为主体、特教学校为骨干、送教上门等多种教育形式为补充的完整特殊教育体系已经形成。全市共有特教学校24所，其中，高等特教学校1所，基础教育阶段特教学校23所，在校生3704名；另有5644名残疾学生在1109所普通中小学随班就读，特殊教育的入学率始终保持在全国领先水平。2009年11月4日，北京市召开的第四次特殊教育工作会议，对于进一步加快首都特殊教育事业的发展做出了部署。[②] 但是与世界先进水平和现实的需求相比，我市对弱势群体的教育资助制度还有进一步改进的空间，包括如何提高资助制度的覆盖范围和力度，如何丰富资助形式，以及如何提高资助制度本身的公正性和有效性。

（六）构建富有活力的终身教育体系，为不拘一格出人才创造条件

教育公平的理念和实践，主要处理教育与社会的关系问题，具体表现为对教育领域中各种不平等现象的识别和相应的平等诉求，例如学校资源分配问题，入学机会不平等问题，其目的是实现"有教无类"。但教育作为一项育人的事业，所追求的是"因材施教"的至高境界，目的是促进受教育者生动活泼、积极主动、富有个性的发展。因此，能否处理好"有教无类"和"因材施教"的关系，

---

① 北京市教育委员会：《北京教育年鉴（2008）》北京：开明出版社，2008。

② 北京职成教网，http：//www.bjtvet.gov.cn/article.asp？ID＝839。

也是考验教育体系活力的重要指标。正是因为教育资源稀缺、教育结构单一、教育体系封闭、教育体制僵化，许多国家和地区的教育不公平才显得更加突出，优秀人才特别是创新人才很难大规模涌现。当前，国际社会倡导的终身教育理念，以及希望建立一种“事事都可以成为学习和发挥才能的机会”的“学习型社会”的创新实践，为理解教育公平提供了更广阔的参照系。在这种“学习型社会”中，教育和学习不仅是谋求个人幸福的手段，也是促进社会进步的主要途径。这种理念还强调把生活本身看作持续不断地学习以促进个人主观能动发展的实践过程。①

以“终身教育”理念为核心加快国民教育体系的改造，加快终身教育体系的建设，促进“人人皆学、处处可学、时时能学”的“学习型社会”的形成，已经成为当前世界各国促进人的全面发展、实现教育公平的制度选择。党的“十七大”报告将我国教育发展的总体目标概括为“学有所教”，强调要建设“全民学习、终身学习”的学习型社会，准确反映了当前世界教育的发展趋势和我国社会的现实需要，对于首都教育发展也具有重要的指导意义。北京市颁布的《关于大力推进首都学习型城市建设的决定》（2007）提出：到2010年，北京初步建成学习之都。② 但是实事求是地讲，目前首都各级各类教育之间的衔接沟通不够，终身学习网络和服务平台还不发达，教育及学校的封闭性还很突出，离建设学习之都的目标还有相当长的距离。

需要指出的是，目前存在的教育不公平的问题还不止上述方面。2009年11月北京大学公布，该校2010年自主招生将在部分省市试行“中学校长实名推荐制”。此举引起的争议说明，③ 在当前的社会背景下，公众对于整个教育系统能否公平运行，存在不信任感。这与人们对于教育公平的更高要求有关，④ 另一方

---

① 联合国教科文组织总部中文科：《教育——财富蕴藏其中》，教育科学出版社，1996。

② 北京市教育委员会：《北京教育年鉴（2008）》，开明出版社，2008。

③ 新华网，http://www.hb.xinhuanet.com/jdwt/2009-11/13/content_18225699.htm。

④ 有关研究显示，教育公平是一个历史和相对的概念，它既具有客观性也具有主观性，不同的历史阶段它的内涵是不同的，即便是同一历史时期不同价值观念和利益诉求的社会群体对于教育公平的认识也不尽相同。同时，有关1990～2005年我国的教育公平与教育发展的相关研究显示，教育的发展并不能够简单或者直接地带来教育公平的提高，在教育发展的影响下，教育公平本身的结构和内在张力，已经越来越成为现代社会教育公平发展变化的十分重要的内在原因。谢维和等：《中国的教育公平与教育发展（1990～2005）》，教育科学出版社，2008。

面也说明，在强调“教育公平是社会公平的重要基础”的同时，也必须认识到“社会公平也是教育公平的基础”。

当前，我国正在加快推进从教育大国向教育强国的迈进，从人力资源大国向人力资源强国的迈进。把促进教育公平作为国家基本教育政策，以发展促进公平，以制度建设公平，以规范管理维护公平，[①] 成为我国教育改革和发展的主要特征之一。在这样一个重要的历史时期，首都教育既有推动社会公平发展的责任，也有进一步提高自身公平程度的需要，必须紧紧抓住“人文北京、科技北京、绿色北京”建设的总体需求，努力把首都教育的公平水平推向一个新的高度，使首都教育现代化建立在更加坚实的伦理基础之上。

① 中央教育科学研究所调研组：《学有所教——为制定〈国家中长期教育改革和发展规划纲要〉提供的六十条建议》，《教育研究》2009 年 3 期。

文物古迹保护与“人文北京”城市风貌构建

孙 玲*

摘 要： 文物构成了北京独具特色的城市文化。在文物古迹“点”的保护方面，北京市政府逐年加大投资力度。为了留住北京古都风貌，各区县正在积极探索文物的“线”和“面”的保护经验。由于胡同、四合院及构成北京城市风貌的普通民居逐渐减少，实现“人文北京”的目标受到较大影响。各级政府应该用可持续发展的眼光看待胡同、四合院的保护问题，发动民间资本参与历史街区的保护工作，利用社会力量有效地保护城市文化发展的脉络。

关键词： 街区保护 城市精神 文化记忆

继2008奥运年之后，2009年北京市政府继续以“绿色、科技、人文”的三大理念建设北京，并将“人文北京”调整为三大理念之首。

北京是中国五千年封建王朝最后五朝的所在地，皇家最高等级的文物建筑大部分集中在北京：被列为世界文化遗产的有现存世界上最大、最完整的古建筑群故宫；集中国园林建筑艺术之大成的杰作颐和园；被誉为世界建筑史上瑰宝的天坛；世界上保存最完整的皇帝墓葬群十三陵；世界最伟大建筑工程之一万里长城。这些都已经成为了北京的文化名片。除此之外，北京还有气势恢宏庄严肃穆的坛庙，大气磅礴景色秀丽的古代园林，玲珑多姿建筑精巧的王府宅园，巍峨挺

---

* 孙玲，北京市文物保护协会秘书长，研究员。主要从事文物保护政策、法规的研究。曾主持制定《北京市博物馆条例》、《北京市长城保护管理办法》，参与《中华人民共和国文物保护法》、《中华人民共和国长城保护条例》的起草工作。

拔工艺精湛的城楼、箭楼、宫城角楼，形式多样的古塔，婀娜多姿的亭、台、阁、榭。有与中国历史、文化发展息息相关的名人故居、会馆、戏楼等，记录着中国历史变迁的各种近现代建筑。这些文物构成了北京独具特色的城市文化。

“人文北京”建设离不开北京独特的城市文化景观。北京市政府近年来采取了一系列措施，在保护好各级各类“文物保护单位”的前提下，继续关注北京城历史文化保护区，对于最大限度地维持北京古都的历史风貌，留住北京城市的文化记忆，保护北京的城市精神，起到了积极的作用。

一　卓有成效的新思路：文物保护从“点”扩展为“线”和“面”

国务院批复的《北京城市总体规划（2004～2020年）》中明确规定：北京是世界著名古都和历史文化名城。应充分认识保护历史文化名城的重大历史意义和世界意义。重点保护北京市域范围内各个历史时期珍贵的文物古迹、优秀近现代建筑物、历史文化保护区、旧城整体和传统风貌特色、风景名胜及其环境，继承和发扬优秀历史文化传统。[①] 为了落实北京城市总体规划，进入21世纪以来，北京市政府以每年一亿多元的资金投入，对北京的历史文物古迹进行了抢救性的修缮。2009年，北京地区涛贝勒府、广济寺、湖南会馆、隆安寺、太庙、明十三陵茂陵、大公主府、通州起义指挥部旧址、青龙峡长城段、圣新中学、颐和园谐趣园、司马台长城西5敌楼－西10敌楼、宛平城、北京印钞有限公司、国民政府财政部印刷局旧址、北京法源寺东路、圆明园长春园宫门区遗址等一批文物古迹的修缮工程已经开工，还有一批文物古迹修缮工程正在开展招投标，不日也将开始修缮。[②] 近年来，北京市已修缮了一百多处文物古迹，这些文物古迹成为北京城的文化标识，与北京的特色城市文化一起，支撑着作为北京文化创意产业的支柱产业之一的北京旅游业。

不过，随着城市改造的提速，北京城发生了很大的变化。人们徜徉在北京的文物古迹中，一方面为文物古迹巧夺天工的技艺、博大深邃的文化内涵所震撼，

① 《北京城市总体规划（2004～2020年）》（2005）第七章《历史文化名城保护》。

② 见《北京文博网》。

一方面又因寻找不到这座文化古城古朴、厚重的原始城市风貌而遗憾。特别是一些国外游客，他们带着对东方古老城市的探寻来到北京，看到的却是新兴的城市和点缀其中的文物古迹，找不到历史书籍记载的北京城的影子。为了保护北京古都风貌，近年来，北京市政府及各区县政府在做好文物古迹“点”的保护的同时，积极探索做好文物“线”和“面”的保护工作。北京市政府制定了相关的规章，要求严格保护已公布的40片历史文化保护区的街区风貌，在这些区域内采取有机更新，微循环改造方式，不允许成片拆除原有的建筑，道路拓宽工程也受到严格限制，街区内的新建筑要与老建筑的原有风格保持一致。北京市政府划定的40片历史文化保护街区，有的是皇城文化保护区，包含历史上故宫的外八庙及衙署，如南长街、北长街、南池子、北池子、景山东街、景山西街、景山后街；有的是保持明清时期格局的平房区，如东城区的锣鼓巷、西城区的西四北头条到八条；有的是明、清时期老字号商铺和娱乐场所集中区，如前门大栅栏、地安门大街；有的是清末民初外国使馆的集中区，如东交民巷；有的是明、清时期王府集中的地区，如什刹海地区。这些列为历史文化保护区的街区是老北京城市文化的代表，透过这些区域，人们还可以感受到北京城的传统风貌和文化特点。为了更好地保护北京的城市文化特色，进入21世纪以来，市政府开展了“两线一街一区”的保护工程。“两线”即“中轴线”和“朝阜线”；“一街”即“国子监街”；“一区”即“什刹海地区。”

北京城的中轴线是北京古城规划的神来之笔，它南起永定门城楼，北至钟楼，全长7.8公里，贯穿轴线上的古建筑有：永定门、正阳门箭楼、正阳门城楼、天安门、故宫、景山、地安门（已拆除）、后门桥、鼓楼、钟楼。轴线两旁有多组大型古建筑群，这些古建筑左右对称，开阖有序，收放有致，使中轴线成为北京古城的脊梁。尽管北京城市改造使故宫的保护范围内出现的超规划高度的建筑对中轴线的景观产生了一定的影响，但北京市政府仍然做了最大的努力保护中轴线，及时将中轴线上的文物古迹永定门、天安门、普渡寺、火神庙、后门桥、钟鼓楼等文物建筑进行全面修缮，使全长7.8公里的中轴线更为宏伟壮观，沿线上曾被拆除的古建筑有的已经复建，曾被占用的文物古迹经腾退、修缮后大部分也开辟为群众参观游览场所。朝阜路是横贯北京东西的一条文物景观线，它西起阜成门，东至东岳庙，沿线有白塔寺、历代帝王庙、广济寺、故宫、景山、北海、中南海、宣仁庙、北大红楼、孚王府、东岳庙等重点文物古迹，这条线上原有许多文物建筑被占用，有的因历史原因保存状态极其恶劣。在市人大、市政协的呼吁下，市政府做了大量工作，搬迁了许多单位，终于使得白塔寺山门露了出来，历代帝王庙、北大红楼、东岳庙等经全面修缮开辟为新的文物景点。为了保持这一线的历史风貌，政府对道路改造持慎重态度，基本保持了原有的道路格局。“两线”南北、东西呈十字交叉状，城市传统风格和文化精神得以留存，北京城历史悠久的特色得到彰显。国子监街是市政府划定的40片历史文化保护区之一，这条街原汁原味地保留着历史风貌。整修完毕的国子监、孔庙壮丽辉煌，街道上巍峨高耸的牌楼，掩映在挺拔的参天古树下，整个街区蕴含着“国学”文化的氛围。什刹海地区在历史上是皇亲国戚聚居的区域，有恭王府、醇王府、庆王府、涛贝勒府，新中国的一些领导人、文化大师、艺术大师也居住于此，如宋庆龄、郭沫若、梅兰芳等。这个地区没有进行大规模的旧城改造工程，胡同街道基本保持了原有格局。胡同游活动促使这个区域保留了许多老北京原生态的生活环境。目前，该地区已成为远近闻名的北京胡同文化载体。

为了彰显北京的城市文化的特色，近年来，各区县政府根据本区的实际情况也策划了一批新的文物古迹“线”、“面”保护项目。如东城区确立了东皇城根遗址区，拆除了遗址上原有的摊棚，复建了一段皇城墙，并沿着遗址建成一条街心花园，街心花园的两侧基本保留了传统的街巷与民居。这条街道与繁华热闹的王府井商业区只有一街之隔，但动、静相间，展示了老北京城不同的文化与氛围。西城区的传统街区工程改造项目，把平安大街以北地区的街巷胡同按传统风貌统一进行了改造，西四北的平房保护区保留了原来的街巷布局和传统的民居风格，新街口大街商业区域内的店铺按照北京传统街市的韵味进行改造，与什刹海地区逐步连接起来，形成老北京城胡同文化集中展示区。崇文区完成了东南城墙遗址保护工程，北京仅存的内城城垣现形，前门大街改造工程恢复了清末民初时期北京商业区的风貌。

大运河是我国独特的大型线型文化遗产。作为京杭大运河的北端城市和漕运终点，北京古都的形成、发展与大运河息息相关。从2007年起，北京市全力展开了京杭大运河的调查工作。京杭大运河北京段涉及通州区、朝阳区、东城区、西城区、昌平区、大兴区，通过对大运河的保护，可以将北京传统城市文化、乡村文化、山水文化加以整合。现已查明，运河北京段的相关文化遗产有35处，其中包括河道6处，为运河提供水源的湖泊2处，泉2处，闸等水利工程7处，桥梁5处，码头2处，仓储及古代运河管理机构3处，与运河相关的古建筑、古遗址及石刻11处。这些重要文化资源已陆续公布为各级文物保护单位，有的进行了修缮和保护。① 2009年，北京段大运河的保护规划编制工作启动。通州区政府全力打造运河文化活动，并取得了较好的社会效益和经济效益。

二　留住城市风貌的主要难题：胡同、四合院和故居锐减

“人文北京”内涵十分丰富，包括各种文化现象，这些文化现象只有依托在有形的物质实体上，才能保存下来，传承下去。比如依托在故宫的宫廷文化、依托在王府的王府文化，依托在会馆戏楼的梨园文化等。除了这些文物古迹外，胡同、四合院是北京城市传统文化的最后记忆，也是“人文北京”的重要组成部分。平民文化和曾为一些名人居住现已成为普通民居或大杂院的故居文化，正随着胡同、四合院的拆除逐渐消失。因此，在关注文物古迹保护的同时，人们对胡同、四合院的关注度也越来越高。城市改造拆迁中有关平房、四合院的报道不仅成为社会关注的焦点，也是一个十分敏感的社会问题。人们对这类有文化价值的普通建筑的保护现状十分担忧，在这些建筑遭遇拆迁时，不得不借助媒体和社会舆论的力量来达到保护的目的。这充分说明，北京城市居民对逐渐消失的城市精神和城市文化记忆是十分眷恋的。广大群众希望北京在城市改造中不要把延续千年的历史记忆割断。

进入2000年以后，北京的胡同、四合院越来越少，为了守住这个阵地，民众自发组织起来通过社会监督、媒体呼吁、行政诉讼等多种方式制止开发商拆迁文物保护单位、胡同、四合院。

2001年东城区金宝街进行房地产开发，开发商计划拆除东城区区级文物保护单位蔡元培故居，一些研究近、现代历史的人士提出了质疑，境外媒体就此问题作了长篇报道，对北京的文物保护工作提出疑问和批评，迫使开发商放弃拆除计划，把蔡元培故居保留在新建大厦内。

2006年宣武区建委对宣武区师大附中周边进行环境整治工程，将前门西河

① 见《北京文博网》。

沿街222号院列入拆迁院落。这座百年老院与历史事件、历史名人有许许多多的联系：八国联军的统帅曾在这里住过；清末名妓赛金花在这里面晤瓦德西；著名科学家蒋筑英也在这里生活过。在此居住的居民认为这个院落有说不完的故事，反对拆迁。虽然建设单位办有齐全的准予拆迁的手续，但居民们坚持以法律手段提起行政诉讼，经过近两年的诉讼程序，2008年北京市第一中级人民法院对这起案件做出终审判决：判宣武区建委核发的房屋拆迁许可证中，涉及前门西河沿街222号院的拆迁许可内容无效。这场民告官的行政诉讼最终以百姓胜诉而结束。

2007年5月，中保嘉业开发公司准备对北京市政府列入历史文化保护区之一的北京东四八条胡同进行房地产开发，当地一些居民向北京市东城区政府提出了行政复议，反对开发商成片拆除历史文化保护街区的老房屋建豪华高档住宅，最后在强大的社会舆论下，开发商被迫修改了建设计划。

2009年因建弘通科技大楼，开发商准备拆除位于北总布胡同的24号院。这座普通的民宅曾是建筑大师梁思成、林徽因和金岳霖居住多年的院落。该院落要拆迁的消息一经媒体报道，立即引起了社会极大的关注。北京文化遗产保护中心在互联网上撰文指出：梁思成、林徽因先生在北总布胡同24号院落生活的6年多时光里，发现了河北赵县的隋代赵州桥、山西应县的辽代佛宫寺木塔、山西五台的佛光寺等，这些都是足以让中国人永远自豪的艺术极品。此外，两位先生还在1943年写出了中国建筑史，又分别在抗日战争时期和解放战争时期向军方提交了炮火应当避让的中国文化遗产保存名录。两位先生在解放战争时期提交的中国文化遗产保存名录，也是中国公布第一批全国重点文物保护单位的主要依据。毫无疑问，两位先生这6年多的生活时光是中国文化史上的华彩篇章，北总布胡同24号院落的故居应该成为两位先生的纪念圣地。保护好这个纪念圣地，对百姓而言是良心驱使，对政府而言则是责任和义务。① 冯骥才也发表署名文章说：“创造了一个城市的是一代代人。而每一代人都有它的精英与代表。他们是这个城市或地域的灵魂，故居正是这种城市灵魂的象征与确凿存在。它是一个城市或地域十分重要的精神遗产。”他指出：“北京作为我国的政治首都和文化古都，历史文化积淀深厚，各种重要的文化遗存包括名人故居藏龙卧虎，深在市廛之中。由于我们还没有从传统的文物观转化为现代的遗产观，所以对建筑类的遗存

① 见《北京文化遗产保护中心互联网》。

依然侧重物质性，忽视精神性；故居属于民居，向来没有清晰的认定标准，因之使近30年大规模城改中，许多重要而珍贵的名人故居灰飞烟灭，消逝殆尽。这也是城市历史文化的分量日渐稀薄的原因之一。”①

以上几个案例充分说明，社会关注与城市记忆有密切关联的建筑。这些普通建筑大部分没有列入各级文物保护单位名单，但它们可能与“人文北京”有密不可分的联系。如何对待这些建筑，政府应尽快确定出原则。否则，今后还要陆续拆除胡同、四合院，即使个别建筑由于媒体的报道，开发商迫于社会压力保留下来了，但周围的环境完全改观，一处普通的宅院孤立地留在拔地而起的楼群中，形同盆景，与环境不协调，也无法充分展示潜在历史价值、文化价值。

站在建设“人文北京”的制高点上，现在只强调保护传统意义上的文物已经不够了，还要保护与城市发展有密切联系的“文化遗产”。《中华人民共和国文物保护法》规定：“在中华人民共和国境内，下列文物受国家保护：（一）具有历史、艺术、科学价值的古文化遗址、古墓葬、古建筑、石窟寺和石刻、壁画；（二）与重大历史事件、革命运动或者著名人物有关的以及具有重要纪念意义、教育意义或者史料价值的近代现代重要史迹、实物、代表性建筑”。按照文物的标准，许多展示平民文化、故居文化的宅院都达不到标准，但它们又确实是北京城市发展不应消失的重要组成部分。这就给北京市政府部门提出了一个新的问题。现在，这类的建筑出现问题时，大都采取紧急处理的方式。这种解决问题的方法成本太高，对文化遗产保护和城市改造都不利。体现“人文北京”内涵的这类建筑，往往是在拆除过程中被紧急叫停的，即使保下来也已是断壁残垣，文化内涵损失严重。建筑企业在施工中突然被迫停工、修改原设计方案会造成极大的资金损失，这也是一些建筑企业对保护历史遗迹问题持极端对立态度的一个原因。

北京2009年又有数条地铁开工，其中地铁6号线穿越城区。在2009年5月拆迁公告中，被列为北京历史文化保护区之一的南锣鼓巷将有30个院落被拆除。平安大街沿街数百米距离内复建的传统建筑群被拆除。另外，西长安街扩展马路，六部口一带的胡同、四合院被拆除。西城区建设三十五中新校园，鲁迅曾居住过的八道湾胡同也在拆迁之列。这些工程项目都是政府重点工程项目，都涉及

---

① 冯骥才：《故居的本质是精神性》，2009年8月8日C1版《北京青年报》。

到拆除胡同和四合院的问题。城市建设与历史文化名城保护间的矛盾该如何解决？是值得全社会认真考量的现实问题。

北京胡同、四合院是物化的北京传统文化的重要组成部分。但是，只有物质没有精神，这些传统建筑依然没有生命力。依附四合院建筑本身的传统生活文化是“活化石”、“活古迹”，离开了这些，四合院就只能是一个空壳。应该鼓励北京人留在胡同里，留在四合院里。游客来到北京看四合院，不应该仅仅看四合院建筑，还应该看四合院里的人，看他们的生活习俗。胡同、四合院是延续北京城市记忆的纽带。随着胡同、四合院的减少，北京的市民逐渐离开了原有的生活环境，大批外来人口成为胡同、四合院的新主人，特别是北京的一些历史文化保护区，成为金领人士、外国投资者的进军目标。如果历史文化保护区和平房区完全没有了原住民，对“人文北京”建设来说，也是个问题，需要引起重视。

三　落实“人文北京”建设目标的几点建议

（一）用可持续发展的眼光对待保护胡同、四合院的问题

历史遗留下来的胡同、四合院，从表面看，道路窄、房屋旧、人口密度大，市政设施不建全，与新北京发展速度不匹配。但实际上，它们与北京城市的发展有着不可割断的联系，潜藏着不可估量的发展潜力。改革开放初期，一些地方政府把整体保护城市风貌看成包袱，而另一些地方政府顶住压力，坚持整体保护的战略方针。事实证明，后者是可持续发展的：陕西西安保住了古城墙，山西平遥、云南丽江保住了古城，安徽西递、上海周庄保住了原始村落，这些地方现在都成了有地方特色的文化传承地，络绎不绝的游人前来观光，满足了地方的文化需求，也带来丰厚的经济收入。北京什刹海地区 20 世纪 80 年代默默无闻，如今成了远近闻名的历史文化区，这就得益于它的整体格局没有变，居民成分改变的比例也不太大。文物保护的工作特点是投入大、见效慢，前人栽树，后人乘凉，整体保护城市风貌更是如此。政府的决策机构和决策人应以可持续发展的眼光来考虑未来城市发展的长远利益，今天看似不起眼甚至有些落后的区域，可能在若干年后成为这个城市最珍贵的记忆。因此，政府部门应坚持科学发展观，把保护和利用传统

街区作为区域发展的推动力，妥善处理城市改造与保护胡同、四合院的关系，注意整合资源，让人民群众充分享受到由政府实施文化遗产保护给他们带来的实惠。

（二）发动民间资本投入胡同、四合院的保护工作

就历史街区的保护问题，市政府和各区县政府都做了有益的尝试，并仍在不断摸索。从结果看，发动民间资本投入保护是个有效的方法。什刹海、南锣鼓巷、前门大街都列入了北京历史文化保护区。改革开放初期，什刹海、南锣鼓巷道路狭窄、房屋破旧，环境脏乱差，与北京普通街区没有太大的区别。20 世纪 80 年代初，为了让外国人了解北京的平民生活，徐勇先生在什刹海地区开展胡同游，有些居民为接待外国人整修了自己的房子，在取得经济效益的同时，也向外国人展示了中国普通人的生活，传递了中国平民文化，受到外国人的欢迎。政府为了推动该地区的发展，投资改造了煤、气、水、电等市政设施，使该地区居民的生活质量有了大幅度提高。随着胡同游的发展，越来越多的当地居民投资参与街区改造，一些投资人也参与了该区域的改造，到本世纪初该地区的改造工程基本完成。其中的百十来个店铺是利用原有建筑改造而成的，保持了街区本来的整体风貌。各店经营项目不同，装修各具特色，传统的交通工具三轮车不仅是区域内游人的代步工具，还成了展示老北京民众生活的活道具。现在，什刹海地区成了北京著名的胡同文化区，每年吸引大批中外游客，并向游人们传递着北京城市文化的记忆。南锣鼓巷近几年也逐渐发展成北京胡同文化特色街。前门大街的改造采取了统一拆迁、统一规划、统一建设、统一招商的方式，街道建好后，在 2008 年奥运会之前对社会开放。虽然这里的建筑采用了模式一致的设计方案，有高大的牌楼，有复原的一段有轨车道，鸟笼、糖葫芦等北京特色的物件也作为各种装饰竖立在街上，但许多人参观后都有些失落，觉得这里像布景、像摄影棚，找不到文化记忆。这种反差值得深思。

政府通过招商形式进行的街区改造，基本上是全拆重建，可能速度快，政绩突出。但结果往往是，原有的建筑消失了，原住民迁移了，这个地区的历史记忆也不复存在了。这一适合新兴城市的有效方式，不一定适合具有几千年历史的文化古城。因此，应当鼓励民间资本投资北京的街区改造工程。这样做，改造的周期可能会较长，但从长远看，改造往往是小规模的，循序渐进的，能够在最大程度上保留原有的生活状态，可以延续文化的发展脉络。

（三）城市建设尽量避开胡同、四合院聚集区

地铁6号线将在南锣鼓巷设立出站口，需要拆迁该巷主街30个门牌号。其实，为了保护历史文化保护区的完整性，地铁的出入口可以避开历史文化保护区。随着地下交通线路越来越多，今后地铁应尽可能共用出入口，这样可以减少地上车站建筑的占地面积，特别是建在老城区的站点，应尽量缩小规模，不拆或少拆些四合院。这样可能会加大建设成本，但从长远看，北京地下交通现代化，地上景观历史文化色彩浓厚，才能最好地显示出北京的城市定位——国际化大都市、历史文化名城。

（四）编制与城市文化记忆有关联的建筑物名录

在国务院公布的全国重点文物保护单位中，北京占了98处。北京市政府已公布了七批市级文物保护单位名单共234处。各区县政府也公布了本行政区域内的区县级文物保护单位名单。全市还有658个四合院挂上了“保护院落”标牌。这些被列入名单的“文物”基本得到了有效保护。现在，随着时代的发展和保留北京城市特色的需求，需要从保护遗产的角度重新审定许多建筑对城市发展所起的作用。因此，尽快组织力量开展全面的社会调查，成为当务之急。比如，北京历史上有很多名人，发生了许多重大事件，其中有政治方面、文化方面的，也有城市发展方面的，由于涉及面广，任何一个部门都无法全面掌握。因此，应由市政府出面协调，发动社会各界提供与之相关的资料，由专门机构制定保护标准，按标准核对和筛选，确定保护名单，在城市改造审批中，审批部门、建设部门要尽可能避开列入保护名单的建筑。

在当前全国各地城市改造后造成千城一面的情况下，北京加大保留文物古迹、胡同、四合院的力度，能够更突出其特有的传统文化价值，使人们直观、感性地认知北京的历史和文化。保护好文物和传统文化遗存，是政府和我们每个人的责任和义务。

北京市非物质文化遗产年度保护状况报告

石振怀*

摘　要：2009年，北京市非物质文化遗产保护工作进一步发展，体现在名录体系逐步完善，传承人保护逐步加强，宣传展示不断强化，保护手段丰富多样等方面，表现出注重保护工作基础建设、注重传承人的保护、注重搭建民俗节日平台、注重增强保护意识等特点，并提出了保护工作应注入理性态度、重点应放在对项目的保护上、重视保护成果的挖掘整理、保护和调动“守望者”的积极性、利用非遗资源发展文化创意产业等值得关注的问题。

关键词：非物质文化遗产　传承人　保护

2009年，北京市非物质文化遗产保护工作进一步发展，非物质文化遗产名录体系逐步完善，代表性传承人保护逐步加强，宣传展示活动不断强化，保护手段也更加丰富多样。全市非物质文化遗产保护工作稳步推进，正在步入规范、良性的发展轨道。

一　2009年度保护工作取得的新成果

（一）名录体系逐步完善

从3月北京市文化局下发《关于申报第三批北京市级及国家级非物质文化

* 石振怀，北京文化艺术活动中心研究馆员，主要从事群众文化和非物质文化遗产保护方面的工作与研究。

遗产名录项目的通知》开始，经过几轮专家评审以及媒体公示后，10 月 19 日，第三批北京市级非物质文化遗产名录正式公布，共有 63 个项目入选，其中 4 项为首次设立的市级扩展项目名录（见表 1）。经专家推荐，其中的 36 个项目获得申报第三批国家级非物质文化遗产名录的资格。第三批名录的公布，标志着北京市非物质文化遗产名录体系的进一步完善。

表 1　第三批北京市级非物质文化遗产名录一览表

	项目门类	项目数	扩展项目	合计
1	民间文学	5	0	5
2	传统音乐	1	0	1
3	传统舞蹈	7	0	7
4	传统戏剧	空缺	0	0
5	曲　艺	3	0	3
6	传统体育、游艺与杂技	10	1	11
7	传统美术	11	2	13
8	传统技艺	15	1	16
9	传统医药	4	0	4
10	民　俗	3	0	3
	总　　计	59	4	63

为组织项目参加第三批北京市级非物质文化遗产名录的申报，自 2008 年下半年开始，全市各区县陆续组织申报和评审第二批区（县）级名录。到 2009 年上半年，16 个区县相继完成了第二批区（县）级名录项目的评审和公布。截至 2009 年底，北京市已拥有国家级名录项目 74 项，市级名录项目 216 项（见表 2），区县级名录项目 535 项（见表 3）。

（二）传承人的保护工作逐步加强

北京市第二批市级非物质文化遗产代表性传承人的评选，经全市 18 个区县的申报、推荐以及专家评审，9 大类共推荐出 177 名候选人。4 月，北京市文化局正式公布 65 名第二批市级代表性传承人名单，其中，民间音乐 1 人、民间舞蹈 7 人、传统戏剧 21 人、曲艺 5 人、杂技与竞技 5 人、民间美术 5 人、传统手工技艺 15 人、传统医药 5 人、民俗 1 人。

表 2　北京市国家级、市级非物质文化遗产名录汇总表

	项目门类	国家级名录		合计	北京市级名录			合计
		第一批	第二批		第一批	第二批	第三批	
1	民间文学	0	4	4	0	12	5	17
2	传统音乐	1	1	2	5	3	1	9
3	传统舞蹈	1	4	5	11	8	7	26
4	传统戏剧	2	3	5	5	5	0	10
5	曲　艺	0	5	5	6	3	3	12
6	传统体育、游艺与杂技	2	3	5	5	8	11	24
7	传统美术	1	8	9	3	12	13	28
8	传统技艺	4	26	30	7	39	16	62
9	传统医药	1	3	4	1	6	4	11
10	民　俗	1	4	5	5	9	3	17
总　计		13	61	74	48	105	63	216

表 3　北京市区县级非物质文化遗产名录一览表

序	区　县	第一批	第二批	合计
1	东城区	23	10	33
2	西城区	22	11	33
3	崇文区	33	37	70
4	宣武区	40	34	74
5	朝阳区	16	19	35
6	海淀区	15	36	51
7	丰台区	12	9	21
8	石景山区	8	6	14
9	门头沟区	20	7	27
10	通州区	24	9	33
11	昌平区	4	3	7
12	顺义区	16	4	20
13	大兴区	10	4	14
14	房山区（含燕山）	5（1）	16（2）	20
15	怀柔区	21	4	25
16	平谷区	23	—	23
17	密云县	14	5	19
18	延庆县	15	—	15
合　计		321	214	535

截至目前，北京市已拥有市级代表性传承人 159 名，其中国家级代表性传承人 57 名（见表 4）。①

表 4　北京市国家级、市级非物质文化遗产代表性传承人一览表

	类　别	国家级传承人			合计	市级传承人		合计
		第一批	第二批	第三批		第一批	第二批	
1	民间文学	0	—	0	0	0	0	0
2	传统音乐	—	1	0	1	5	1	6
3	传统舞蹈	—	1	1	2	13	7	20
4	传统戏剧	—	10	6	16	10	21	31
5	曲　艺	—	0	1	1	0	5	5
6	传统体育、游艺与杂技	3	—	0	3	4	5	9
7	传统美术	2	—	5	7	16	5	21
8	传统技艺	6	—	15	21	38	15	53
9	传统医药	4	—	2	6	9	5	14
10	民　俗	—	0	0	0	0	1	1
总　计		15	12	30	57	95	65	160

在非物质文化遗产保护工作中，传承人的保护最重要，这已成为人们的共识。在各级政府和各项目保护单位的努力下，传承人的保护政策得到了进一步完善。6 月，国家财政部、文化部拟为国家级代表性传承人提供资助，每人每年可获得最低标准为 8000 元人民币的补贴。② 北京市文化局也在拟定相关办法，对市级代表性传承人给予经费补贴，标准也有望达到 8000 元。③ 7 月，文化部办公厅下发了《关于开展全国非物质文化遗产保护督查工作的通知》，除对国家级名录项目保护情况进行检查外，还专题对国家级代表性传承人的保护情况进行检查，显示出国家对传承人保护工作的高度重视。

为促进非物质文化遗产的传承，全市各项目保护单位也纷纷采取措施加大对传承人的保护力度。便宜坊集团为加强对国家级名录“便宜坊焖炉烤鸭技艺”、“都一处烧麦制作技艺”等项目的保护，专门制定了《非遗技艺传承人保护计

① 第一批、第二批国家级传承人各公布了五个类别，“—”表示未公布的类别。此外，国家级传承人中有 1 人为申报单位直接报送并获批准，未列入市级代表性传承人 159 人之中。

② 蔡宇：《非遗传承人获补贴最低每年 8000 元》，2009 年 6 月 12 日《华西都市报》。

③ 傅莎莎：《北京将补贴非遗传承人　补贴标准有望达 8000 元》，2009 年 6 月 13 日《新京报》。

划》，从“岗位晋职，提高待遇；重点培养，提供机会；定期考评，享受津贴；鼓励进步，授予荣誉”等四个方面对传承人进行保护。6月，同仁堂集团命名了20位同仁堂中医药大师和20位同仁堂特技传承师，每人获奖金1万元；获命名的“同仁堂特技传承师”集体收徒54名。其中获命名的特技传承师主要来自同仁堂传统中药制剂、药材辨别、中医临床等技术含量高的关键岗位和特殊管理岗位，均从事本专业工作20年以上。①

口传身授是非物质文化遗产传承的重要方式。2009年，全市非物质文化遗产代表性传承人不断收徒，培养接班人。如国家级代表性传承人梅葆玖收天津京剧票友陈燕丽为徒，②北京市级代表性传承人刘玉玲收北京河北梆子剧团演员刘凤香为徒。③北京市天福号有限责任公司在传承人培养上采用了遴选的办法，先初选40人作为传承人的徒弟，由现任传承人每人各带4~5名，徒弟享受相关待遇，然后逐年淘汰，经过5年左右的时间，最终确定代表性传承人的人选。④

（三）宣传展示不断强化

北京市充分利用一年一度的全国“文化遗产日”，努力提高民众的非物质文化遗产保护意识。

在全国第四个“文化遗产日”期间（6月），北京市共举办大型宣传展示活动26项。北京市文化局与中央电视台、北京电视台合作，组织全市16个非物质文化遗产项目，参加《中国记忆——中国文化遗产日电视直播行动》；北京市商委和东城区政府在王府井步行街联合举办“北京老字号非物质文化遗产展”，展示了纳入国家级和市级名录项目的36家北京老字号；西城区举办了“《民间瑰宝耀京华》北京市国家级非物质文化遗产保护项目展”，展示了北京市100个名录项目；崇文区举办了“非物质文化遗产大讲堂”；朝阳区再次举办《“我们身边正在消失的老物件”展览》，该展自2006年以来每年展出一次；宣武区广内街道将“抖空竹”项目成功地申报为国家级名录，并连续五年举办了“广内杯”

① 贾晓宏：《同仁堂中医药大师登宝座　同时命名20特技传承师》，2009年6月22日《北京晚报》。
② 王润：《梅葆玖带妆收新徒》，2009年11月7日《北京晚报》。
③ 赵凤兰：《刘玉玲收徒传承河北梆子》，2009年3月17日《中国文化报》。
④ 源自北京老字号协会非物质文化遗产年度工作汇报会，2009年12月9日。

空竹邀请赛。此外，北京市还选派国家级名录项目“天桥中幡”参加了在成都举行的“第二届中国四川成都非物质文化遗产节”。

利用民俗节日进行非物质文化遗产的宣传展示成为2009年的一大特色。2月9日元宵节当天，国家文化部、发改委等14个全国非物质文化遗产部际联席会议成员单位以及北京市政府，在北京农业展览馆共同举办了“中国非物质文化遗产传统技艺大展”，展示了入选国家级和省级名录的传统技艺、传统美术项目133项，其中北京市10项。有1176位民间艺人的2322件珍贵实物参展，130位代表性传承人以及14位国家级工艺美术大师进行现场技艺表演。① 在半个月的展出期间，参观人数近20万，产品销售订货会成交额达500万元人民币，是新中国历史上规模最大、种类最全的一次传统技艺大展。② 此外，在元宵节当天，由北京市文化局和崇文区人民政府举办了“元宵节民俗踩街活动”，北京的“平谷南狮”、“付氏宝三中幡”，河北的“沧州北狮”，山东的“商河鼓子秧歌”，河南的“新乡盘鼓”等12支民间花会队伍，在全长800多米的前门大街进行踩街表演。③

春节期间，北京市文化局还举办了第四届北京春节庙会·灯会评选活动。全市34家参评庙会、灯会中，既有地坛、龙潭、厂甸、东岳庙、大观园等品牌庙会，还有金源新燕沙MALL庙会、马连道更香茶文化庙会、朝阳区安贞社区灯会等一批特色主题庙会和社区庙会、灯会。最终评出了“最具人气奖”等五大类31个奖项。

据不完全统计，2009年北京市利用春节、元宵节、清明节、端午节、中秋节、重阳节等传统民俗节日共举办非物质文化遗产的各类宣传展示达230多项，仅清明节活动就有102项。其中清明节举办的石景山“清明诗会”、平谷“第三届轩辕黄帝陵公祭大典”、怀柔“第二届雁栖不夜谷风筝节”；端午节举办的“首届北京延庆端午文化节”、“第二届龙潭端午文化节”、“陶然亭端午品诗会”、“东岳庙端午民俗游园会”及怀柔“庆端午·满族撞拐王争霸赛”；中秋节举办的“北京第二届卢沟晓月中秋文化节”、“龙潭映月中秋文化活动”、北京民俗博物馆“请兔爷”活动及房山“万民乐”花车巡游活动等，都具有很强的民俗特

① 周玮：《中国非物质文化遗产传统技艺大展将于元宵节亮相》，新华社，2009年2月3日。

② 李晓萍：《中国非物质文化遗产传统技艺大展闭幕》，《国际在线专稿》2009年2月23日。

③ 刘琼：《“元宵节民俗踩街活动”在北京前门大街拉开序幕》，2009年2月10日《人民日报》。

色。有的活动正在逐渐成为传统民俗节日的活动品牌。

此外，北京市还积极创建以非物质文化遗产资源为主题的综合或专题博物馆，努力搭建全市非物质文化遗产的宣传展示平台。6月，由胜利电影院部分场地改建的“西城区非物质文化遗产展示中心”落成开放，这是北京市第一家集非物质文化遗产项目展览、展示、表演、讲座、现场制作、互动以及专项研究等于一体的博物馆。传统美术资源极为丰富的崇文区，联合有关单位创办了“中华民族艺术珍品博物馆”，并举办了为期一个多月的“第二届中华民族艺术珍品文化节”，《“燕京八绝”传统制作技艺展》、《北京工艺美术大师珍品展》、《崇文区国家级、市级、区级非物质文化遗产保护和传承成果展》等七大主题展览，同期开展。① 宣武区与中国曲协联合创办了“中国曲艺非物质文化遗产博物馆”，将对不同地域、不同曲种的曲艺保护项目进行展示，其中“北京区”将重点介绍北京评书、北京琴书、连珠快书、梅花大鼓等曲艺项目。② 东城“周末相声俱乐部”早在2003年10月就已开办，崇文、海淀、丰台、大兴等地的相声俱乐部也相继建成，成为北京地区极为活跃的“动态”相声博物馆。

据北京市文化局的统计，截至2009年8月，北京市已建成非物质文化遗产专题博物馆、民俗博物馆、传习所76个。其中专题博物馆19个，民俗博物馆6个，各类传习所51个。

（四）保护形式多样化

纳入专业出版物。年内，北京市文化局与北京市社科联联合启动了编纂《北京非物质文化遗产年度发展报告》的工作；《北京志·非物质文化遗产志》的编纂工作也已列入市政府第二轮66部志书之中。

积极探索非物质文化遗产生态环境保护、文化空间保护等问题。崇文、宣武两区联合启动了创建“北京城南文化生态保护实验区”的工作，拟对北京城南的历史文化进行整体性保护。“北京城南文化生态保护实验区”申报国家级文化生态保护区的工作，正在有条不紊地进行。③

---

① 刘书恒：《第二届中华民俗艺术珍品文化节精彩亮相》，千龙网，2009年8月17日。

② 黄维：《中国曲艺非遗博物馆12月底与观众见面》，人民网—文化频道，2009年11月26日。

③ 王媛：《北京市召开文化生态保护区研讨会》，北京非物质文化遗产网，2009年3月13日。

以多种媒介做好抢救性资料的收集整理工作。北京市文化局策划的“非物质文化遗产系列影视资料片”的拍摄工作，已于9月启动。全聚德集团与同是国家级项目的“皮影艺术”联手，创作编排了皮影版《全聚德的故事》。此举的意义不仅在于将传统餐饮文化与戏剧文化相结合，更重要的是通过千百年流传下来的文化精髓的互相融合，达到传承保护非物质文化遗产的目的。[①] 宣武区文化馆与北京评书国家级代表性传承人连丽如合作，自创办“宣南书馆”（2007年10月），一直坚持低票价，至今已举办上百场，增强了北京评书传承的活力。

成立“非物质文化遗产传承人工作室”。为鼓励老字号企业积极传承非物质文化遗产传统技艺，在北京市商务委员会的号召下，便宜坊、张一元、六必居、盛锡福、龙顺成、中国书店、天福号、鸿宾楼、红都等一批拥有国家级或市级非物质文化遗产名录项目的老字号企业，均已建立了“非物质文化遗产传承人工作室”，有力地促进了传统技艺的传承和发展。

此外，2009年，在注重保护工作基础建设、注重搭建民俗节日平台和注重增强保护意识等方面，北京市都进行了特点鲜明的探索，成效显著。

二 值得关注的问题及相应建议

（一）保护工作应注入理性态度

2005年6月全国非物质文化遗产保护工作会议之后，经过举办全国非物质文化遗产保护成果展、公布首批国家级非物质文化遗产名录等一系列具有广泛影响力的举措，在全国掀起了一波非物质文化遗产保护的热潮。至今，我国已公布国家级名录2批，入选项目已达1028项（另有扩展项目147项）；公布国家级代表性传承人3批，人数达到1488名。从最初的艰难启动，到现在全社会的关注和积极参与，非物质文化遗产保护已经达到了一定的热度。因此，无论从深化保护工作的角度，还是为了保证非遗名录的质量，保护工作都应逐渐转向理性。2009年7月，文化部办公厅下发了《关于开展非物质文化遗产保护督察工作的

① 蔺丽爽：《皮影版“全聚德的故事“将上演》，2009年6月10日《北京青年报》；唐卫：《全聚德的故事搬上皮影戏舞台》，21保健品网，2009年7月8日。

通知》，决定组织开展全国非物质文化遗产保护的督查工作，遗产普查工作，以及对国家级非物质文化遗产名录项目、国家级非物质文化遗产代表性传承人的保护情况进行检查。这体现了国家稳步推进非物质文化遗产保护工作的理性态度。2009 年北京市进行的第三批市级非物质文化遗产名录的评审，就坚持了“宁缺毋滥”的原则，从严把握。有的项目虽然具有较为深厚的历史文化底蕴，申报单位也为此付出了很大的努力，但从对历史负责的角度出发，一些存在瑕疵的申报项目最终未能入选。2010 年，我国非物质文化遗产保护工作将进入第六个年头，从全国以及北京市的实际情况出发，都应当在保护工作中注入一种理性态度，以求扎扎实实地推进非物质文化遗产保护工作。

（二）重点应放在对项目的保护上

我国非物质文化遗产名录建立以来，得到了各级政府的关心、支持和帮助。北京市崇文、西城两区对进入各级名录的项目采取了资金扶持政策，对区域内国家级、市级、区级名录项目按照 20 万元、10 万元、5 万元的额度给予支持，有效地调动了项目单位传承保护的积极性。其他一些区县也都从实际情况出发采取了相应措施。有的项目虽然未能得到政府更多的资金扶持，但却通过申报名录，有效地改变了生存环境，为项目的保护传承注入了活力。如王麻子剪刀锻制技艺、菊花白酒传统酿造技艺等项目，都在一定程度上得益于国家重视非物质文化遗产保护的大环境，促进了项目的传承。但是在实际工作中，仍存在“重申报轻保护”的倾向，在不同程度上存在着保护“失位”的问题。由于我国非物质文化遗产的保护立法尚未出台，以致有部分项目无法从申报名录中得到任何具有实际意义的帮助。有的项目虽然列入国家级或市级名录项目，但其濒危状态却未得到根本性的改观。比如，北京的国家级名录项目“面人郎”面塑缺乏有效的帮助，一直以家庭小作坊的方式传承技艺，主要靠参加各种展示活动及零星讲学活动挣取劳务补贴来维持传承。因此，有关部门应加强引导，将保护工作的主要精力放在项目的保护上，实实在在地为保护传承做点实事。

（三）进一步加强对于保护项目的挖掘整理

将非物质文化遗产资源进行细致地挖掘整理，并编制成文献留给后世，是非物质文化遗产保护工作的一项重要内容。从全国看，许多省市在这个方面取得了令人瞩目的成果。如浙江省，已出版16册《浙江省非物质文化遗产丛书》。山东省，出版了《齐鲁非物质文化遗产丛书》。广东省，出版了《广东非物质文化遗产丛书》两批共16卷册。北京市在2007年也曾组织编辑《北京市非物质文化遗产资源汇编》，但到2009年，仅出版了东城、石景山、怀柔、延庆四册。虽然有些名录项目也曾先后编辑出版了一些图书资料，但基本上属宣传小册子，未能达到具有传世价值的规模和水准。因此，进一步重视对非物质文化遗产资源的挖掘整理，并编制出版一大批具有较高历史价值的文献资料，是一项亟待加强的工作。

（四）保护和调动“中国民间文化遗产守望者”的积极性

由中国民协和冯骥才民间文化基金会发起的“中国民间文化遗产抢救工程”，曾在2006年组织了一次“中国民间文化遗产守望者”的评选活动。所谓“中国民间文化遗产守望者”，系指为保护我国民族民间文化做出贡献的人。在我国非物质文化遗产保护工作中，也有许许多多的“守望者”。他们在非物质文化遗产的挖掘整理、保护传承的工作中，做出了重要贡献，发挥了不可替代的作用。可以说，在每一个成为国家级、市级以及区级名录项目的背后，都有一批“守望者”辛勤劳作、无私奉献。在各地进行的非物质文化遗产先进工作者和先进个人的评选中，有许多人获此殊荣，但与庞大的“守望者”群体相比，被褒奖者只是少数。目前，各级政府都对传承人的保护给予了充分的关注。今后，对于在项目挖掘、整理、申报、保护工作上做出重要贡献的“守望者”，也应当给予必要的表彰、奖励、提升和晋级待遇。这些“守望者”大多是谙熟项目资料的专家，是名录项目背后的“无名英雄”。保护和调动这些“守望者”的积极性，对于保护传承非物质文化遗产，同样具有至关重要的作用。

（五）利用非物质文化遗产资源发展文化创意产业

底蕴深厚的非物质文化遗产，是发展文化创意产业的丰富的资源储备。在联合国有关“创意产业”的分类中，就把文化遗产，包括非物质文化遗产和物质文化遗产，列入其中。国外利用我国的非物质文化遗产做成文化创意产业产品的例子时有出现，如使用中国民间文学资源拍摄的电影《花木兰》和2009年上映的3D科幻巨制《阿凡达》，都为国外赚得不菲的利润。但在利用非物质文化遗产资源发展文化创意产业方面，我们目前还缺少具有代表性的样板。这一问题应引起非物质文化遗产保护单位的重视。据了解，海淀区政府已经投入了相当数量的资金支持上庄镇利用市级名录资源“曹氏风筝”建设“曹氏风筝工艺坊”；由北京东方美亚影视传媒根据中华老字号“瑞蚨祥”创始人的经历拍摄的电视剧《一代大商孟洛川》，已经在北京电视台播出；根据长篇历史小说《荣宝斋》改编的电视剧《百年荣宝斋》也即将播出。利用非物质文化遗产资源发展文化创意产业不仅可以产生很高的产业价值，还可以促进非物质文化遗产的保护和传承，使其成为中华民族新的文化符号，应当整合各个方面的力量，制定规划，每年切实完成几项典型产品。

共建、共享网络精神家园

——2009 年互联网文化现象述评

许苗苗*

摘　要：2009 年度，中国互联网文化摆脱了以往娱乐化、大众化的特点，向纵深层次发展。“山寨春晚”的黯然落幕表明民间艺术虽具备新鲜活力，但在原创性和艺术性方面还存在欠缺。“肖鹰 - 郭德纲”之间的口水战既是知识精英与草根明星两类力量的对决，也可以看作一场网络媒体操纵的闹剧。互联网管理行动虽然尚未取得耀眼的成果，但在“绿坝”软件、“网络整风运动”的带领下，已经进行了有益的探索。网络文学声势日盛，其发展离不开文学机构、出版单位、研究人员的热情关注，但最重要的推动性力量则是文学网站的产业化运作。综观本年度网络事件，需注意网络民粹主义思潮的泛滥；同时，在自由开放的网络上，媒体公信力的塑造也迫在眉睫。培育健康的网络文化一方面应注意网站利益与公众利益的有机结合，另一方面应力求做到理性、纵深、多元发展。

关键词：网络文化　山寨　媒体公信力　互联网管理　文学产业化

2009 年度，中国网民规模延续了高速增长的趋势，最新统计结果显示：我国网民规模已达 3.38 亿人，较 2008 年底增长了 4000 万人，居世界前列；手机网民规模也已达到 1.55 亿人。① 伴随手机、上网本等便携终端的普及、无线网

* 许苗苗，文学博士，北京市社科院文学所研究人员。主要研究媒体文化、都市文化、当代文学。

① 数据来源：中国互联网信息中心（CNNIC）7 月发布的第二十四次《中国互联网发展状况统计报告》，统计数字截至 2009 年 6 月 30 日。

络的推广，互联网应用日渐摆脱电脑终端限制，不再与办公室、家庭等特定地点相关，成为随时随地都可进行的活动，网络文化的影响范围进一步拓宽。

随着网民规模的增长，网络文化对于社会文化的影响进一步加深。根据谷歌搜索统计，2009 年中国十大流行语多半源于网络。其中排名第六的“贾君鹏，你妈妈喊你回家吃饭”出自百度“魔兽世界吧”，排名第八和第十的“不要迷恋哥，哥只是个传说”以及“哥吃的不是面，是寂寞”出自“猫扑”等论坛，在发帖后迅速风靡网络，并被赋予多重引申义。追问被刑拘人员离奇死亡原因的“躲猫猫”、讽刺协警强奸女青年的“临时性强奸”以及杭州撞死青年案车速的“70 码”、控诉谷歌搜索的“心神不宁”等词语，虽然带有网络特有的戏谑态度，却都在娱乐的外表下尖锐地指向社会问题。由此可见，网络已不再是一项大众娱乐工具，网络文化也不再强调热闹的公众性、娱乐性话题，它利用民主、及时、敏锐的优势，不断走向成熟：其焦点由娱乐大众转变为一系列内容更为深刻、严肃，需要相对专业的知识背景方能参与，并触及文化、法制、社会问题等层面的网络事件。涉及公众娱乐焦点的“山寨春晚”；牵扯到学院派知识精英与草根文化明星的“肖鹰－郭德纲口水战”；关系到青少年保护和自主软件开发的“绿坝花季护航工程”，以及网络文学的发展，产业化与经典化的讨论等都值得探讨。此外，有关网络媒体公信力的塑造，网络文化多样形式的探索和经济效益的开掘，对网络公审、网络民意和网络管理尺度的探讨等，也曾被网民热烈评议，并值得进一步思索。

一　年度事件综述

（一）山寨春晚——想象力的过度渲染

自 1983 年中央电视台首次推出春节联欢晚会节目以来，边吃年夜饭边看春节晚会已成为大多数中国家庭年三十固定的模式。经过二十余年的培育，“春节晚会”的意义已经不局限于一个电视节目，而成为电视媒体时代的新传统，当代全球华人家庭的新民俗。然而，随着多元文化的引入、大众审美趣味的分化、娱乐渠道的增加，公众日益接触到多种形式的文娱节目，对央视春晚的不满和非议也日渐增加。在这种舆论氛围之下，“山寨春晚”筹办的消息在 2008 年末一经网络传出，就引起了不少关注。

“山寨”本指在政府管辖之外，与官方、庙堂相对的势力范围。“山寨文化”即来自民间，不在官方意识形态规范之内的文化形式，它“代表着一种以调侃、戏仿、戏谑主流文化为表现形式的草根文化和娱乐精神。”① 作为一种边缘化、非主流的文化形式，“山寨文化”无法在传统权威媒体中争得一席之地，但却可以在网络上一展身手。2008 年以来，各具特色的山寨文化项目以具体生动的形式进入了网民的视野：“山寨歌曲《说句心里话》”、“山寨版《红楼梦》”、“山寨百家讲坛”等，不仅令人捧腹，还一针见血，透露出令人叫绝的民间智慧，博得了大量人气，延续到 2009 年初春，孕育出了集山寨文艺之大成的“山寨春晚”。

“山寨春晚”的发起人老孟是一名北漂演员，他立志发掘山寨明星，做一台足以“叫板央视”的晚会。这个想法亮相两个月内就收到全国各地献出的 700 多个节目，并受到公众和媒体的关注报道，先后曾与“贵州卫视”、“澳洲卫视”等媒体以及数家网站协商过转播事宜，并有《京华日报》、《新京报》、《法制晚报》、《今日晚报》等报纸派出记者跟踪报道。2009 年 1 月 18 日，“山寨春晚”在北京九华山庄彩排：酷似央视倪萍的“山寨”女主持、曾为搓澡工的京剧演员、来自地震灾区的羌族农民艺术家、模仿“千手观音”的“千手如来”节目等，都是亮点。但热闹的彩排后，一系列问题也接踵而来：资金的限制，场地的更换，合作媒体的退出……最终，农历除夕夜，曾经引人瞩目的山寨春晚在北京一家洗浴中心草草落幕，当晚到场的演员和员工不到 20 人，“山寨春晚最终变成了一个被想像力过度渲染却没能实现的牛年美梦”。②

通过一些网站上转贴的山寨春晚视频可以看出，对传统春节晚会从形式到内容的拷贝，脱胎于既有节目形式的仿造版本，插科打诨式的搞笑点等，反应出民间业余力量在创新意识和专业化能力等方面的缺陷和不足。

（二）“肖鹰－郭德纲”事件——媒体升级的口水战

一桩网络事件把清华大学教授肖鹰推上了公众舆论的风口浪尖，其知名度堪

① 陶东风：《我看“山寨文化”》，2009 年 3 月 28 日《新京报》。

② 纪卓瑶：《给山寨春晚一个平台又何妨》，2009 年 2 月 1 日《竞报》。

与娱乐明星媲美——这就是“肖鹰－郭德纲”口水战事件。

2009年3月末，门户网站网易以醒目字体打出一行大标题：《清华教授肖鹰：郭德纲才是文化流氓》，并配发当事人照片。名校教授、当红艺人、挑衅词语——多种刺激性元素使这则消息顿成热点，被多家网站第一时间转载。当事人肖鹰也遭到了数百名网民的批判和人身攻击，甚至有人称，肖教授是不堪寒窗寂寞，借当红艺人名气自我炒作。

事件起因是身为文化批评家的肖鹰曾在接受采访时批评春节晚会上窜红的明星“小沈阳”的表演“走的是媚俗路子，缺乏灵魂”,① 作家魏明伦、华东师范大学博士生导师吴刚等人也纷纷表示赞同。喜爱小沈阳的也不乏文化人，如国家新闻出版总署署长柳斌杰、作家王蒙。这是文化人之间不同意见的交流。然而，同为草根明星的郭德纲基于义气在网络上发布力挺小沈阳的言辞后，矛盾激化。他认为专家学者不应对相声、二人转“指手画脚”，“如果你只能做一个专家，我只能说你是一个流氓啊!”② 一名网易工作人员联系肖鹰，要求就“郭德纲炮轰专家相关新闻”事件采访。肖鹰在回复该记者的邮件中称“郭德纲力挺小沈阳是自我炒作！这是文化流氓。我拒绝接受采访。请记者理解。”但其后网易断章取义地在娱乐首页发表了此私人邮件中的部分言论，招致原本小范围的论辩升级，并给肖鹰的名誉造成了极其恶劣的影响。肖鹰反复与网易工作人员交涉，要求撤下该文，但网易一直不予理睬，引来大量跟帖和人身攻击。7月，肖鹰正式提出诉讼，状告网易侵犯名誉权。北京市海淀区人民法院予以受理，并于11月4日做出一审判决，判定网易损害肖鹰名誉权事实成立。

（三）花季护航与网络整风——网络管理仍待探索

自由开放的互联网因其海量信息给人们带来了无数便利，但同时也给黄色、污秽、暴力信息提供了存在和滋生的空间。如何规范、管理网络信息，给网民尤其是青少年一个相对干净的网络环境一直是互联网管理中的重要问题。

2009年，国家工信部发出通知称，2009年7月1日以后，在中国境内生产

① 王聪聪、庄庆鸿：《只有媚俗艺术走红，中国人就算不差钱也差灵魂了》，2009年2月19日《中国青年报》。

② 小易：《力挺小沈阳　郭德纲炮轰专家是流氓》，2009年3月21日《河南商报》。

销售的计算机出厂前将预装“绿坝－花季护航”上网过滤软件，进口计算机在中国销售前也将预装该软件。“绿坝”是一款以保护未成年人为目的，倡导健康上网的软件工具。它具备“识别并拦截不良信息、控制上网时间、管理聊天交友、电脑游戏等功能”。其研发初衷是“为广大家长管理孩子上网行为提供一个有效的技术手段。”

管理网络内容，清除信息垃圾是有必要的，然而，通过为新电脑安装某种控制软件的方法来实现是否可行，软件本身的过滤和辨识能力能够达到何种水平，以什么标准来衡量不良信息，谁为这个软件买单……这一系列有待商榷的问题导致网络上的抵触之声迭起。除了国内消费者和网民质疑外，这个以善意为初衷的举措被一些境外媒体夸大丑化：美国某公司指控“绿坝”剽窃技术；美国、欧盟、日本等国家的舆论声称，这种预装软件的行为是对互联网自由构成威胁。

6 月 30 日，工信部召开记者会，指出政府部门和全社会都有责任和义务营造绿色健康的网络环境，防止未成年人受到淫秽色情等有害信息毒害。但考虑到各方意见和需求，可由厂商根据实际情况推迟安装。

虽然“绿坝”软件的大面积安装最终被推迟，但 2009 年度国家对互联网内容的监控管理始终没有放松。1 月 5 日，国务院新闻办、工业和信息化部、公安部等七部门决定在全国开展整治互联网低俗之风专项行动，19 家存在低俗内容的网站被点名曝光。这一“网络整风”受到了诸多民众尤其是家长、教育工作者的欢迎。这些网站为吸引点击，不惜发表猎奇、色情、恶搞、诽谤中伤、传播谣言的信息，受影响最大的就是欠缺自我保护能力的广大青少年儿童。5 月 17 日第 41 届世界电信与信息社会日的主题，即是“保护未成年人上网安全”。我国采取一系列净化本国网络文化空间的管理、筛查行动，与国际潮流一致。如何建设网络和谐家园，发挥这一空间的最大优势，培养良好的网络风尚、建立诚信的共识，是一个需要长期面对的问题，但积极探索，有所作为则是符合互联网发展大趋势的、民心所向的有益行为。

（四）网络文学——新文学力量在崛起

媒介形态变化与文学发展的关系十分紧密。与印刷作品相比，网络文学作品的数量呈几何级数增长。在主推网络文学的站点中，仅起点中文网每天就有一千万的用户访问量和 3400 万字以上的更新，作品涉及 20 多个类别，总计有超过25万部的原创作品。据2009年《全国国民阅读调查》，我国国民图书阅读率从1999年的60.4%下降到2009年的49.3%，而互联网阅读率从十年前的3.7%，上升到如今的24.5%，网络阅读已经成为文学阅读的重要媒介。①

网络文学的兴盛使得“网络写手”成为一项生机蓬勃的新兴职业，吸引了不少有文字才能、擅长讲故事的年轻人。据起点中文网数据，该站目前有驻站作者15万余人，签约作者4000余人，其中不乏“百万年薪”级别的大牌写手。网络阅读的收费不高，但由于浏览人数众多，依然给网站和作者带来了可观的收入。同时，文学类网站还推出“版权多元化输出”的经营政策，贯穿网络浏览、纸质图书、游戏和影视改编的产业链，使得谋求最大收益成为可能。1月10日，网络作品《星辰变》的游戏改编权售出100万元。文学网站的经营和对网络写手的有组织管理，使网络写作从一项个人爱好，发展成为一种职业，还解决了网络上缺乏版权意识、抄袭严重的问题。网站与文学机构联手组织的评选、评点、讨论、讲座等活动，对于提高网络写手的素质也起到了切实有效的作用。

除了力求发挥网络文学作品和作者本身最大能量，各大文学网站还积极推动网络文学介入传统文学范畴。6月15日，《文艺报》和“盛大文学”在京共同举办“网络文学中的幻想王国——起点四作家作品研讨会”。《文艺报》、《中华文学选刊》、中国作协创研部、中国社科院文学所、北京大学中文系等单位的专家与会。他们以“起点中文网”的“跳舞”、“我吃西红柿”、“唐家三少”、“血红”四位作者的作品为例，对网络文学走红社会的文化背景、网络写作的优劣、网络文学今后的发展方向等问题，进行了讨论。由作家出版集团与“中文在线”网站主办的“网络文学十年盘点”活动，是迄今为止传统文学界与网络文学界最大规模的一次交流活动，6月25日盘点结果揭晓，得到广泛的好评。7月15日，鲁迅文学院与盛大文学网携手举办了为期十天的“网络文学作家培训班”，有29名网络写手参加，授课教师有陈建功、蒋子龙、雷达等文学界权威人士。

在网络文学蓬勃发展、向传统文学靠拢的同时，一些老牌文学机构也面向互

① 秦韵佳等：《数字十年》，2009年9月23日《中华读书报》。

联网积极探索发展新路。9 月，中国作协与新浪网签署合作协议，新浪网得以独家签约中国作协会员，在网络上拓宽优秀作家作品的影响。中国作协副主席张抗抗表示，网络文学已经成为重要的文学现象，网络作家已经成为我国作家队伍的重要组成部分，关注、扶持、引导、提高网络文学和网络作家，已经成为中国作协工作的重要组成部分。中国作协的文学奖项今后也将更多地关注网络作家和网络作品。①

网络出版、电子图书也迅速发展。越来越多的文学出版单位开始重视网络阵地。7 月 3 日，三联韬奋图书中心网上书店正式开通。在电子书方面，除一些网络图书馆提供在线阅读外，国产电子书浏览器也在积极进行技术革新。互联网不仅为传统媒体出版物带来新的宣传和营销平台，也提供了更多的稿源和更加开阔的视野，网络出版和纸质出版逐渐呈现竞争合作的关系。

由中国文联、北京市委宣传部指导，北京网络媒体协会、北京文联主办，新浪原创、起点中文网、天涯社区、西祠胡同、搜狐原创、网易论坛、西陆网、央视网等 15 家网站共同承办的“首届网络小说创作大赛”7 月 23 日拉开了帷幕。这是首次由政府机关参与指导的网络文学大赛，显示出了网络文学的影响力。9 月，中宣部第十一届“五个一工程奖”评选结果出台，网络作者阿耐的小说《大江东去》获此殊荣。该小说首发网络，后由长江文艺出版社出版，共 3 卷 150 万字，追忆了改革开放 30 年的历程。

二　年度网络文化事件的问题和启示

（一）警惕文化民粹主义思潮

互联网使得长期受到体制限制的平民或草根文化找到了展示的舞台，能够与官方的、体制内的文化一比高下。“山寨文化”基本做到了满足群众的参与愿望，但要想达到一定的品位、开发出老少皆宜的内容、保持后续潜力，还需要更加完备的准备和积累。目前，山寨文化远不足以对主流文化形成挑战。主流文化本身也是民间智慧的结晶，它以“去其糟粕、留其精华”为目的。虽然经过精

① 舒晋瑜：《中国作家网改版完成，中国作协签约新浪》，2009 年 9 月 9 日《中华读书报》。

英机制的选拔与规训，会丧失一些活力，但总体保持了精萃部分。当前，“超女海选”、“星光大道”等节目以及开放的互联网视频，确实为民间奇人提供了展示自我的舞台，民间艺人那些或精湛或纯熟的表演令公众眼前一亮，哪怕是稍有破绽，也能够得到谅解——其中暗含着对原生态作品粗疏的包容。因此，“山寨文化”的一时热闹并不说明凡是民间的、草根的，就是好的，就是值得推崇的。类似“山寨文化”甚至表现形式更为激烈的、鼓吹草根至上的文化民粹主义思潮，虽然能够在短时期内煽动公众排山倒海的热情，获得一定程度的拥戴，却缺乏后续生命力。民间狂欢式的行为可以带来极度体验，却不是理性社会文化的常态。这也是类似“山寨春晚”之类活动最终失败的根本原因。

（二）加强媒体自律、塑造媒体公信力

我国网络媒体目前还不具备独立的新闻采编权，网络新闻除转载报刊、电视等传统新闻媒体的内容外，多来自个人博客和论坛。2009 年以来，信息获取类网络的使用率上升，有 84.3% 的网民认为，互联网是其最重要的信息渠道，中国博客作者已经达到 16200 万人。① 在需要查询某信息时，多数网民会首选网络。网络新闻频道和个人博客成为互联网信息的重要来源，人们越来越倾向于忽略载体而将目光焦点投向事件本身。

虽然通过互联网能搜寻到一些被官方媒体过滤的独家消息，但有更多缺乏责任感和媒体良心的文字充斥着网络。作为商业运作实体，网站的目的是赢利，网络新闻是网站的一种商品，因此，迎合大众口味自然成为这类网络新闻的目标。对于诸多不明真相的网民来说，具有煽动性、耸人听闻的消息更易于引起注意、得到传播。一些网站利用新闻管理以及相关制度的漏洞制造热点，甚至不惜歪曲事实、暴露隐私、捏造虚假信息，以套取利益。网络媒体同样需要恪守“客观性”、“真实性”原则。对于文化管理者来说，在能够找到有效管理手段之前，加强防范、适度控制、不放开网络新闻采编权确实有必要；同时，当事人和受众也应提高自我保护意识。“肖鹰－郭德纲事件”中，当事人私人邮件被当作新闻发表，无端牵扯进口水官司，严肃的学术讨论被演化为公众娱乐头条。无良媒体

① 数据来源：中国互联网信息中心（CNNIC）7 月发布的第二十四次《中国互联网发展状况统计报告》。

孜孜不倦地从受害者的痛苦中获取花边消息，甚至煽动当事人双方，有意制造误会、断章取义，从而获得爆炸性新闻。媒体受众的时间、精力、金钱在对无意义争端的观望中浪费。网络新闻法制化和规范化建设亟待进行，广大受众应当有知情权，新闻媒体有责任与小道消息划清界限。有关“媒体公信力”的反思是2009年诸多网络文化事件中重要的议题之一。

（三）理性、多元、纵深发展的网络文化

平民化、开放化的互联网能够聚集并调动公众的热情，但如果缺乏正确引导，有可能导致悲剧。2008年10月，某网站贴出一则搜索“史上最不义”女大学生的帖子，发贴人声称：“安徽民工林明多年来捐助一名贫困女孩，但女孩在考上大学之后将其抛弃。目前林明身患白血病，恳求网友帮其完成在离世前再见一面这名女孩的心愿。”煽情的帖子博取了公众的同情，网友们发起“人肉搜索”，短短几天内就将此女孩的详细信息、地址、联系方式等发布到了网络上。2009年2月，那些曾经热情提供线索的网友惊悉，他们搜索到的女孩已经被发贴人残忍杀害。网民的信息为罪犯提供了线索，网络跟帖中对女孩的谴责激化了罪犯的愤怒，网友缺乏理性的“人肉搜索”无形中助纣为虐。虽然其后网络上出现了反思，还有网友自发拟定了《人肉搜索自律公约》，但公约的起草以生命为代价，未免过于沉重。2009年5月的“邓玉娇案”原本与网络没有关系，却在网上引起轩然大波。该事件被媒体报导后，经网民自发多次转贴，成为热点媒体事件。千万双眼睛关切事态的进展，无数网民对当事人予以声援，并在网络上形成公审浪潮，凸显出网络民意的力量。虽然邓玉娇案最终得到了较为公平的裁决，让我们看到，民意可以成为推动法治进步的力量，但并不能因此贸然对网络公审加以肯定。如在前两年的“黄静案”、“虐猫事件”、“铜须事件”中，不明就里的公众对当事人不分青红皂白的过度指责，使部分中国网民披上了“网络暴民”的外衣。网络是表达民意的便利工具，但是表达的形式要合理、合法。网络上，一些偏激的见解、片面的意见特别能够煽动公众情绪，打着伸张正义名号的非理性行为实际上是在肆意侵犯弱势群体的权利。与此相类似的网络民族主义、网络民粹主义等不良倾向的泛滥，都需要加以警惕。

网络本身不是媒体而是媒介，网站在信息来源、审核、数量方面与报纸，电视等媒体也不是相对应的。从媒介本身来说，它目前正在从一种无主的杂乱状态

向规范化探索，因此，不能以与传统媒体同样的心态去看待互联网以及网络文化。想要获得更大的自主性，网络文化就必须沿着理性、多元、纵深的道路发展。在当今自由度更大、媒体影响面更加广泛、信息渠道更为畅通的社会中，网络媒体应做到恪守网络诚信；网民要提高自身素质，自觉维护良好的媒介环境；管理者也应从制度和教育等多处着手，提高管理的有效性。只有做到共建、共享、共同维护网络精神家园，才能使中国网络文化走上健康发展的可持续道路。

2009年网络维基文化发展报告

张笑容*

摘　要： 维基文化是一种让大众“说”出集体智慧的文化，提倡自由参与，没有边界。它将知识的定义权和诠释权赋予大众，颠覆了传统的由少数精英控制的知识生产，引领了互联网的新潮流。2009年，继博客之后，维基文化发展迅猛，成为互联网上最受关注的现象之一。维基文化在建立知识秩序、加强话语权、增强文化实力方面，体现出了新的战略优势。当前，美国维基文化正在向全球强势扩张，遍布全球266个语种。中国维基文化已经有了上万个维基网站组成的联盟，但还处于初级阶段。对于正在发展中的中国来说，应当高度重视维基文化。

关键词： 维基文化　维基社会　文化机制　话语权　维基影响

一　2009年维基文化大发展

（一）正在向全球扩张的维基文化

目前，维基文化已发展成产业。主要的维基技术开发商和维基应用提供商，共有三种类型：第一，维基技术提供商，主要开发维基软件；第二，基于维基技术构建的维基百科网站或者大众参与的维基社区，为用户提供维基文化平台；第三，同时提供维基技术服务及维基网站运营的企业或组织，实现多元化发展。

从市场应用来看，美国维基文化进入了成熟期早期阶段，开始大众化发展。一些商业用户，例如IBM、宝洁等，都已经将维基思维应用于企业的协作创新、

* 张笑容，互联网实验室研究员、副总裁。主要研究咨询业务、网络运营等。

知识管理等层面，维基思维的社会应用也开始步入成熟期。

当前，维基网站主要类型有维基新闻网站、问答型维基社区、主题性维基社区和维基类百科全书等四种。最著名的当属美国的 Wikipedia 网站。该网站核心团队在美国本土运营，全球化发展，以公益性组织机构维持运作，内容向全球开放，以吸引大众协作参与。互联网巨头 Google 也涉足探索维基发展模式。

维基文化的参与，对来自网络世界的志愿者没有设置任何限制，有兴趣并愿意遵守一些简单规则的人都可以添加或修订任何一个词条。它没有编辑传统百科全书不可或缺的庞大编辑委员会和基于专业团队的工业化编辑流水线，网站的日常管理员从志愿编辑人员中公开、透明地推选出来，是一个相对松散的组织。在允许大众自由编撰的同时，通过共同建立基本守则、普通守则达成社会共识。

这种文化发展的速度是惊人的。以 Wikipedia 为例，该网站早期以英文内容为主，截至 2009 年，Wikipedia 扩展为 266 种语言的版本，总词条数突破 1300 万。其中，词条居第一的英文 Wikipedia（http：//en. wikipedia. org），拥有词条数量已超过 292 万个。

（二）正在发展中的中国维基联盟

中国维基文化的发展滞后美国。从应用层面看，尚处于市场接受期。2009 年，在互动百科网站的带动下，分化出综合维基百科全书以及专业性、行业性维基百科全书两条发展路径。这是中国维基产业发展与美国不同的地方。

由于中国维基市场还处于接受期，通过联盟方式发展产生规模效应，是一种选择。目前，互动百科网站通过自主研发的《HDWiki 百科建站开源软件》组建发展网络维基应用的“百科联盟”。目前，盟员主要为中小网站（也有大型门户网站的重要频道），特别要求必须是专注于某一行业或某一地方的网站，站内词条必须与站点主题相符。联盟成员之间互相贡献知识，一方面，“盟主”互动百科网站 300 多万词条与盟员站点实时分享，知识扩散至众多的其他网站，影响到了更为广泛的人群；另一方面，众多的“盟员”站点所生产的知识又会自动汇入互动百科的知识库，形成新一轮的知识共享、创造和创新。

互动百科组建的百科联盟目前已经分布于中国 28 个省市，覆盖 42 个行业，为上万家中小网站，特别是地方性和专业性社区架构起维基站点及频道。

此外，与美国 Wikipedia 公益性运作不同，以模仿美国起家的中国维基网站积极

摸索维基商业化运作，开拓出新赢利方式。目前国内中文词条量最大的互动百科，采取了完全开放产品源代码的策略，并斥资激励用户贡献知识，力求通过良好的产品体验和口碑来取得市场赢利的突破。虽然目前中国维基还处在初期阶段，但利用百科网站构建技术系统，通过内容和形式的品牌效应集聚人气，形成一个完备的社区。最后经过资本运作、宣传以及技术能力整合社区，已逐步显现出未来商业化运作的目标。

二　维基文化中的维基社会、文化机制和特点

2009 年，维基文化中构造出了一个全面扩展的全球网络社会的新形式，即维基社会。维基社会是一个全球性的网络空间单位，维基社会人群遵守共同的社会规范，维基社会的形成是参与者互动的结果，维基社会具有相应的组织对“社会”进行管理，同时，为“参与者”提供服务，以满足“参与者”的基本需要。下面我们以 Wikipedia 为例探讨维基社会。（Wikipedia 译为维基百科，网址为 wikipedia. org，在 2009 年 alexa 全球网站的排行榜中排名第 6。）

（一）维基的社会文化

1. 维基社会的参与范围没有边界

维基社会作为现实社会的延伸，它同样具有一定的空间，但更广泛，从其参与者的范围来看已经扩展到了全球。值得注意的是，它不是天然的，而是知识与技术结合的产物，具体表现为各个维基网站。从这个意义上讲，维基社会也有特定的空间，只是这种所谓的“网络边疆”具有虚拟的性质，它是英文网民的互动行为向全球“扩张”的结果。维基社会的参与者分布在全球各地。维基百科最早只有英文版，2009 年已经发展到 266 个语言版本。每个语言版本的内容各不相同，并非是知识的简单翻译，因而可以视为不同的语言族群，从英文族群向其他语言族群的扩张，显示出这种全球“扩张”的力量。表 1 是 Wikipedia 中词条数量超过 10 万的语言版本的统计。

2. 维基社会遵守的行为规范

由于参与者拥有不同的意识形态与背景，来自于世界不同的角落，Wikipedia 试图使它的内容客观、公正。这并不是说要以“一种”客观的观点来表述，而是公平地呈现一个议题所有的观点。它遵循以下这样的原则：

表 1　Wikipedia 中词条数量超过 10 万的语言版本的统计

	语言版本	管理员数	用户数
1	英文	1656	9647711
2	德文	323	755019
3	法文	182	600259
4	波兰文	151	273400
5	日文	66	309864
6	意大利文	93	385607
7	荷兰文	85	235915
8	葡萄牙文	63	551400
9	西班牙文	134	1073836
10	俄文	73	273599
11	瑞典文	99	114606
12	中文	88	628478
13	挪威文	65	117243
14	芬兰文	48	112785
15	加泰罗尼亚文	20	33466
16	乌克兰文	19	34964
17	土耳其文	22	221564
18	捷克文	21	70875
19	匈牙利文	34	95696
20	罗马尼亚文	23	95387
21	沃拉普克文	5	4640
22	世界语	15	18293
23	丹麦文	35	70831
24	斯洛伐克文	10	28493
25	印度尼西亚文	15	102817

数据来源：Wikipedia 网站，2009 年 5 月 14 日，互联网实验室整理。

第一，“宽容”理念：对多种观点的认识、接受。Wikipedia 的核心理念体现了一种对多元观点的“宽容”：不同观点是不可避免的，少数者的意见也必须得到尊重，也就是对各种不同观点持有一种“兼容并蓄”的态度。

第二，“妥协”：争论是为合作。一些各方观点差异巨大、甚至是有些“火药味”的敏感词条，各方最后也能达成一种妥协。争论是为了合作而存在，合作是为了建设更为满意的内容。维基网站始终贯穿的这种理念被称为是一种“伟大的妥协”。

第三，“共识”：少数人的意见也要得到尊重的共识原则。强调的是少数人的意见是不可以被忽略的，即使少数人对大多数人赞成的观点表示反对，但是少数人的意见也必须得到尊重，即使最后不能消除分歧，但是所有反对意见都要得到回复，至少达成一个大家最后都能接受的结果。

3. 维基社会的梯田型权力结构

维基社会具有相应的组织对“社会”进行管理，同时，为“参与者”提供服务，以满足“参与者”的基本需要。从 Wikipedia 来看，维基百科主要按知识贡献和互动的程度对参与者进行管理，创始人吉米·威尔士认为这是个民主制、精英制、独裁制的混合。通常大部分的内容，由一般的维基人讨论、修改，通常为民主的形式。维基网站的系统里同时有“精英”做把关人——资深的维基人担当管理员，负责清除破坏及封锁恶意破坏者的账号。而在非常敏感的议题上，则由网站创始人威尔士最后裁决。

关于维基社会的权力结构，维基网站已经建立了较为成熟的基于多层级权限分配机制的志愿者管理策略。

从网站管理的角度来看，这个权力的层级可以分成 7 层，在 Wikipedia 首页用户状态栏目有具体的“规划”，主要表现在：

最底层是匿名用户。即非注册用户，不用注册便可对词条进行编辑的人，但能够编写的权限有限，身份识别特征是其 IP 地址。

第二层是散布全球的普通注册用户。他们有自己的专用网名和登录密码，并在这个网名登录条件下编辑词条和维护维基，可以上载文件和移动（重命名）页面。自动确认用户。中文版的 Wikipedia 可以将普通注册用户升级为“自动确认用户”（任何注册达 7 天并编辑达 50 次的用户），以拥有更多权限。

第三层是管理员。许多经常使用和创建维基网站内容的活跃用户，他们奋斗的目标是管理员，管理员拥有“系统操作员权限”，能够编辑首页及其他保护的页面。他们有删除文章、保护网页和封杀不良用户 IP 地址的管理权。

第四层是可以任命管理员的管事员（bureaucrat），管事员可以将一名用户变为管理员或管事员（但是不能移去这个权限）。他们也可以改变某个用户的名字。行政员有能力在困难的情况，决定投票共识及结论，并能有效地对此决定做出全面解释。

第五层是监管员。监管员（Steward）是特殊的管理人员。它可以在元维基上将所有计划及其所有语言版本的某位用户设置为这个语言版本的管理员或行政员或其他权限，或者取消这些权限。Wikipedia 的 2009 年 3 月 3 日的最后更新资料显示，元维基有 38 名监管员。

第六层是开发人员。开发人员（Developers）负责维基网站软件和数据内容。他们负责修改软件的错误和数据库的维护，可以直接更改运行维基网站的 Mediawiki 软件程序和数据库内容。

第七层，Wikipedia 还有一个仲裁委员会，对社群内部争议进行听证，并有权限制不良用户。特别值得注意的是，位于 Wikipedia“权力”最顶层的是它的创始人威尔士，他可以锁定网页，禁止不良用户使用、任免（或聘用）监管员和开发人员等。

这是一种梯田型的权力结构。在上述七个权力层级内，每一层都有相应的民主体系与之相称，在对于具体事务的处理上，参与者通过投票表明自己的态度。网站创始人威尔士处于顶层，在 Wikipedia 社群里扮演着领导者角色。但他的行为，要为维基文化的发展负责，在一定程度上受到网站参与者、浏览者和搜索引擎带来的网民等的制约。

（二）维基文化机制及其特点

维基文化体现的是当前参与者的价值观。它促使大众说出集体智慧，这种“说”的方式主要是指赋予民众对知识的定义权和诠释权，这意味着只能由精英和权威来进行知识定义和诠释的传统模式的消解；维基网页保存了知识编辑的演变记录，这具有保留历史证据的意义。

1. 文化机制：让大众说出集体智慧

维基文化中的定义权，指维基内容对大众开放，允许任何访问者不受限制地复制、修改知识内容。使用者不需要具有特殊的资格就能做出知识“定义”，他们只需点击“创建”按钮，就能书写关于既有知识的词条文章，创建并定义百科词条。

维基文化中的诠释权，指只需要符合维基网站的编辑方针，并且达到一定的标准，每个人都能够自由地添加信息、参考资料来源或注释。任何人都可按下“编辑本页”的链接来修改大部分内容。当然，自由诠释并非是随心所欲，不符标准或引发争议的信息可能会被移除。诠释者不需要担心在添加信息时会不小心遭到破坏，因为其他的人会适时地提出建议或修复错误，而维基网站所使用的软件也经过精心设计，修复编辑错误十分容易。

维基文化机制，强调内容开放，网站没有总编（或一个自上而下的中央机制）来监视并批准维基网站的日常进展；与此相反，而是由活跃的参与者对他们发现的内容及格式问题进行修订或改正。所以参与者既是作者又是编辑。

通过内容开放，以大规模协作的全民参与方式完成对有关领域知识的采集、整理以及提取，实现自学习和自完善，并以结构化体系的形式呈现。

[1] 维基文化的内容开放。

内容开放主要是指维基的内容允许任何第三方不受限制地复制、修改及再发布材料的任何部分或全部。维基网站遵循《GNU 自由文档协定许可证》，采用该许可证的材料可以用于商业用途，但必须允许任何愿意遵守该许可证的人士在该许可证下进一步修改或散发材料。

值得称道的是，维基网站需要添加来自可靠来源的引用以改善词条，无法查证的内容会被提出异议而移除。知识是需要不断更新的，Wikipedia 上的所有词条都是成千上万名志愿者无偿撰写、修订的，每条词条平均编辑次数 29.9 次（2009 年 2 月 28 日统计）。这些过程都会被保留下来。维基网站能够将不同修改的记录保存下来，记录在不同的历史版本中，这可被视为知识发展的证据库。维基网站中的词条有大量参考文献和注释，这些是网站鼓励的行为，建议翻译或复制其他文章时在摘要栏明确注明出处与正确的链接。

[2] 允许全民参与，通过大规模协作，实现系统的自学习和自完善。

从技术来看，维基是一种社会化软件，这种软件支持面向社群的协作式写作，同时也包括一组支持这种写作的辅助工具，即多人协作的写作工具。同一维基网站的参与者自然构成了一个社群，维基系统为这个社群提供简单的交流工具。该工具具有创建、编辑、修订等社会化管理功能，与庞大的网络数据库结合为一体。与其他社会化软件相比，维基在使用上更为便捷、开放。Wikipedia 第一个使用维基社会化软件进行知识词条的创建、编辑和修订，其社会化的参与，实现了知识系统的自学习和自完善。

[3] 知识结构化体系。

知识结构化有两层含义：一是知识框架结构化，即维基网站有完整而庞大的知识框架；二是知识元内部结构化，即一个知识单元所具有的结构。

第一，知识框架结构化有三个要素：分类知识树、知识元、知识元链接。

所谓分类知识树以树状形式为索引结构。这是维基网站知识生产和消费的基本结构。比如，在“自然”这个一级大类下，有9层子类：自然资源—矿物—岩石—水成岩—煤炭—煤矿—矿难—中国矿难—台湾矿难。

所谓知识元，也称知识单元，是指不可再分割的具有完备知识表达的知识单位。从类型上分，包括概念知识元、事实知识元和数值型知识元等。在维基网站上，主要是概念知识元和事实知识元。这是维基网站中，知识存在的基本单位。

所谓知识元链接，指的是在知识元网页中的某些关键词，通过超级链接彼此关联，形成一个复杂的知识网络。这种链接，形成了不同于印刷品的新一代的知识库。读者在使用传统的百科全书时，查询某一个词条能够得到准确的、概括性的解释，但却无从了解该词条的外延或是相关细节，每个知识点都像孤立的小岛。而在维基网站的知识库中，任何一个知识单元都可以关联到其他相关的单元上。

第二，知识元结构化有两种表现：内容结构和网页模板结构。

一种是因知识元包含的知识点的不同而产生，可称为知识元的内容结构，例如，“毛泽东”这个词条中包含“毛泽东的生卒日期”、“毛泽东的籍贯”等更小的知识点。但同为历史名人，“孙中山”这个知识元一样可以分解出类似的知识点来，例如“孙中山的生卒日期”、“孙中山的著作”以及“孙中山的籍贯”等。这被视为知识元的结构相似。

另一种是根据维基的网页模板系统设置而产生的结构：维基词条网页一般分为定义、诠释、修订版本和所属分类，共四个主体部分。在不同的维基网站上，会增加一些功能性版块，例如统计和互动讨论等。

这种对知识元结构化的处理，有助于让参与者更准确地表达和获取所需要的信息。

2. 特点：唯一性、可靠性和动态架构

维基的文化机制有三个突出特点：内容唯一性、内容可靠性和内容完善性。维基的内容机制使海量知识摆脱了无序的状态，维基以内容为核心形成一种自组织的知识结构化的整合方式，通过知识结构化的整合，使互联网上的知识传播与交流产生了新秩序。

[1] 内容唯一性。原意是指原创性的内容。个人将原本存在的知识要素重

新加以排列组合，用一种新颖而与众不同的方式来传达，可以激发知识中的新含义。内容唯一性原则决定了维基网站不是对知识做简单的复制粘贴，而是强调必须用新颖的方式来传达。这一点对搜索引擎非常重要，搜索引擎有严格的内容过滤器，旨在减少重复内容的收录。网站的内容唯一性高，容易获得搜索引擎的评价权重、流量等。

内容唯一性在维基网站上还有另外一层含义：即知识的唯一性，简单地说，一个词条（关键词）对应一个知识元。这跟搜索引擎明显不同，在搜索引擎中输入一个“毛泽东”将得到上千万个结果，而这个结果是一大堆信息的临时聚合，用户还需要对这些信息大量筛选，才能找到自己所需要的内容；而在维基网站中，“毛泽东”只有一个结果（词条），这个词条是一个完整的知识元，足够满足用户需要，此外，用户可以从这个知识元中很直接找到很多与其相关的知识。

从这个角度来看，内容唯一性，决定了维基网站与搜索引擎和其他网站的根本不同。

[2] 内容可靠性。即建立一种依照可查证性和来源充分性来整理词条的方法，包括需要提供这样的内容，知识来源是否包括学术书籍、主流媒体来源、本地或营利的专业新闻出版物、网志、网站、第一手资料等。

维基网站的内容开放带来了对内容可靠性的质疑。Wikipedia 自创立以来遭受非议最多的就是其松散的志愿者管理模式能否保证高质量的知识产出，即对词条质量可靠性和系统长期稳定性的质疑，甚至曾有人断言维基网站是又一个知识乌托邦。事实证明这种疑虑是多余的。到目前为止，这种机制保持了惊人的活跃性和创造力。

[3] 动态架构。维基网站内容始终处于一种自学习和自完善的动态架构中，团体协作实现更新纠错系统自完善。

维基的思想是“更多的眼睛发现更多的错误”，当每个人都可以修改那些他认为不正确的东西的时候，不同观点的彼此冲突和妥协最后就会指向一种最大限度的全面客观。此外，维基的技术还保证了每次修改的历史记录都会被完整地保留下来。当读者去搜索一个词条时，他可以看到对这个词条不同的解释方式，最终选择哪一个完全交给读者自己判断。

维基在词条网页上告知读者，词条是否受到同行评审，编辑多少次数，评审多少人员等。例如，在互动百科网站搜索“亚马逊河”这个词条，可以发现这个词条共167个版本，经过了116人协作编辑。词条版本数及协作人数的数量决定着词条的完善性（2009年5月）。见图1。

图1　内容完善性示例

资料来源：互动百科　互联网实验室整理。

越来越多的人认同这样的观点：维基网站没有最终的正确词条，它永远都是在不断地丰富和完善中，参与的人越多就会越完善。

由于实现了跨地域、跨时间的全民头脑风暴，用户在个人已有知识的基础上，进行知识的产出。用户之间所形成的知识团体，通过内部头脑风暴组织起来后，围绕维基内容的创建、监督与评估机制，在审核机制和用户团体的自动纠错机制下，造就了维基知识永远都是在不断地丰富和完善的动态平衡状态中。

三　维基文化对中国社会的影响

维基引起了世界的关注，世界上很多政府部门、企业和社会机构，正在积极地关注维基模式带来的变革。维基文化提供了一种让全民参与、社会化大规模协作、全球共同沟通交流知识的新方法。在加强话语权和文化实力方面，维基文化体现了新的战略优势。这对正在发展的中国来说尤为重要，维基创始人沃德·坎宁安（Ward Cunningham）就曾表示：从维基开始，美国全球互联网的领袖位置可能要逐渐被中国所替代。

（一）从混乱到有序的知识走向

全球化使世界的边界、限制和分类都在发生变化，知识不再拥有从前的稳定性，面对一个迅速膨胀的数字世界，人们难以确定什么是应该知道的。维基是重新组织知识的一种适当方式。在维基文化的引导下，知识走向呈现出从混乱到有序的秩序化发展趋势。从信息孤岛到知识大陆的知识走向来看，维基文化开辟了互联网知识秩序化的先河。

如果在搜索引擎网站上搜索“wiki”一词，那么在百度中就能够搜索到437万个结果，在Google中则能够搜索到46700万条，由于信息量过多，你很难对其全体进行把握。所以，对想迅速得到知识的人来说，摆在面前的问题，除了前文述及的知识孤岛现象，还有一个知识爆炸引起的知识混乱现象：每天总要浪费很多的时间和精力，才能从信息垃圾中找到有用的知识。

我们不能被繁复的知识所淹没，而要学会筛选，能动地获取知识。在知识秩序化方面，搜索引擎做出了杰出贡献，但与维基相比，搜索引擎还是一种初级的秩序化处理方法，理由有三：一是维基实现了内容唯一性，大大提高了搜索的命中率，为人们节省了大量的时间；二是维基多人协作的内容，其可靠性，远比搜索引擎得到的大量结果有价值；三是维基将有用信息变成知识，并令知识结构化，一个知识元相当于一个完整而详细的专题，这是任何一个搜索引擎都无法做到的事情。

可以说，有了大众参与，维基网站全书不断创新、不断编辑完善，信息向知识转变的路途将越来越宽阔。反过来，互动更新、内容不断丰富的维基网站，也有非常大的潜力作为人们寻找知识的首选。

（二）维基与话语权：大规模协作的话语权

维基所倡导的是一种“说出集体智慧”的文化。简单地说，维基是一部自由开放的百科全书：任何一个网民都可以向这部“书”提供知识，任何一个网民都可以对这部“书”里的知识进行改写，这个过程几乎没有门槛：前者仅仅通过点击一个“创建”的按钮就可以进行知识的定义活动，而后者仅仅点击一个“编辑”的按钮，就可以对知识进行修改、补充等诠释工作。

人类的一切知识都是通过“话语”而获得的，任何脱离“话语”的事物都不存在。话语权的核心在于“概念定义权”。掌握话语权在于掌握概念定义权，概念的外延越大，内涵就越少，其标准也就越含糊，就越取决于谁掌控定义权。

通过大规模协作的知识定义和诠释，维基文化形成了一个舆论话语空间。在维基网站上，每一个参与者都可以平等地定义知识，这不同于传统的获取、处理

和传播知识的方式。参与者作为这个舆论主体，在维基网站这个公共舆论领域找到了自己的话语空间，从个人的话语得到众人的修订和诠释之后成为一种群体“共识”，这个过程即是个人话语权演变为公共话语权的过程。参与者集体拥有了社会舆论发言权，维基网民逐渐成为一种新的权威信息来源，这意味着传统的专家精英的话语权模式正在被解构。

维基通过知识的自组织管理，集合全体用户的智慧，这种团体效应形成了动态发展的知识集合，在广大用户的积极参与和协同下实现知识创造的团体效应。正是通过这样循环的知识消费过程，维基网站不但实现了知识范围和数量的扩展，还完成了知识质量的不断演进、提高。通过集合全体用户的智慧，形成了超强的消费知识集合，这种集合不是死的、静止的知识堆积，而是一个动态增长的架构。作为一种平民化的知识生产方式，一种完全开放的知识传播方式，维基网站对传统话语体系提出了挑战。

（三）知识霸权主义与知识部落主义

知识意志中存有权力意志。维基知识的生产，也是各方权力意志博弈的过程。知识的积累过程同时也是知识的交换过程。在本土知识和全球知识交换过程中，本土知识的有限性会迫使本土知识承认异土知识对其部分知识的权威性。有两种情况值得注意。

一种是，随着 Wikipedia 网站全球化发展进程的加速，或将导致一种知识霸权主义开始产生。

维基网站正致力于将世界的不同知识汇集到一个地方来建立一个全球知识档案库。问题是，这种知识取舍的标准只能是由网站自身来终极决定。作为外来的参与者，必须接受站方的领导。这种行为，实际上是一种对本土知识领导“权”的争夺。这种争夺有其积极的一面：作为知识统治者（网站）一方要获得统治的合法权，就需要通过赢得被统治者（网站用户）的同意，通过被统治团体的自愿的赞同来获得，而不是通过压制或暴力来获得；其消极的一面在于：本土知识是否能在维基网站之外确立领导地位，这种领导地位的合法化，都会被视为是对维基网站的挑战，因而给本土知识自身发展带来很大的压力。

从积极的一面来看，要赢得被统治者（网站用户）的同意，就不是一件简单的事情，需要双方的谈判，而有谈判也就有让步或折衷平衡的问题，由此知识霸权的争夺并不是一方对另一方的简单的灌输和强加，是双方谈判或协商的结果。这样，知识霸权所呈现出来的就不是一种静止的或静态的统治模式，而是一种动态的统治方式，一切都正在进行中，是统治与反抗之间的一种不断变化的动态的平衡。

关于领导权的争夺，是一个长期而复杂的工程，是鲜明的“阵地战”。这种争夺发展到极端，就是“编辑战”。在有的词条中，以至于两位或多位作者就一个问题意见不合无法达成协议，因此不断地互相删改对方的编辑内容以维持己方的观点。这种话语权博弈行为被称为编辑战。如果各方真的无法达成协议，维基的中立精神要求将两种意见都表达出来：关于×××的争议，一方认为……，另一方认为……，这是有争议的文章中常见的做法。这被视为中文维基网站的一项正式方针。

另一种趋势是知识部落主义。

知识部落主义过分强调保存某个团体的知识，忽视与其他人或团体知识的相互交往与影响，反对交往与沟通，不加分析地提倡“越是民族的越是世界的”，结果束缚了自身知识的成长。例如，封闭的百科全书，推崇专家团体的智慧，而忽略了大众的力量，结果不可避免地走入部落主义陷阱之中。还有一种情况值得注意，谷歌的百科全书 Knol 强调第一作者，他们将作者的真实姓名安排在词条内容的后面，在 Knol 中，读者可以发表建议，作者可以进行辩论是否接受或拒绝这些建议，但读者无权修订词条。其过度突出第一作者的做法，无疑也是将自身封闭起来的一种部落主义思维的表现。

从全球范围来看，维基文化意味着从知识阶层、专业人士到大众，都成为网络信息源，这将使不同的价值观之间的碰撞更加剧烈。这种碰撞，一方面提高了知识层次与知识交流质量，另一方面进一步打破了本土与全球之间的知识疆界。某个国家的重要知识信息，会随时成为全球公民关注的焦点。虽然还不具备说服政府的能力，但意见的全球化，已经提高了政权忽视多元舆论的代价。另一方面，由于人人都能在网上发言，各种各样的思想和观点才有可能表达与展示，百花齐放、百家争鸣的景象才有可能真正出现。

无论从现在还是从长远看，维基网站都是本土知识和异土知识不同价值观念进行交战的重要场所。Wikipedia 从诞生到发展，一直以美国本土知识作为主流文化先导，这与中国本土知识和文化形成了一定的对峙与冲突。中国应该高度重视维基文化建设。

北京大学生电影节述评及文化解读

——如何让青春的梦工厂永葆青春

张 芳*

摘　要："北京大学生电影节"创办于1993年。在走过16年之后，它已跻身于中国重要电影节之列，成为电影文化与大学生文化的风向标。然而，对于"北京大学生电影节"来说，一面是作为大众消费艺术而诞生的电影，一面是作为社会先锋而培养的大学生，而面对日益严峻的主流与先锋的交锋、商业与艺术的博弈，不断受到来自主流文化和商业市场的冲击，暴露出许多问题。如何寻求一条可持续发展之路，让青春的梦工厂永葆青春，势必要提到议事日程上来。

关键词：北京大学生电影节　大学精神　主流化　市场化

"北京大学生电影节"于4月至5月举办，是每个年度国内的第一个电影节。踏着春天的脚步，满怀青春的激情，被中国电影界誉为"第一声春雷"的北京大学生电影节，最早向世人报晓——电影的新生。可以说，在中国越办越多、越办越大的各种电影节中，"北京大学生电影节"以"青春激情、学术品位、文化意识"为宗旨，以"大学生办、大学生看、大学生评、大学生拍"为特色，活跃于在电影与大学生之间搭建的互动平台上。依托自己的品牌优势和特色定位，北京大学生电影节脱颖而出，已经跻身中国重要电影节之列，成为电影文化与大学生文化的风向标。

然而，对"北京大学生电影节"来说，一面是作为大众消费艺术而诞生的

* 张芳，文学博士，河北大学文学院讲师。主要研究西方马克思主义文论、大众文化理论。

电影，一面是作为社会先锋而培养的大学生，面对日益严峻的主流与先锋的交锋、商业与艺术的博弈，北京大学生电影节不断受到来自主流文化和商业市场的冲击，暴露出许多新的问题。是冲击、挑战，也是契机、机遇。如何寻求一条可持续发展之路，让青春的梦工厂永葆青春？这是北京大学生电影节留给我们的思考题。

一　走向主流：北京大学生电影节的变迁

北京大学生电影节创办于1993年，是经中共中央宣传部、国家教育部和广电总局以及北京市委批准，由北京市广播电视局、北京师范大学主办，由北京师范大学艺术与传媒学院、国家广电总局、广电总局电影频道节目制作中心、中国电影资料馆、北京电视台影视中心、中国电影报社、北京市电影公司、北京新影联影业有限责任公司、中国电影基金会、北京影视艺术家协会、北京市学生联合会等多家单位联合主办的一项大型文化活动。基本上每年一届，到2009年，已经举办了16届。

北京大学生电影节是我国改革开放时代的产物，同时，也是1992年刚刚成立的北京师范大学艺术系（即艺术与传媒学院前身）影视专业寻找的一个新的学术基点。“一个在国内电影节中受众最多、评奖队伍最大、学历最高、学术文化活动最为丰富的电影节，就在历史积淀中，伴随着中国电影的起伏颠簸而生存壮大。”北京大学生电影节经历创型期、衍型期与定型期。①

从1993年第1届开始到1996年第4届是“创型期”。北京大学生电影节以鲜明的姿态、独特的风格，初步找到自己的独特定位，与主流奖项和电影节机制区别开来。在第3届确立了“青春激情、学术品位、文化意识”的电影节宗旨，在第4届明晰了“大学生办、大学生看、大学生评”的活动特点，初步摸索制定出一套区别于华表奖（政府奖）、金鸡奖（专家奖）、百花奖（观众奖）等主流奖项，体现大学生特色的评奖规范，以及区别于金鸡百花电影节等主流电影节

① 参见王一川《走向双翼制的大学生电影节庆——北京大学生电影节回顾与前瞻》，《艺术评论》2008年第5期；周星：《15届电影青春活力，16年学术文化张扬——北京大学生电影节的诞生与发展》，《艺术评论》2008年第5期。

的具有学院气息的节庆机制。例如，1993 年第 13 届、1994 年第 14 届金鸡百花奖把最佳故事片奖给了《秋菊打官司》和《凤凰琴》，而前两届大学生电影节把大奖给予了张建亚执导的《三毛从军记》、黄建新执导的《站直啰　别趴下》和《背靠背　脸对脸》，刘苗苗执导的《家丑》，反映出大学生电影节独特的艺术品位。此外，大学生电影节设立"最佳处女作奖"，体现出电影节支持新人、力求探索的未来指向。例如新锐导演霍建起，曾在第 4 届大学生电影节中因《赢家》获得处女作奖。另外，在常规影片放映和奖项评选之外，作为致力于搭建电影与大学生互动平台的学院的电影节，主题学术活动、见面交流会、电影与大学生关系问卷调查成为大学生电影节一道独特的风景线。这些活动在电影界和大学生之间碰撞出思想的火花，使得双方都获益匪浅。

从 1998 年第 5 届到 2003 年第 10 届是"衍型期"。北京大学生电影节进一步试图在张扬学院特色与维护主流规范之间求得平衡，呈现出兼容并包的姿态。第 5 届北京大学生电影节确立了自己的品牌标志"飞虎杯"，设立了自己的特刊专号，而且设立了完全由大学生自己评选的最受大学生欢迎的影片和男女演员奖。这个时期既评选出张扬《爱情麻辣烫》、陆川《寻枪》、霍建起《暖》等大学生喜爱的影片，也评选出《一代天骄成吉思汗》、《一个都不能少》等符合主流规范的影片。同时，电影节鼓励大学生实际参与到影片制作中去。从 2000 年第 7 届起，"大学生录像作品大赛"成为电影节的重要环节。这是新电影人探索的舞台，是国内面向大学生的重要影视文化赛事。从"大学生办、大学生看、大学生评"，到"大学生拍"，大学生在电影节中进一步发挥主体性作用，大学生与电影之间有了更充分的互动。例如，以《疯狂的石头》获得影坛肯定的导演宁浩，正是从大赛中脱颖而出的昔日大学生。在 2001 年大学生电影节中，他曾以《星期四，星期三》获得"大学生录像作品"最佳导演奖。此外，另一个值得注意的动向是，除了关注和支持国产电影之外，大学生电影节开始扩大国际电影文化交流。2003 年第 10 届电影节举办了一系列"韩国电影文化交流"活动，展映韩国电影，研讨韩国近年的电影现象，探索如何借鉴韩国经验，走出有特色的本土电影之路的问题。这显示出大学生电影节开放的学术品位和文化意识。

从 2004 年第 11 届到 2008 年第 15 届是"定型期"。北京大学生电影节有了成熟定型的评奖规范和机制，能够稳健地把大学生审美意识与主流规范融合在一起，成功地进入主流电影节。标志是，大学生电影节的评奖结果出现与金鸡百花奖最终得主重叠的现象。如2004年大学生电影节最佳影片《暖》，正是2003年获得金鸡奖的最佳影片；《云水谣》在2007年4月被大学生电影节评为最佳影片，同年10月摘走了金鸡百花电影节的最佳影片金鸡奖。无独有偶，像《云水谣》一样，2008年的《集结号》兼获大学生电影节和金鸡百花电影节的最佳影片奖。作为每年国内的第一个电影盛会，在大学生电影节获得好评的影片，在接下来的其他电影节庆和奖项评比乃至世界影坛评比中，往往也会有所收获。被誉为中国电影的“第一声春雷”的北京大学生电影节，越来越具有预示着电影未来动态的作用。

实际上，“第11届到第15届北京大学生电影节”既是一个逐渐成熟的“定型期”，也是一个突飞猛进的“发展期”。2004年国务委员陈至立致函第11届北京大学生电影节：“北京大学生电影节是一项非常有意义的活动，希望北京大学生电影节大力弘扬。”在此之后，无论是电影节的规模，还是电影节的影响，都在社会和校园两个层面上有了迅猛扩张。

首先，参评影片和短片的数量剧增。第11届，报名参赛产业影片50余部，自拍短片400余部。之后，几乎每年报名影片和短片数量都不断创新高。到2008年第15届，参赛影片达100余部，参赛短片达1000余部。电影节越来越赢得社会和校园各界的广泛积极响应。

其次，评奖品种和单元的数量剧增。电影节的基本评奖品种从第11届的13种，增加到第15届的23种，所涉范围和题材更宽。第11届增加“动漫短片大赛”单元后，扩大了大学生的拍摄范围和参赛单元的数量。到第15届，已经包括DV单元（专业组、业余组），动画短片单元，手机短片单元，反盗版公益片单元等，涉及大学生原创作品的奖项达30种。

再次，参与者的数量剧增。第11届电影节，参与的高校第一次超过50所，有北京以外的高校加盟。到第13届，全国参与的高校达到150所，逾2000多万名大学生参与其中。2008年第15届电影节，在北京（主会场）、上海、天津、南京、重庆5地同时举行，盛况空前，成为国内参与人数最多的电影节。

最后，社会影响力剧增。在创型期、衍型期之后，已经形成社会品牌的北京大学生电影节，将视野转向新闻宣传和媒体。从第11届电影节开始，大学生电影节拥有了自己的官方网站www. filmfestival. com. cn，并与新浪网站、搜狐网站、CCTV－6等合作，通过北京电视台、凤凰卫视、光明日报、人民日报等各大媒

体扩大影响。电影节的开幕式在中央电视台“新闻联播”中出现，引起广泛关注。随着电影节人气的不断飙升，成龙、赵薇、周迅、葛优、苗圃等海内外一线明星积极参与，田壮壮、黄建新、冯小刚等大牌导演成了电影节的常客。在第15届电影节的闭幕颁奖典礼上，走过红地毯的导演、明星包括冯小刚、张涵予、侯勇、苗圃、宁静、濮存昕等六七十位。

从单打独斗的校园探索，到风风雨雨的艰难成长，再到轰轰烈烈的迅速扩张，北京大学生电影节创造了一个“奇迹”。然而，自觉向主流媒体和主流文化靠拢，也在一定程度上使电影节离“青春激情、学术品位、文化意识”的宗旨渐行渐远。为了协调各方利益，奖项评比“一团和气”；官方色彩日渐浓烈，明星效应过于强化；颁奖典礼几乎没了悬念，仿佛成了金鸡百花奖的学院版、明星导演们的学院秀。北京大学生电影节的学术品位越来越受到人们的质疑。

总之，回顾“北京大学生电影节”十几年来的变迁，是一个自觉地从边缘向中心靠近，从先锋向主流融合的“主流化”过程。以学院立场、先锋姿态切入的大学生电影节，终于能够在主流电影节争得一席之地。然而，被主流化的结果，也暗藏着丧失学术品位和个性色彩的危险。我们在为北京大学生电影节的成功喝彩的同时，不得不关注大学生电影节的可持续发展的问题。

二　从主流化到市场化：2009 年的转型尝试

2009 年第 16 届北京大学生电影节在延续第 15 届传统的基础上，掀起新的高潮。报名参赛影片百余部。短片竞赛收到百余所高校学生的 1008 部作品，作品时间总长度 2 万分钟，港澳台学生的作品占 5%。此外，分会场增加了五个，2009 年 4 月 6 日同时在北京（北京师范大学主会场）、上海（上海大学）、广州（华南理工）、武汉（武汉大学）、成都（四川大学）、济南（山东大学）开幕，一时间，南北大学生都融入电影狂欢的大潮之中，盛况空前。

可喜的是，北京大学生电影节的势头正盛，规模越来越大。然而，从入围影片、开幕影片、获奖影片以及颁奖典礼等情况来看，第 16 届北京大学生电影节依然在自觉或不自觉地进一步强化主流姿态。

经过筛选，《保持通话》、《超强台风》、《斗爱》、《邓稼先》、《非诚勿扰》、《风云决》、《复活的三叶虫》、《高兴》、《红河》、《喊过岭的故事》、《画皮》、

《即日启程》、《李米的猜想》、《马东的假期》、《梅兰芳》、《秘密访问》、《鸟巢》、《霓虹灯下新哨兵》、《牛郎织女》、《农民工》、《水凤凰》、《十七》、《生日》、《硬汉》、《缘来是爱》、《叶问》、《夏天，有风吹过》、《寻找智美更登》、《新生万喜》、《这儿是香格里拉》30 部影片入围。这些影片题材多样、风格多元，但主会场的开幕影片《邓稼先》和《霓虹灯下新哨兵》是两部主旋律影片。2008 年创造票房奇迹的商业大片《非诚勿扰》、《画皮》、《梅兰芳》、《叶问》、《风云决》等，在入选影片中占据重要位置，主流娱乐文化对大学生的影响显而易见。此外，电影节请到了王家卫与两位“80 后”年轻作家郭敬明、蒋方舟以及影评人魏君子对话，以吸引大众眼球。电影节后期的颁奖典礼明星云集，电视、报纸和网站媒体大篇幅追踪明星们的着装和身影，所谓“大学生电影节”成了暗淡的背景，几乎在明亮的星光中隐而不见。

尤其是，大学生电影节产生的各奖项得主，依然悬念不大。集社会、经济和艺术效益于一身的《梅兰芳》被评为最佳影片。几个月后，《梅兰芳》在华表奖的优秀故事片中榜上有名，还摘走了金鸡奖中的最佳影片奖。凭借《梅兰芳》获得最佳新人奖的余少群，也是华表奖的优秀新人男演员。因《李米的猜想》和《画皮》封后的周迅，也是本年度金鸡奖的最佳女主角。大学生电影节把最佳电视电影导演奖给了《走四方》的导演李灌洪，金鸡百花电影节则把最佳数字电影奖给了影片《走四方》。值得注意的是，大学生电影节的奖项除了与主流电影节重叠之外，还和主流娱乐界一样，青睐创造票房佳绩的主流商业大片，如《叶问》、《画皮》、《非诚勿扰》、《风云决》都在大学生电影节拿了奖。《叶问》的主演甄子丹更是在大学生电影节中封帝。如果说，还有什么能够体现大学生的独特视角的评选结果的话，只有以下几项：《红河》的导演章家瑞获得最佳导演奖，主演张静初被评为最受欢迎女演员，刘江以《即日起程》获得最佳处女作奖，主演范伟被评为最受欢迎男演员。

已经成熟定型的第 16 届北京大学生电影节评奖，力求在主流规范和大学生视角之间寻找平衡，并没有多少突破。作为主流电影节的“一声春雷”、主流娱乐圈的“一声回应”，如今的大学生电影节少了最初的先锋姿态，多了些圆滑。面对大学生电影节从起步到发展、从先锋到主流的不断推进过程，特别是面对日益严峻的主流与先锋的交锋，王一川教授认为，现在电影节中大学生看评产业摄制影片的机制已经基本成熟，而大学生电影节的薄弱环节或发展前景在于“大

学生看评自创影片”。大学生电影节的未来依赖于“形成和实行大学生看评产业摄制电影与大学生拍评自创电影的双翼式机制”。[①] 在第16届北京大学生电影节中，为了鼓励大学生看评和自创，在原有评奖单元基础上，全面扩大了获奖范围，大学生原创作品涉及奖项（包括提名）近60种，比第15届的30种又翻了一番。为了支持原创，仅反盗版单元环节，就设置了28个奖项。北京电影学院席雪晴参赛短片《秘密通道》“描述西藏小活佛的成长历程，非常引人入胜”，获得评委会大奖，是今年唯一一部入围德国波茨坦举行的第38届国际大学生电影节的中国短片。扩大奖项在一定程度上有利于鼓励青年导演和大学生电影爱好者积极参与。然而，与看评产业摄制影片的耀眼夺目相比，原创奖项的庞杂反而使之显得底气不足，青春乏力，无法形成抗衡之势。

其实，电影节不仅仅是明星出场与奖项评比。为了保持大学生电影节的青春活力，在提升大学生原创奖项的同时，更重要的是为大学生和电影提供交流平台，坚持举办电影节的特色系列活动。第16届大学生电影节虽然在原创奖项方面呈现弱势，更看重与主流影视圈的融合，但另一方面，一些“另类”的活动确实凸显出大学生个性和学院特色。作为对主流电影节的补充，大学生电影节的学术研讨会、大学生论坛、经典系列回顾等活动的论题，显现出大学生电影节与主流文化保持距离的另一面。

首先，“关注乡村”。大学生电影节组委会特别推出肖风的“现代乡村三部曲”《喊过岭的故事》、《清水的故事》、《海的故事》和电影《水凤凰》的展映研讨活动。“三部曲”影片的角色全部由农民本色出演，最真实地反映了当下农民的生活状态。《水凤凰》关注人性、关注贫困山区基层教育工作者。这些蕴含深切社会关怀和人文关怀的电影引起了大学生们的关注和思考。

其次，“品读经典”。大学生电影节推出纪念瑞典国宝级导演英格玛·伯格曼系列活动。从电影展映、生平资料展览到大学生与瑞典大使、瑞典专家面对面交流，伯格曼以其哲人的思考和诗人的情怀倾其一生不停追问人的存在与神灵、死亡、道德人伦等难题，这些难题也促使大学生们深思，显示出大学生们独特的学术视角和电影品位。

---

① 参见王一川《走向双翼制的大学生电影节庆——北京大学生电影节回顾与前瞻》，《艺术评论》2008年第5期。

再次，“舞蹈影像”。第16届北京大学生电影节组委会与北京师范大学舞蹈系合作举办了北京2009舞蹈影像展。这是中国大陆的第一个中国原创舞蹈电影节，展映了荷兰、挪威、瑞典、美国以及香港等国家和地区的舞蹈影片，以国际化的风格图谱呈现一场青春的盛舞派对。此外，还邀请舞蹈家及中外舞蹈电影导演交流创作经验，并就中国本土舞蹈影像的发展进行研讨。这些都显示出大学生电影节与众不同的“先锋性”。

此外，2009年是特殊的一年：新中国成立60周年，五四运动90周年。北京大学生电影节推出“纪念新中国建立60周年研讨会”。从“新中国电影60年的回顾与展望”和“新中国电影60年类型样式分析研究”两个主题，对新中国电影的成长成熟、发展壮大直至百花齐放作出了梳理和探讨。同时，电影节还举办了“纪念五四运动90周年大型学术研讨会议”和“青春情感的影像世界——纪念五四运动90周年研究生论坛”，对90年的中国青春影像作出了全方位的学术审视，以期促进新时期中国青春电影的创作。

值得注意的是，游走在主流与先锋之间的第16届北京大学生电影节，面对日益严峻的商业与艺术的交锋，还透露出一个新的信号——市场化。

电影媒体是一个巨大的产业链。作为大众消费艺术而诞生的电影，是一种可供消费的商品，电影节可以看作商品博览会、拍卖会。电影节是明星们的“秀场”，更是明星、导演、制片人、发行商交易的“市场”。从本届电影节的短片大赛开始，“北京大学生电影节”尝试在电影产业链条的框架内与中国电影博物馆合作，整合短片参赛者资源，成立“DV酷乐吧”。在短片大赛结束后，邀请短片大赛作者参加双方联合举办的“纪录片月”和“青春印象——我眼中的中国电影博物馆”等活动，为青年影像创作者提供一个良好的创作和交流平台。此外，对于电影节的运转模式，组委会有更为大胆的设想，比如联系一些制片方，架设创作者与制片方之间的桥梁，投资方可以根据自己兴趣，遴选一些青年创作者进入自己的导演后备库，在电影市场化的大背景中，给创作者一个更好的条件和空间，形成“蓄水池效应”。①

北京大学生电影节是一项大型公益活动，所面临的经费问题比其他电影节更加严峻，“市场化”的呼声由来已久。第4、第5届和第8、第9届北京大学生电

---

① 参见http：//www.cb-h.com/news/yl/2009/511/095113384A7D894521082.html。

影节曾试图采取一定的商业运作手段，然而由于利益冲突等因素最终未果。为了增加电影拷贝，让更多的大学生看到电影，第 11 届曾经尝试做贴片广告，深圳健康元集团下属意可贴品牌全程赞助了此届大学生电影节，然而效果并不理想，电影节还不具有商家所期望的商业价值。目前，大学生电影节主办方筹集的经费非常有限；大学生电影节的奖项基本上都是荣誉奖，短片大赛中的公益片单元受到美国电影协会、中国电影版权保护协会的支持，跨文化纪录片奖金则由美国玫瑰跨文化了解促进会创始人陈南屏女士设立并提供；电影节的几届颁奖晚会由 CCTV－6 电影频道出资做成……在电影商业化的冲击之下，公益化的电影节难以持久，市场化似乎是大势所趋。

为此，第 16 届北京大学生电影节计划以总冠名赞助 500 万元引入商家赞助。在不理想的情况下，转而希望借助电影产业链赢得潜在的市场回报。可以预期，随着电影观影人群高收入、高学历化的趋势，随着大学生电影节影响的日益扩大，正式引入大型商业赞助只是时间问题。然而，“市场化”的后果将使得大学生电影节的立场变得更为复杂。对北京大学生电影节来说，如何协调商业与学术、市场与艺术的关系，将是一个异常紧迫的问题。

三　打造“北京大学生电影节”经典品牌的对策

与金鸡百花电影节、上海国际电影节等不同，“北京大学生电影节”不是一个纯粹的电影节，更像是一个显现大学与社会之间的文化状态的“实验室”、“问题域”、“知识场”。在这里，纠结着先锋文化与主流文化的争夺，凝聚着学院文化与商业文化的对抗，一切都通过“电影节”这个媒介，变得复杂而矛盾起来。归根结底，“北京大学生电影节”是当代电影文化与大学生文化的风向标，北京大学生电影节流露出的与主流文化（包括主流官方文化与主流娱乐文化）、商业文化的暧昧关系，实际上反映的是当代大学的社会处境问题。

一方面，北京大学生电影节以学院先锋姿态出现，却主动向社会主流文化靠拢。这种选择并非偶然，因为“介入社会”、“获得认可”是大学生电影节的诉求，更反映出大学走向社会的一种诉求。大学作为一个特殊的社会机构，在诞生之初与国家和社会保持距离，强调“学术自由”与“大学自治”精神。随着大学在社会经济生活与国家发展中的作用日益扩大，现代大学的社会责任问题被提升到重要地位。如今，“培养人才”、“发展科学”、“服务社会”已经成为人们对当代大学职能的共识。走出象牙塔，找到社会定位便成为当代大学的不二选择。北京大学生电影节努力在主流与先锋之间做出权衡，恰恰显示出大学在社会中寻找自身定位的艰难。在大学与社会的互动中，既保持本真又服务社会，获得双赢，才是理想选择。北京大学生电影节的长足发展，也正是由于在与主流融合的同时，保持着个性特色。第16届北京大学生电影节在这方面的努力是显而易见的。

另一方面，市场化对北京大学生电影节的挑战，真实反映出当下市场经济和商业文化对大学的渗透。面对商业与艺术的博弈，大学生电影节强调艺术品位，努力与市场保持距离，却又难以拒绝市场的诱惑，实际也反映出艺术与商业的电影百年之争。但是，代表一个国家、一个民族的文化水准的是精英艺术文化。为此，需要政府大力扶植、发现培养人才。例如，有些西方国家政府从影院票房收入中抽取一定金额，用于资助有志于电影创作的青年人。

因此，面对“市场化”困境的大学生电影节，不宜走商业化的道路，应争取政府的支持和基金会的资助。市场固然可以活跃北京大学生电影节的经营机制，但是完全屈从市场规律，电影节就会逐渐丧失其最本真的初衷和最青春的激情。“十年树木，百年树人”。正如教育的眼光放在未来，电影节的可贵之处也在于未来。只有政府和整个社会给予支持、积极引导，才能保证电影节的良性发展，保证在大学生中乃至社会中倡导一种学术品位和文化意识。如今，“北京大学生电影节”正处于市场转型的瓶颈时期、关键时刻，究竟是让市场大潮淹没大学生电影节中那可贵的青春之声，还是呵护关爱大学生电影节的青春之歌，让激情的旋律回响？大学生是“北京大学生电影节”的主体，中国每位大学生都是这个电影节名字的一部分。对于这个难题，中国大学生应当予以关注，有关机构、部门和政府也应当予以关注。

和谐之声艺术团：北京文化公益事业的新机制

张 鹏*

摘 要： 和谐之声艺术团作为首都的一支新型公益文化演出团体，采用多艺术门类结合的演出模式，专业、竞争的演员组成机制，灵活机动的演出方式，注重推新人新作，提倡艺术家再创作，着力开展基层艺术演出培训，为公益文化演出提供了一种新机制。

关键词： 文化公益事业 艺术团 演出 机制

一 概况：首都的“乌兰牧骑”

和谐之声艺术团是北京市文联下属的一个公益性文化演出团体。成立于2007年1月。两年多来，艺术团共深入农村、社区、奥运场馆、部队、校园、医院、消防队等基层演出200余场，足迹遍布全市18个区县，观众超过20万人次。艺术团在受到广大群众欢迎的同时，也受到了市委市政府的充分肯定，被称为城市的“乌兰牧骑”。2009年10月，和谐之声艺术团被北京市建设学习型城市工作领导小组授予十大“首都市民学习品牌”。光明日报、北京日报、中国艺术报等媒体都曾报道过该团的事迹。2009年，和谐之声艺术团组织的“庆祝新中国成立六十周年‘送欢乐，下基层’百场演出”被选定为北京市庆祝新中国成立六十周年市级重点文化活动。借60周年国庆之际，艺术团推出了“艺术进万家”、“欢乐进农家”、“欢笑进社区、军营、厂矿”等百场文艺演出活动。截

* 张鹏，北京市文联研究部研究人员。

至2009年10月底，百场演出活动已经完成。

和谐之声艺术团属于公益文化演出团体，其宗旨是“送欢乐、下基层，讲文明、树新风”。把高雅的、积极向上的、催人奋进的文艺作品，送到容易被人们淡忘的社会“角落”，给这些渴望能欣赏到高雅艺术的劳动者带去欢乐。通过送艺术下基层，把党对群众精神文化生活的关怀带给群众，也给艺术家们搭建了一个与群众面对面交流学习的平台。

和谐之声艺术团之所以能在短短两年多时间里取得令人瞩目的成绩，有多方面的原因。比如，基层群众日益增长的文化需求，广大艺术家的大力支持，北京市文联的全力扶持等，但是，最重要的原因，在于其新颖的运行机制。

在目前北京市乃至全国的群众性文化演出团体中，和谐之声艺术团的运行机制是独一无二的。深入分析总结和谐之声艺术团的运行机制，能够为北京市文化公益事业以及全国其他地区文化公益事业的发展提供借鉴。

二　多艺术门类结合的演出模式

和谐之声艺术团隶属于北京市文联。北京市文联现有北京作家协会、曲艺家协会、美术家协会、音乐家协会、舞蹈家协会、戏剧家协会、杂技家协会、电视艺术家协会、电影家协会、书法家协会、摄影家协会、民间文艺家协会12个协会，会员超过两万人。和谐之声艺术团注重整合各文艺家协会的艺术家资源，充分调动广大会员的积极性，从各协会中挑选演员，这样，不仅保证了演出人员和演出节目的专业水准，而且12个艺术门类的文艺家的积极参与使得演出的节目更加丰富多彩。演出不仅融合音乐、舞蹈、曲艺（相声、快板、双簧、唢呐）、杂技、魔术、戏曲（京剧、评剧、梆子）、话剧、影视表演等表演类节目，还有书法、美术、摄影以及民间艺术表演。

多艺术门类的结合，不仅使基层群众大开眼界、耳目一新，也使一些非表演类艺术节目被搬上舞台，展示其特有的魅力。如在“墨之韵——北京奥运情音乐歌舞晚会”演出中，画家朱明德，书法家黎晶、田伯平，在古筝伴奏下现场进行了书画表演《庆十七大召开》。在和谐之声艺术团送欢乐、下基层慰问延庆张山营镇演出中，除了传统歌舞、曲艺节目，艺术团还邀请了著名书法家唐龙、刘椢洪现场为村民书写书法作品和春联，邀请编织艺术家王宝桂表演编织艺术、

现场传授编织技艺，受到了村民的极大欢迎。在慰问海淀区四季青乡西冉村、东四街道办事处及赴未成年犯管教所看望服刑未成年人等演出中，都邀请了数名书法家和摄影家，现场为观众书写、拍照。在慰问东海舰队的演出中，艺术团邀请了作家、诗人、画家、书法家现场为大家写诗、作画、创作报告文学。尤其在慰问供热系统职工的演出中，多艺术门类的艺术家同台演出，一边是京剧、歌曲演唱在狭小的锅炉房里回荡，一边是书法家在挥毫泼墨，一边是画家在为供热工人现场画像，一边是摄影家爬锅炉、钻煤场为工人摄影，实现了多艺术门类的完美结合。

这种多艺术门类的同台竞技是和谐之声艺术团的一个创举，既为广大观众提供了全新的艺术体验，也为多艺术门类的创新结合提供了尝试的平台。多艺术门类结合的目的是为了更好地服务群众。一方面可以创新节目，给群众带来新鲜的体验，一方面通过书法、美术、摄影、民间文艺等艺术形式，给群众留下更多的艺术享受。

三　专业、竞争的演员组成机制

和谐之声艺术团不设专职演员，演员主要从市文联12个艺术家协会的会员中临时挑选。这样既节省了演出开支，也保证了演出节目的专业水准，同时挑选也给演员一定的竞争压力，促使他们全身心投入演出，否则将被淘汰出艺术团的轮换阵容。从艺术团成立之初，市文联就着力整合各文艺家协会的艺术家资源，充分发挥文艺家协会“团结、联络、协调”的作用，调动协会会员的积极性，参与和谐之声艺术团的演出。艺术团既有老一代的艺术家和国家一、二级演员，也有年轻演员，涵盖了驻京的中央文艺团体和北京的文艺单位。参加过艺术团演出的国家一级演员多达30余人。如中国曲协主席刘兰芳，北京文联主席、中国音乐学院院长金铁霖，全国政协委员、中国美协副主席、北京美协主席王明明，国家一级演员、著名歌唱家于文华、胡月、刘珊、魏金栋，著名表演艺术家谢芳、卢奇、张目，北京戏剧家协会副主席、河北梆子表演艺术家、二度梅花奖获得者刘玉玲，中国评剧院一级演员高闯，评剧表演艺术家、梅花奖获得者谷文月，白派传人、国家一级演员王冠丽，国家一级演员、河北梆子表演艺术家王英会，国家一级演员、著名笑星笑林、李国盛、李绪良等。新人如中央电视台京剧大赛老旦组第一名、北京百人工程培养人选翟墨，亚洲新人歌手比赛金奖获得者毛国臣，北京青年歌手大赛第一名许铎，北京歌剧舞剧院年轻演员张爱、金山，相声演员祥子、郑德华等。

和谐之声艺术团与北京民间艺术团、社区文艺团队、农村演出团队等虽同属公益演出团队，但两者又有所区别。后者属群众文化，有自娱自乐的性质。和谐之声艺术团的演员是专业的，他们到基层为群众服务的过程，也是首都文艺家联系群众、体验生活的过程。

和谐之声艺术团依靠其独特的作用、大量的演出和群众的口碑赢得了政府的专项资金扶持。艺术团工作人员由北京文联组联部工作人员兼任，不设专职工作人员。这种管理模式，既保障了艺术团的高效运行，也节省了艺术团的开支。节省开支的措施还有不设专职演员，只对演出人员发放劳务费；演出设备重复使用；将舞台建在最基层，例如社区、农院、公交车里。专业院团的水平，不收取群众一分钱，使得基层群众有更多的机会欣赏到专业表演。

四　灵活机动的服务方式

（一）演出规模上可大可小

和谐之声艺术团既能在长安大戏院、北展剧场等大型舞台上承担高水平的演出，也能深入田间地头、工厂、社区，把文艺节目送到最基层的老百姓身边。如为纪念董存瑞烈士英勇献身60周年，和谐之声艺术团创作的大型专场文艺演出《英雄颂》在董存瑞烈士陵园举行，近五千名群众观看了演出，承德市电视台现场直播，中央电视台进行了录播。艺术团也曾走出国门，到西班牙开展了一场“奥运向北京走来”的大型文艺展演活动，原国际奥委会主席萨马兰奇、中国驻西班牙大使等到现场观看。

为了满足基层群众的需要，艺术团更多的演出则是在工厂、学校、社区、农村。艺术团充分发扬“乌兰牧骑”的“四个不分”精神：一是不分生活好坏，以苦为荣；二是不分观众多少，有求必应；三是不分场地条件，见缝插针；四是不分路途远近，送戏上门。如慰问供热工人的演出中，演员们走进锅炉房，来到坚守岗位的两名工人身边，专门为这两名职工演唱歌曲，两名工人第一次这么近距离欣赏专业演出，激动得热泪盈眶。在进农村演出中，刘玉玲、谷文月等著名戏剧表演艺术家多次深入农院，坐在百姓炕头演唱。艺术团还曾在公交车上为公交系统职工演出，到鸟巢工地上为奥运建设者演出，到清洁站为清洁工人演出，到医院为医护工作者演出，春节期间到加油站点为坚守岗位的加油工人演出。遍布首都的诸多“角落”，变成和谐之声艺术团的一个个经典“舞台”。

与“心连心”等大型公益演出相比，和谐之声艺术团更加灵活多样，有其独特的作用和优势。因此既要有“心连心”等大型的文艺演出，也应鼓励和谐之声艺术团这样的演出团体。它们能把文艺、欢乐送到最基层，更能贴合群众的实际需要。

（二）行动迅速，反应敏捷

艺术团工作人员都具有丰富的组织经验，演员储备力量雄厚，因此能在很短时间内组织精彩演出。如汶川大地震后，积水潭医院迅速派出了数个医疗小分队奔赴灾区，艺术团为表达对医护工作者的崇敬，仅用一两天时间就组织一台节目，来到积水潭医院慰问抗震救灾医疗队的医护工作者们，及时而专业的慰问演出受到热烈欢迎。

（三）演出节目根据观众的要求随时进行调整，以贴合群众需要

艺术团的演出节目根据观众的不同需求有针对性地进行调整。如在农村演出会多些通俗歌曲和曲艺类节目，也会多安排些书写春联、民间艺术表演（如编织、剪纸、面塑等）、摄影（如拍摄全家照、老人照片等）等节目。在武警部队演出时，会多些军旅节目，也会针对有文艺爱好的战士安排些书法、美术节目及艺术培训。在对奥运建设者的演出中会引导和安排工人们参加合唱节目，让工人们参与其中，乐在其中。

五　推新人新作，提倡再创作

艺术团从成立起，即被定调为：真正脚踏实地地沉到基层去，为基层群众带去文艺和欢乐。在基层演出实践中，锻炼、培养文艺新人，推广文艺新作。推出新人新作，也是艺术团的目的之一。

推新人。和谐之声艺术团一直注重在演出实践中锻炼和培养文艺新人。艺术

团要求年轻艺术家要向老艺术家学习，不浮躁、不娇气，踏踏实实走到老百姓身边，让老百姓口口相传，这样才能成为真正知名的艺术家，成为老百姓喜爱的艺术家。经过锻炼和培养，文艺新人基本上都能做到随叫随到，不辞辛苦，不计报酬，成了艺术团的生力军，也在一场场演出中逐步被大家认识并喜爱。如翟墨以前不被广大群众所知，后来艺术团吸纳她为主力演员，参加了艺术团的大多数演出，其清醇宽亮的唱腔、严谨认真的台风也逐渐在群众和京剧界传开。艺术团着力推出并取得了良好成效的文艺新人还包括相声演员祥子、郑德华，青年歌手毛国臣、金山、张爱、许铎、李琳，川剧变脸表演演员阿龙及演员金巧巧等。

推新作。和谐之声艺术团在演出中努力推出一些文艺新作，在检验、推广新作的同时，也为老百姓送上了耳目一新的享受。同时也会为演出邀请艺术家创作新作品。如在庆祝八一建军节时，艺术团邀请著名快板表演艺术家来宝香专门创作了一首快板《歌唱军营》，得到官兵们的强烈共鸣和热烈欢迎。为纪念董存瑞烈士英勇献身60周年，艺术团以董存瑞精神作为创作的动力和源泉，组织多位艺术家专门为此次演出创作了十余个节目，占演出节目的一半左右。其中包括由市文联党组副书记、诗人黎晶作词，李昕、赵方作曲的主题歌《小桥》、《英雄》，诗人马淑琴创作的诗歌《存瑞精神永世长存》，以及歌曲、舞蹈、小品等节目。

和谐之声艺术团也为艺术家提供了再创作的舞台。如在赴东海舰队的慰问演出中，艺术团在为海军战士送去一场精彩的文艺演出的同时，艺术家走进军舰，深入军营，采访、体验，在演出过程中和演出后创作了大量作品。如诗人黎晶创作了诗歌《夜航》，作家金少凡创作了报告文学作品《万里走边关　真情洒海疆》，军旅书法家、作家、诗人赵志辉即兴创作了两首诗歌，随行书画家也现场创作了多幅军旅题材的作品。

艺术团在组织艺术家深入基层演出的同时，为艺术家们开辟了深入生活、丰富创作的新路径，所以，反过来又吸引了更多的文艺家和文艺工作者走上“和谐之声”的舞台。许多文艺工作者主动放弃“黄金季”商业演出和假日休息，不讲条件，不讲价钱，踊跃参与这项惠民文化活动。通过与人民群众面对面、心连心，通过对群众生产、生活零距离的感知、感悟和感动，进一步增进对人民群众的感情，深化对艺术规律的认识，激发自己的创作灵感，创作出更多优秀作品，为繁荣先进文化、构建社会主义和谐社会做出自己的贡献。

六　着力开展基层艺术演出的培训工作

18个区县文联借鉴市文联和谐之声艺术团模式，以本区县文艺家协会会员为主力，组成区县文联和谐之声艺术团，深入基层，服务基层，开展本区县的“送欢乐、下基层”文艺演出。一年多来，区县文联和谐之声艺术团已经演出上百场，形成了“遍地开花”的态势。扩大提高了和谐之声艺术团的规模和声望。

和谐之声艺术团在演出中吸收基层群众参与演出，既为他们提供专业的艺术指导，也为他们提供了锻炼的舞台。如在慰问热力集团的“温暖和谐之夜”文艺演出中，艺术团吸收热力集团职工的两个节目，一个小合唱，一个情景剧。演出前由专业艺术家对演出职工进行了指导。这些职工经过与专业艺术家同台演出，提高了水平，得到了锻炼。在慰问奥运建设者的演出中，积极鼓励和指导奥运建设者组成合唱团参与演出，既提高了职工的文艺水平，也使他们参与其中，乐在其中，受到了奥运建设者的欢迎和称赞。

艺术团还根据群众的文化艺术需求，组织艺术家深入基层进行艺术辅导，培养基层文艺骨干，建立了一支不走的文艺队伍。艺术团利用优势资源选择了两个京郊农村和社区，充分发挥文联各协会会员的积极性，辅导、培养了一批业余文艺骨干，帮助他们建立了具有较高水平的业余文艺演出团队，让他们能够在群众的业余文化生活中，起到引导带头作用。如在延庆张山营镇设立了文化基地，组织艺术家深入张山营的村庄、农户开展了数批次文艺培训。作家们通过写作讲座、经验交流的形式对50余名县、镇、村文学艺术骨干进行了培训；京剧表演艺术家对京剧表演爱好者进行了指导；书法家进行了楷书书法知识讲座，并与县文联书法家进行了书法笔会；摄影家为张山营镇出版对外宣传册进行了山水风光、人文情怀及民俗风情摄影创作，为当地老党员、老先进、老模范、老寿星拍照留影；民间艺术家对民俗村、民俗户进行了民俗旅游资源开发的讲座，向农村妇女传授了剪纸、绳编技艺；音乐家对农民乐队进行了识谱辅导、演奏排练，对演唱人员发声训练进行了指导；舞蹈家编排了《爱我中华》、《祝你幸福》等舞蹈，并为“采摘节”创作了舞蹈《最美的是我们张山营》。

2009年，市文联与花乡党委达成在花乡和花乡黄土岗村建立“三贴近”实践基地的合作协议。市文联和谐之声艺术团作为合作主体，将适时到花乡进行演出和培训，帮助花乡成立文化联合会，有计划地举办美术班、摄影班、舞蹈班、史志编辑班的培训。组织艺术家适时到花乡进行文化交流，召开座谈会、讨论会，相互促进，相互推动。

总之，和谐之声艺术团经过两年多的演出实践，初步形成了一套行之有效的公益性文化艺术演出机制。和谐之声艺术团的经验可以概括为：公益性的演出宗旨，多门类的演出内容，机动化的演出方式，依托性的管理制度，高水准的演出水平，以及演出、创作、培训三结合的文艺生产模式。新型的群众性文化公益演出模式，为构建和谐文化、和谐首都、和谐社会，丰富广大人民群众的文化生活，促进首都群众文化事业的大繁荣，做出了突出的贡献。

“人文北京”建设的文化资源基础

——北京区域历史文化研究状况报告

张　泉*

摘　要：北京区域文化资源是“三个北京”建设的历史文化基础。在发掘、整理和研究北京区域文化方面，北京做了大量的工作，但仍存在着差距，有较大的提升空间。有必要在“三个北京”建设、特别是“人文北京”建设的视阈下，对北京历史文化研究的历史与现状加以系统地梳理，并对于如何进一步加强研究，整合北京地域文化资源，夯实“人文北京”建设的区域文化资源基础，提出建议。

关键词：“三个北京”建设　人文北京　北京区域文化　北京文史

一　加强北京区域历史文化研究的意义

系统发掘、整理和研究北京区域文化资源，是“三个北京”建设的基础性工作。

发挥首都文化中心的优势，传承保护北京的历史文化，提炼和弘扬“北京精神”，充分展现富有魅力的首都城市文化，离不开首都文化资源的全面普查和深层开发。此外，北京人思想道德素质、科学文化素质和精神健康素质的培育和提升，城市文明程度的培育和提升，“公民主体意识”的养成，乃至文化事业和文化产业的协调发展的问题，做大做强文化创意产业品牌企业的问题，大力发展首都教育事业的问题，创新型人才培养的问题，提升北京软实力、竞争力和生产

* 张泉，北京社科院研究员、北京市文艺学会会长。主要研究区域文学与文化、中国现代文学等。

力的问题，借助高科技手段弘扬中华文化和北京文化的问题，都有赖于首都文化资源的充分利用。于是，在“三个北京”建设的系统工程中，了解北京历史文化资源的研究现状以及如何进一步加强的问题，便提到议事日程上来。

二　北京区域历史文化研究的现况

北京历史文化博大精深，特色鲜明。1978 年中国进入新的发展时期之后，相关研究启动，取得了实质性的长足发展。

北京地方通史，是北京历史文化研究一个重要研究领域。

建国初期，曾有黄萍荪编写的《北京史话（上编）》（子曰社，1950）。规范的学术研究始于 1958 年。北京大学历史系组织部分教师编写的《北京史》，历经各种政治运动的干扰，终于在27 年后正式出版（北京出版社，1985）。该书覆盖的时段从远古时期的“北京猿人”到1919 年的“五四”运动，1998 年的增订版又添加了民国时期的历史。该书完整地勾画出北京的发展脉络，是第一部初具规模的北京城市史专著，具有开拓意义。此后各种形式的北京通史类著作陆续出版。比如侯仁之、金涛的《北京史话》（上海人民出版社，1980）、阎崇年的《北京史话》（中华书局，1982）、李淑兰的《北京史稿》（学苑出版社，1994）、曹子西主编的《北京通史》（中国书店，1994）、齐心主编的《图说北京史》（北京燕山出版社，1999）、果鸿孝的《北京史话》（北京：社会科学文献出版社，2000），谭新生、倪洁的《北京通史简编》（南开大学出版社，2004）、张仁忠的《北京史（插图本）》（北京大学出版社，2009）等。断代史有周一兴主编的《当代北京简史》（当代中国出版社，1999），为中华人民共和国地方简史丛书的一种。

这些著作各有特点。《北京史话》（阎崇年）简明扼要，是普及读物中国历史小丛书的一种。《图说北京史》（齐心）分为上下两册，注意使用考古成果，图片与文字并重，照片多达一千余幅，是图说历史的有益尝试。《北京通史简编》（谭新生）注重北京地区的地理条件、自然景观以及地方文化。《北京史》（张仁忠）侧重都城史，包括“远古的北京”、“商代至唐代的北京”、“金代扩大辽南京城为都城——中都”、“元代在金的中都东北建都城——大都”等部分。《北京通史》（曹子西）规模最大，按历史时期分为十卷，较为细致地记述了北京地区从远古至当代的历史变迁。

还有一些重要图书既是专门史，也是对北京通史的补充。

侯仁之主编的两册《北京历史地图集》（北京出版社，1988；1996）描绘了北京行政区划沿革，以及北京的地形、地貌、气候、水系、土壤、植被。苏天钧主编的《北京考古集成》（北京出版社，2000）共15卷，分为综述，石器时代至隋唐，宋辽，金元，明清，以及镇江营与塔照，琉璃河燕国墓地、北京大葆台汉墓，图说北京史、北京历史纪年，定陵，北京名胜古迹、京都胜迹、燕都说故、北京名匾，新编中国文物法规选编、新编文物工作手册、北京考古四十年等专题，是新中国北京地区考古成果的集成。

专史是通史的基础，同时有其独立的学术价值。北京专史著作涉及面广泛，比如《北京邮史》（马骏昌等人，北京出版社，1987）、《北京交通史》（北京市公路交通史编委会编，北京出版社，1989；颜吾佴等人，北京交通大学出版社，2008）、《北京气象事业发展史》（北京市气象局史志办公室编，气象出版社，1992）、《北京古代经济史》（孙健主编，北京燕山出版社，1996）、《当代北京广告史》（唐忠扑、姜弘主编，中国市场出版社，2007）、《20世纪北京绘画史》（北京画院编，人民美术出版社，2007）、《北京税收史》（编委会，中国财政经济出版社，2007）、《图说北京近代建筑史》（张复合，清华大学出版社，2008）、《北京美术史》（2册，李福顺主编，首都师范大学出版社，2008）、《北京对外文化交流史》（左芙蓉，巴蜀书社，2008）、《北京统计史简编》（崔述强主编，中国统计出版社，2008）、《北京天主教史》（杨靖筠，宗教文化出版社，2009）、《当代北京成人教育发展史》（高洪力、李娟华主编，北京出版社，2009）等。在文学艺术专史著作中，戏剧比较突出。周传家、秦华生总主编的3卷本《北京戏剧通史》（北京燕山出版社，2001），总结了北京戏剧的艺术特点和发展规律。其中，辽金元卷（刘祯，秦华生主编）力求再现北京元杂剧的生长环境，重点评介了代表作家作品；明清卷（周传家、程炳达主编）梳理各种声腔剧种的流变交融；民国卷（刘文峰、于文青主编）介绍京剧、京梆子、昆曲、评剧、话剧等的发展情况。鲁青等人编纂的《京剧史照》（北京燕山出版社，1990）配有大量照片，形象地展现了从“徽班进京”至新中国建立前后，京剧形成、发展、鼎盛、衰落到再度振兴的过程。其他还有李真瑜的《北京戏剧文化史》（北岳文艺出版社，2004）、高音的《北京新时期戏剧史》（中国戏剧出版社，2006）等。

电影的历史较短。孟固的《北京电影百年》（中国档案出版社，2008）从产业和事业、电影作为艺术这两个维度，概述了北京电影的百年流变。文学专史有张泉的《沦陷时期北京文学八年》（中国和平出版社，1994）以及张泉主编的《当代北京文学》（北京出版社，2008）。

通俗类史话读物是北京专史中的一个普及门类，具有题材广泛、通俗活泼的特点。如《北京经济史话》（杨洪运、赵筠秋，北京出版社，1984）、《北京乡土史话》（郑树民、张显传主编，兵器工业出版社，1990）、《北京革命遗址史话》（共青团北京市委青运史研究室，中国青年出版社，1986）、《北京环境史话》（王伟杰等，地质出版社，1989）、《北京殡葬史话》（周吉平，北京燕山出版社，2002）、《北京街巷名称史话》（张清常，北京语言文化大学出版社，1997；修订2版，2004）、《北京改革开放简史》（谢荫明等，中央文献出版社，2008）等。从2008年开始，当代北京编辑部在当代北京丛书中增加了一套社会生活史话（当代中国出版社），在不到两年的时间里已出版20余种，包括《当代北京四合院史话》（陈义风）、《当代北京服装服饰史话》（宋卫忠）、《当代北京菜篮子史话》（杨铭华）、《当代北京百姓收藏史话》（王纪仪）、《当代北京戏剧史话》（胡金兆）、《当代北京体育史话》（金汕）、《当代北京语言史话》（金汕）、《当代北京说唱史话》（张秀艳）、《当代北京丧葬史话》（李劭南）、《当代北京婚恋史话》（李劭南）、《当代北京书画史话》（刘宝明）、《当代北京公共交通史话》（刘牧）、《当代北京博物馆史话》（刘宝明）等。

北京市的一些专业地方研究机构，长期致力于北京文史研究，相关成果突出。比如北京社科院历史研究所，除了上面提及的《北京通史》外，还组织完成了《北京历史纪年》（编写组，北京出版社，1984）、《北京历史纲要》（曹子西主编，北京燕山出版社，1988，1989）、《北京城市生活史》（吴建雍等，开明出版社，1997）、《北京与周围城市关系史》（王玲，北京燕山出版社，1988）、《北京农业经济史》（于德源，京华出版社，1998）、《北京郊区村落发展史》（尹钧科，北京大学出版社，2001）、《北京历史灾荒灾害纪年：公元前80年～公元1948年》（于德源，学苑出版社，2004）、《北京近千年生态环境变迁研究》（孙冬虎著，北京燕山出版社，2007）、《北京灾害史》（于德源，同心出版社，2008）、《北京近百年生活变迁：1840～1949》（袁熹，同心出版社）以及5卷本《北京城市发展史》（北京燕山出版社，2008）等。尔后，又开始组织颇具规模

的北京专史丛书（王岗总主编，人民出版社），2008年以来，陆续出版了《北京政治史》（王岗主编）、《北京建置沿革史》（尹钧科主编）、《北京教育史》（刘仲华主编）、《北京风俗史》（李宝臣主编）等。

北京文化研究是北京区域研究的一个综合领域。朱耀廷主编的《北京文化史研究》（光明日报出版社，2008），总结了北京文化史分类研究中的地理环境、民族环境、城建规划、宗教文化、民俗民风、经贸文化、皇家文化、文学艺术、育才选才等方面的特色。王东、王放的《北京魅力：北京文化与北京精神新论》（北京大学出版社，2008），对北京文化的源头、北京文化的底蕴以及北京文化的精神进行了探讨。

北京文化往往与北京的遗迹紧密相连。佟洵的《道教与北京宫观文化》（宗教文化出版社，2008）描述了北京道教的演进历程、北京的道教宫观、北京地区的高道。董雁的《图说北京皇家文化》（中国旅游出版社，2009）介绍了集中体现北京皇族贵胄文化的紫禁城、城垣、坛庙、皇家园林、皇家陵寝和帝王。郭开宇等人的《北京的墓葬和文化遗址》（光明日报出版社，2004）讲述了北京地区帝王陵、名人墓的概况和考古发掘成果，以及周口店北京猿人遗址、西周燕国古城、琉璃河燕国墓葬、元大都、地下宫殿等文物古迹。文安主编的4册老北京文化丛书（中国文史出版社，2005）由《名街踏迹》、《园林雅趣》、《古刹寻踪》和《京都礼俗》组成。朱耀廷、崔学谙主编的5册北京人文古迹旅游丛书（光明日报出版社，2006），收入了《超越禁城的神圣》、《紫气东来筑辉煌》、《皇城下的市井与士文化》、《千年古都话沧桑》和《帝都赫赫人神居》。兔儿爷老北京史地民俗丛书，分门别类地介绍燕京八景、喜庆堂会、北京城、四合院、京城镖行、史地民俗、民俗行业和老北京的煤业等。比如方彪的《京城镖行》（学苑出版社，2004），阐述了北京镖行的历史、主要镖户镖局以及镖界杰出人物。高巍等人的《四合院：砖瓦建成的北京文化》（学苑出版社，2003），通过四合院的精彩生活阐述四合院的本质，注重分析四合院建筑与传统文化的渊源与传承。北京景观的新意义也进入研究视野。李建平的《魅力北京中轴线》（文化艺术出版社，2008），以北京城市中轴线为审视北京文化历史的切入点，把历史与现实联系起来。该书对于奥运背景下北京城市中轴线的延伸与创新的论述，给北京未来的城市文化景观的发展，提供了想象的空间。

北京的修志工作始于改革开放之后。

新编社会主义新方志是历史悠久的志书传统的延续。从 1979 年开始，北京古籍出版社有计划地组织整理历史上留存下来的志书、古籍文献以及重要史料，到 2001 年，已出版《百城烟水》、《帝京景物略》、《宛署杂记》、《金鳌退食笔记》、《北平考：故宫遗录》、《长安客话》、《昌平山水记　京东考古录》、《日下旧闻考》、《京城古迹考》（据北京出版社 1964 年本重新排）、《宸垣识略》、《帝京岁时纪胜　燕京岁时记》、《天府广记》（据北京出版社 1962 年本重新排）、《琉璃厂小志》、《北京风俗杂咏》、《道咸以来朝野杂记》、《京师五城坊巷胡同集　京师坊巷志稿》、《藤阴杂记》、《养吉斋丛录》、《析津志辑佚》、《鸿雪因缘图记》、《唐土名胜图会》、《石渠余记》、《梦蕉亭杂记》、《旧京遗事》、《光绪顺天府志》、《光绪昌平州志》、《燕都丛考》、《国朝宫史》、《国朝宫史续编》、《钦定国子监志》、《燕京岁时记》、《人海记》、《京都风俗志》等多种。翻译的旧志书有《清末北京志资料》（张宗平、吕永和合译，北京燕山出版社，1994），内容涉及清末北京政治、经济、军事、外交、文化、教育等诸多方面，下限到 1907 年 7 月。该书的原本是日本服部宇之吉主编的《北京志》（东京博文馆，1908）。日人多田贞一编写的《北京地名志》（新民印书馆，1944），也由张紫晨译成中文出版（书目文献出版社，1986）。该书成书于民国初年，对北京城的地名状况、生活风貌多有记述，并附有“北京内外城略图”。整理出版的旧志书有北京沦陷时期由吴廷燮任总纂的《北京市志》。这部手稿上接清《光绪顺天府志》，下限至卢沟桥事变前后，填补了近代北京社会资料的空缺。北京市文物研究所组织人员对其进行了校勘，分 15 册出版（北京燕山出版社，1998）。新编纂的北京史料有赵其昌的《明实录北京史料（4 册）》（北京古籍出版社，1995），田涛等人的《清末北京城市管理法规》（北京燕山出版社，1996），北京市档案馆的《近代北京城市管理法规研究》（新华出版社，2006）等。由北京市档案馆和中共北京市委党史研究室编辑的《北京重要文献选编》（中国档案出版社）从 1948 年开始，将每年的重要文献辑成一册出版。

随着北京市地方志编纂委员会在 1981 年成立，修志 172 部的浩大工程启动。在行政机构强有力的支持下，修志计划已经基本完成。新添加的项目有北京市园林局史志办公室组织的景山、北海、颐和园、天坛、陶然亭、北京动物园、香山、玉渊潭、紫竹院、双秀十大公园的专门志书，以及《北京人物志》、《北京胡同志》、《北京风物图志》等。第二轮全面修志的工作，也已开始做准备。

书目文献工具书为北京历史文化研究提供便利。王灿炽编辑的《北京史地风物书录》（北京出版社，1985）收录北京史地风物书录3600余种，是北京解放后第一本正式出版的介绍北京书目的工具书。其他有《北京史百年论著资料索引1900—1999》（郗志群主编，北京燕山出版社，2000）、《北京现代革命史资料目录索引》（中共北京市委党史研究室，中共党史出版社，1991）等。

年鉴类出版物品既为现实服务也累积成系统的历史文献资料。北京出版了大量的年鉴。综合类的有北京市地方志编纂委员会编的《北京年鉴》（中国城市出版社），北京市统计局编的《北京社会经济统计年鉴》，后改称《北京统计年鉴》，以及《北京区域统计年鉴》等，后者依据前一年各区县的统计资料介绍北京地区概览、北京区县概览、北京特色经济区域、环渤海地区概览等。政治类年鉴有《北京政协年鉴》、《北京朝阳政协年鉴》。经济类年鉴有《北京财政年鉴》、《北京物价年鉴》、《北京地方税务年鉴》、《北京国税年鉴》、《北京经济信息年鉴》、《北京房地产年鉴》、《北京居民购房年鉴》、《北京住宅年鉴》、《北京证券业年鉴》、《北京市政府采购中心年鉴》。管理类年鉴有《北京建设年鉴》、《北京市政年鉴》、《北京民政年鉴》、《北京减灾年鉴》、《北京市民生活年鉴》。行业部门类年鉴有《北京工业年鉴》、《北京园林年鉴》、《北京邮政年鉴》、《北京商务年鉴》、《北京林业年鉴》、《北京旅游统计年鉴》、《北京铁路局年鉴》、《北京铁路分局年鉴》、《北京农村年鉴》、《北京农村统计年鉴》。企业类年鉴有《北京首都国际机场统计年鉴》、《北京金隅集团年鉴》、《北京大唐发电股份有限公司年鉴》、《北京电力公司年鉴》、《北京印钞厂年鉴》。公检法类年鉴有《北京公安年鉴》、《北京检察年鉴》、《北京司法行政年鉴》、《北京法院年鉴》、《北京知识产权审判年鉴》、《北京监狱年鉴》、《北京出入境检验检疫年鉴》、《武警北京总队年鉴》、《北京公安交通管理年鉴》。文化科教类年鉴有《北京书法艺术年鉴》、《北京人民广播电台年鉴》、《北京老舍文艺基金会年鉴》、《北京广播影视年鉴》、《北京电视台年鉴》、《北京青年报社年鉴》、《北京文物年鉴》、《北京博物馆年鉴》、《北京卫生年鉴》、《北京科技年鉴》、《北京信息化年鉴》、《北京科协年鉴》、《北京体育年鉴》、《北京高等教育年鉴》、《北京教育年鉴》以及《北京理工大学年鉴》、《北京电影学院年鉴》、《北京体育大学年鉴》、《北京师范大学年鉴》、《北京大学年鉴》、《北京语言大学年鉴》、《中国石油大学（北京）年鉴》、《北京交通大学年鉴》、《北京工业大学年鉴》、《北京工业大学科技年鉴》、《北

京科技大学年鉴》、《北京工商大学年鉴》、《北京印刷学院年鉴》、《北京林业大学共青团工作年鉴》、《北京师范大学共青团工作年鉴》、《北京林业大学共青团工作年鉴》、《北京理工大学学生工作年鉴》等。

北京下属18个区县中，除大兴区、平谷区、怀柔区外，也创办了各自的年鉴类出版物，按创刊先后依次为《北京东城年鉴.1996》（奥林匹克出版社1997）、《北京西城年鉴.2001》（中华书局，2001）、《北京房山年鉴.2001》（中国城市出版社，2002）、《北京宣武年鉴.2002》（中国对外翻译出版公司，2002）、《北京门头沟年鉴.2002》（同心出版社，2002）、《北京丰台年鉴.2002》（中华书局，2002）、《北京崇文年鉴.2002（首卷）》（同心出版社，2002）、《北京通州年鉴.2002》（中国对外翻译出版公司，2003）、《北京海淀年鉴.2002》（中国城市出版社，2003）、《北京延庆年鉴.2004（首卷）》（方志出版社，2004）、《北京昌平年鉴.2005（首卷）》（中共党史出版社，2005）、《北京朝阳年鉴.2005》（方志出版社，2006）、《北京石景山年鉴.2005》（中华书局，2006）、《北京顺义年鉴.2007》（中华书局，2008）、《北京密云年鉴.2008（首卷）》（中共党史出版社，2008），北京市房山区统计局还编有《北京市房山区统计年鉴》。

在社科文化类年鉴中，有两种较为重要。北京市社会科学界联合会主持的《北京社会科学年鉴》（北京出版社）从2000年开始出版，到2008年已连续出版9部。这是一部大型的地方社科资料工具书，逐年记载了1999~2007年北京地区社会科学事业发展的进程，主要内容包括学科述评、科研课题、获奖成果、学术活动、学术团体、机构、社科理论期刊、大事记、附录等基本栏目。北京市文化局的《北京文化艺术年鉴》（方志出版社）为大型文化艺术类史料文献汇编，从2006~2009年，每年出版一部，逐年记载了北京从2005~2008年的文化艺术概况，内容包括法律法规规范性文件目录、大事记、综合、文学、戏剧、曲艺、杂技魔术、电影、音乐、舞蹈、美术、书法篆刻、摄影、图书馆、群众文化和区县文情等部类。

新的文化业开始进入研究视野，特别是文化创意产业。

北京社科院在这个领域进行了具有开拓意义的工作。高起祥等人主编的文集《北京文化产业研究》（北京出版社，1999）和《北京文化产业研究二编》（中国书店，2003），起步早、起点高，在积极呼吁北京发展文化产业的同时，也对

一些重要文化产业议题进行了初步的探讨，如中国加入 WTO 对北京文化产业的影响，奥运经济与北京文化产业发展战略的关联，北京城市功能与北京经济建设方针的关系等。刘牧雨主编的《北京文化创意产业发展理论与实践探索》（中国经济出版社，2007）和《北京文化创意产业研究报告》（首都师范大学出版社，2008），一是系统分析了北京文化创意产业的发展现状、特点、存在问题和未来走向，集中展示了北京各区县、各聚集区发展文化创意产业的成果，并探讨了国内外发展文化创意产业的经验；一是对北京文化创意产业的定位、科技支撑、政策扶持、国际化战略等问题进行研究，从国际借鉴、现状问题、发展趋势等多个层面探索北京文化创意产业的特征。北京社科院研究主持的北京蓝皮书系列中的北京文化发展报告已经出版了 6 卷。第 1 卷《北京文化发展报告（2004）》（朱明德主编，中国文联出版社，2004）以“首都文化与首都文化建设”为主题，紧扣为北京的首都文化定位的预期，描述行业或领域的现状及发展前景。第 2 卷《北京文化发展蓝皮书（2005）》（朱明德主编，中国文联出版社，2005）的主题是“北京奥运文化挑战”，以即将在北京举办的 2008 年奥运会为背景，聚焦北京文化准备的现状，重点探讨奥运给北京文化带来的挑战与机遇。第 3 卷《北京文化发展蓝皮书（2006）》（朱明德主编，中国文联出版社，2006）以“改革与首都文化生产力素质”为主题，在考察已经提到议事日程上来的文化体制改革时，注意探讨文化体制改革对解放文化生产力的积极作用，以及对进一步改革开放的影响。第 4 卷《2007 年：北京文化发展报告：文化创意与城市精神》（张泉、沈望舒主编，社会科学文献出版社，2007），分为“创意探讨”、“产业发展”和“文化空间”三辑，将文化产业和文化事业的发展状况，与首都文化形象和北京城市精神的塑造与提升，加以链接。第 5 卷《北京文化发展报告（2007 ~ 2008）》（张泉主编，社会科学文献出版社，2008），以北京奥运会与城市文化形象为主题，重点关注奥运与文化产业和体育事业、文化创意产业、城市形象与文化发展、文化消费和文化安全等方面的问题。第 6 卷《北京文化发展报告（2008 ~ 2009）》（张泉主编，社会科学文献出版社，2009）中的报告分为“北京奥运遗产”、“奥运文化活动与中国形象”、“文化创意产业”和“文化现状与文化批评”4 辑，以改革开放 30 年为背景，总结改革开放和成功举办奥运的经验，分析北京文化在后奥运时代所面对的机遇和挑战，提出相应的对策和发展规划。

组织编写北京文化发展报告的机构还有两家机构。北京师范大学北京文化发展研究院出版有《2003～2004年北京文化发展报告》（陈文博、郑师渠主编，北京出版社，2005），对北京文化的成就和问题进行客观的描述，对北京文化各个领域的年度状况、发展态势进行分析和预测。《2005年北京文化发展报告》（刘川生、郑师渠主编，同心出版社，2006），涉及如何推动北京创意产业发展的对策研究，北京动漫产业、北京儿童艺术剧院体制改革调研，以及人文奥运、体育产业等。《2006年北京文化发展报告》（刘川生、宋贵伦主编，文化艺术出版社，2007），对北京文化发展的独特性、闪光点以及影响文化发展的问题进行了探讨。《北京文化发展报告（2007～2008年）》（刘川生、宋贵伦主编，文化艺术出版社，2008），对2007～2008年北京文化建设中的诸问题进行了调研。

北京市哲学社会科学规划办公室、北京市教育委员会和北京文化发展研究基地共同编辑的北京文化发展研究报告，为北京市哲学社会科学"十五"规划项目、北京市教育委员会专项资助的北京市哲学社会科学研究基地的报告，带有行业管理的功能。《北京文化发展研究报告（2005）》（同心出版社，2005）从北京文化总体特点与发展战略、北京文化发展年度热点透视、文化个案分析以及文化圆桌等方面对北京文化的发展进行了叙述。《北京文化发展研究报告（2006）》（同心出版社，2006）分理论视野、专题调研、文化圆桌、非常视点四个板块，《北京文化发展研究报告（2007）》（同心出版社，2007）分为创意之都、奥运之思、理论纵横、立体视野、"人""文"观察、文化圆桌等六个部分，分析年度北京文化的整体面貌，并对北京文化发展研究基地的年度学术工作进行总结。北京市哲学社会科学研究基地也出版了一些专题报告，比如于启武、蒋三庚主编的《北京CBD文化创意产业发展研究：北京市哲学社会科学CBD发展研究基地2008年度报告》（首都经济贸易大学出版社，2008），内容包括北京CBD文化创意产业发展概况分析、文化创意产业及其分类标准研究、国内外创意指数比较研究、北京CBD广播影视传媒业发展状况及对策研究等。

三　提升北京区域历史文化研究水平的建议

综上所述，在广义北京区域文化和区域文化史研究方面，北京做了大量的工作，取得了显著的成绩。但是，在规模、深度以及覆盖面方面，和不少省市相比，还存在着较大差距。这种状况与北京的位置极不相称。

第一，北京广义区域文化史研究仍相对薄弱。

以文学史为例。据初步统计，在32个省、区、直辖市中，除吉林、安徽、海南、青海4地还缺少严格意义上的地区文学史著作外，其余28个区域，出版了多种通史、断代史或分体史。其中，完整的省市文学通史，即纵贯古今、横兼诸体的，有9部:《山西文学史》（1993）、《湖南文学史》（1998）、《巴蜀文学史稿》（2001）、《黑龙江文学通史》（2002）、《山东文学通史》（2002）、《陕西文学史稿》（2003）、《辽宁文学史》（2004）、《江西文学史》（2005）、《上海文学通史》（2005），特别是黑龙江、山东和上海，篇幅达二至四册。而北京目前仅出版有少数几种断代史。在文化史的许多分支领域，基本上也是这一格局。比如，上海已出版两卷本《上海文化通史》（陈伯海主编，上海文艺出版社，2001），囊括城市、园林、饮食、言语、礼仪、习俗、出版、图书、教育、学术、宗教、文学、音乐、电影等方方面面。而北京的类似著作要单薄许多。

第二，成规模的精品之作、传世之作不多。

以较为集中体现地方历史文化研究水平的通史为例，《北京通史》10卷本出版于1994年。由于完成年代较早，且大多采用一人完成一卷的方式，各卷疏密不均，且存在时段性的板块缺失，已远不能反映北京史的研究现状，急需重修。以上海作参照。《上海通史》（熊月之主编，上海人民出版社，1999）计15卷，44人参与编写。评论认为，该书内容丰富，资料翔实，论述妥当，观点新颖，在上海城市特点、城市发展轨迹、城市形象演变的许多问题上有所突破。特别是在编排上，合理清晰。古代卷讲述上海开埠以前的政治、经济、社会、文化诸方面的情况，晚清、民国、当代各占四卷的篇幅，分别从政治、经济（商业、工业、金融、交通）、社会（人口、职业、社会组织）和文化（文学、艺术、教育、出版、宗教）四个方面进行叙述。不同时期同类各卷依次衔接，互为贯通，互相交叉，焕然一体。附录有大事要览、职官表、建置沿革表、旧新路名对照表和重要道路历史概要，较为全面、均衡地描绘出上海的发展进程。上海自1292年置县至今，只有700多年的历史。而北京早在公元前1045年已被分封为燕国诸侯的都城，距今达3053年。北京的通史，无论在规模和质量上，都应当与其悠久的历史和丰富历史文化遗产相匹配。

第三，大型工具文献书籍的修订不够及时。

总结地域研究成果的地方文献书目和资料汇编，反映了一个地方社会文化事业的历史状况和发展水平，同时，也具有服务于当前社会文化建设的检索价值。像《北京史地风物书录》（1985）、《北京考古集成》（2000）这样的大型文献工具书，应当有历史连续性，即每隔5年或10年，加以修订或续编。

最后，应当形成开放的研究心态和研究格局。

“它山之石，可以攻玉”。地方历史文化研究，也需要广泛借鉴中外研究成果。国外对中国进行了大量的研究，其中，北京研究占有相当的份额。对国外中国学研究成果加以借鉴，无疑有助于提升我们的北京研究。在这个方面，北京只有零星的介绍，还远没有起到“它山之石”的作用。相比较而言，上海学术界做了更为扎实、系统的工作。一是出版了专门著作《海外上海学》（熊月之、周武主编，上海古籍出版社，2004），内容包括海外上海学历程、世界各地的上海学研究、海外英文博士论文中的上海学研究、名著解读、名家评介、海外上海学著作目录、海外上海学论文目录等。一是翻译出版了上海史研究译丛，已出版的著作有《上海歹土——战时恐怖活动与城市犯罪，1937～1941》、《近代上海的公共性与国家》、《上海的外国人，1842～1949》、《移民企业家——香港的上海工业家》、《上海道台研究——转变社会中之联系人物，1843～1890》、《魔都上海——日本知识人的“近代”体验》、《上海妓女——19～20世纪中国的卖淫与性》、《上海警察，1927～1937》、《1927～1937年的上海——市政权、地方性和现代化》、《苏北人在上海，1850～1980》、《霓虹灯外——20世纪初日常生活中的上海》、《家乡、城市和国家——上海的区域网络和认同，1853～1937》等。北京应及时补上这一缺失。

作为历史文化名城、开放的国际大都市，北京文化积淀深厚丰富。只有通过系统发掘和全面清理，这种文化资源才能通过有效传播转变为现实的社会精神优势，才能通过文化创意的产业化转变为现实的经济市场优势，成为加强综合国力的竞争力要素。北京区域文化中的范围广阔的基础人文研究和文化积累工作，有待进一步加强和大幅度提升。这也是文化之都北京之所以创意无限的源泉。政府不仅要重视有形文化载体的保护和建设，还要注重无形核心文化的整理和发掘。只有这样，北京的文化才能实现长久的可持续的繁荣，文化产业和文化创意产业才能始终保持旺盛的原创动力和鲜活的生命力。总之，在实现首都更加繁荣、更加文明、更加和谐、更加宜居的首善之区的科学发展进程中，北京历史文化研究成果将在“人文北京”建设中发挥更大的作用。

附 录

APPENDIX

2009年北京文化发展纪事

1月1日

财政部、国家税务总局发布的《关于扶持动漫产业发展有关税收政策问题的通知》开始执行。

老北京“铛铛车”在前门大街正式运行。

1月5日

国务院新闻办、工信部、公安部等七部门在全国开展整治互联网低俗之风专项行动。

1月6日

工息部向中国移动、中国电信、中国联通发放第三代移动通信（3G）业务经营牌照。

1月7日

中国政府批准每年的8月8日为“全民健身日”。

第22届北京图书订货会开幕。

1月9日

中共中央、国务院举行国家科学技术奖励大会。

1 月 10 日

《中国工艺美术大展——庆祝中华人民共和国建国六十周年》开幕，2 月 10 日闭幕。

1 月 11 日

《2008 年中国政府网站绩效评估报告》发布。在省级政府网站排名中，北京位列第一。

1 月 12 日

首届全国民间博物馆论坛开幕，14 日结束。

1 月 13 日

互联网违法和不良信息举报中心公布 17 家存在大量低俗内容的网站。

1 月 15 日

艺术北京专项基金和中国现当代美术文献研究专项基金启动。

1 月 16 日

北京发行集团举办春节图书文化节，3 月 1 日结束。

1 月 18 日

北京中关村石景山园绿色网游研发基地成立。

北京学院路地区高校教学共同体课程学习中心系统及门户网站开通仪式在北京科技大学举行。

1 月 25 日

“七彩世纪坛祥瑞嘉年华”大型主题庙会开幕，1 月 31 日结束。

1 月 26 日

第九届北京莲花池春节庙会开幕，1 月 31 日结束。

第七届北京民俗文化节暨第十届东岳庙春节文化庙会举行。

北京厂甸庙会在南新华街举行，1 月 29 日结束。

北京大观园第十四届红楼庙会暨红楼文化主题庙会开幕，1 月 30 日结束。

北京朝阳国际风情节开幕，1 月 30 日结束。

第三届中关村科技庙会举行，30 日闭幕。

2 月 1 日

市文化局慰问低收入群体免费观看文艺演出活动启动。

2月3日

市文联举行纪念老舍先生诞辰110周年大会。

2月9日

中国非物质文化遗产传统技艺大展系列活动在中国农业展览馆举行。

元宵节民间花会踩街活动在前门大街举行，10日结束。

央视新台址北配楼发生火灾。

2月14日

中国曲艺家协会“清音小剧场”落户丰台区卢沟桥乡北京茶宫。

2月16日

中国版权保护中心和东城区人民政府共同主办2008CPCC十大中国著作权人颁奖典礼暨国际版权交易中心落成仪式。

中关村科技园区雍和园被国家版权局授予“国家版权贸易基地”称号。

2月24日

“西藏民主改革50年大型展览”在北京民族文化宫开幕。

2月26日

繁星戏剧村在西城区宣武门内大街落成。

土豆网和中国电影集团公司联合启动2009土豆映像节。

2008年信息北京十大应用成果评选活动颁奖盛典举行。

3月1日

市委宣传部、市邓小平理论和“三个代表”重要思想研究中心、市社科联等联合举办“人文北京”论坛。

中华皮影文化艺术城落户圆明园并正式对外营业。

3月13日

国务院批复同意在中关村建设创新示范区。

3月18日

2009年北京百万家庭数字生活技能大赛启动。

3月19日

第29届安捷伦北京青少年科技创新大赛举行，22日结束。

3月21日

为庆祝“世界诗歌日”，朝阳区文化馆举办《首届书法写新诗作品展》。

第 21 届北京桃花节暨第六届世界名花展在北京植物园开幕。

3 月 23 日

市文化创意产业领导小组办公室发布《北京市文化创意产业担保资金管理办法（试行）》。

3 月 25 日

新闻出版总署出台《关于进一步推进新闻出版体制改革的指导意见》。

上上国际美术馆在北京宋庄艺术区落成。

第 21 届玉渊潭公园樱花节开幕。

首届京城百姓健身才艺大比拼活动举行启动仪式。

3 月 27 日

市委常委会审议通过《“科技北京”行动计划（2009 ~ 2012 年）——促进自主创新行动》。

团市委等举办的“微笑北京 · 创意先锋”2008 北京创意 · 设计年度青年人物电视选拔大赛在北京电视台科教频道开播。

3 月 30 日

《广电总局关于加强互联网视听节目内容管理的通知》发布。

3 月 31 日

北京对外文化交流中心等启动“北京阳光上东国际文化年”活动。

4 月 1 日

北京市广播电视局更名为北京市广播电影电视局。

4 月 2 日

首都文明办启动“文明之春——踏青赏花文明游”主题实践活动。

4 月 4 日

第三届国际时尚文化节在北京欢乐谷开幕，6 月 1 日结束。

4 月 6 日

第 16 届北京大学生电影节在北京师范大学等地开幕。

4 月 7 日

第二届北京影视盛典在国家大剧院举行。

4 月 15 日

国家大剧院 2009 首届歌剧节启动，7 月 2 日闭幕。

4月16日

文化部和市政府签署推动首都文化建设战略合作框架协议。

4月17日

第二届“法国戏剧荟萃”活动在朝阳9个剧场开幕。

第十一届平谷国际桃花节开幕，5月3日结束。

4月20日

2009年全国知识产权宣传周活动启动。

北京工艺美术行业协会组织的海峡两岸文化创意产业展暨工艺美术高级人才培训班启动，30日结束。

4月21日

“96156社区大课堂”——民俗文化进社区活动启动。

“创意雍和”文化艺术节在歌华大厦开幕。

4月22日

北京新文化运动纪念馆重新开馆，与鲁迅博物馆共同举办纪念五四运动90周年学术研讨会。

2009中国国际雕塑年展举行，5月18日结束。

由市知识产权局等策划的首都知识产权“百千对接工程”——海淀园创意产业知识产权推进活动启动。

4月23日

纪念五四运动90周年青年学生先锋论坛在北京举行。来自全国7个省市80多所高校的青年学生代表和专家出席。

北京大学中文系举办五四与中国现当代文学国际学术研讨会，25日结束。

4月24日

市委宣传部举办“第四届首都大学生创意文化节”。

4月25日

“幻想中国——2009中国CG原创艺术大赛”在北京大兴国家新媒体产业基地启动。12月24日举办颁奖典礼。

“2009北京学生文化创意国际交流系列活动——北京数字媒体艺术国际论坛”在中国传媒大学举行。

4月26日

团市委、市委宣传部等启动“我与祖国共奋进——纪念五四运动90周年主题歌会”。

第四届当代艺术博览会“艺术北京2009”开幕，30日闭幕。

刘老根大舞台与崇文区阳平会馆大戏楼签约，5月2日开业。

4月28日

北京大学举行“五四运动与民族复兴——纪念五四运动90周年暨李大钊诞辰120周年理论研讨会”。

第九届“相约北京”艺术节日开幕，5月29日闭幕。

国际天使艺术节暨第六届全国青少年儿童文化艺术展评活动启动。

东城区“首届皇城文化旅游节”和“畅游古都、品味东城系列主题旅游活动”启动。

市旅游局等联合启动“北京欢迎您——二百万张旅游景区门票免费奉送”活动。

4月29日

台盟中央与全国台联召开“五四”运动与台湾文学发展学术报告会。

首都师范大学举办“文化创意产业发展论坛暨国内首家文化创意企业登陆新三板新闻发布会”。

4月30日

中国社会科学院马克思主义研究学部等举办“纪念‘五四’运动90周年：马克思主义中国化与当今社会思潮——思想家论坛”。

北京春季书市在地坛公园开幕，5月11日结束。

卫生部发布公告，将甲型H1N1流感纳入法定乙类传染病，采取甲类传染病的预防控制措施，并纳入《中华人民共和国国境卫生检疫法》规定的检疫传染病管理。

5月1日

“成龙和他的朋友们”演唱会在“鸟巢”上演。

国家大剧院五月音乐节启幕。

5月2日

国家主席、中共中央总书记胡锦涛在中国农业大学与师生代表座谈，发表纪

念五四运动90周年的讲话。

5月3日

中国社会科学院学部主席团等举办“纪念五四运动90周年国际学术研讨会”，5日结束。

市委党史研究室、大钊学社举办纪念五四运动90周年学术座谈会。

5月4日

纪念五四运动90周年大会在人民大会堂召开，中共中央政治局常委李长春讲话。

北京大学举行纪念五四运动90周年暨庆祝建校111周年大会。

中宣部、教育部和团中央等在北京大学举办“我与祖国共奋进——纪念五四运动90周年主题歌会”。

中央国家机关团工委等在清华大学举办纪念五四运动90周年晚会“青春同行、创业启航”。

由市委宣传部等主办的“爱国歌曲大家唱”——首都大学生原创音乐大赛在北京交通大学启动。

5月5日

全国普及法律常识办公室举办“第七届全国法制动漫作品征集”活动，7月20日结束。

5月6日

市政府出台《关于实施首都知识产权战略的意见》。

5月7日

市委常委会讨论通过《北京市调整和振兴电子信息产业实施方案》和《关于鼓励跨国公司在京设立地区总部的若干规定》。

市文化创意产业领导小组办公室发出公告，面向社会征集2009年度北京市文化创意产业发展专项资金支持项目。

5月8日

中国光华科技基金会与国际版权交易中心、北京市东城区人民政府举办2009中国（北京）版权价值开发协作发展论坛。

国内首个版权产业融资平台在雍和园国际版权交易中心启动。

5 月 9 日

相声演员李文华病逝。

5 月 11 日

首届北京端午文化节活动开幕，6 月 8 日结束。

5 月 13 日

首届全国创意产业发展研讨会在东城区雍和大厦举行。

5 月 16 日

全国科技周和北京科技周开幕。

5 月 17 日

中国首个少年京剧团在北京创立。

国家动物博物馆建成开馆。

第 41 届世界电信与信息社会日，主题为“保护未成年人上网安全”。

5 月 18 日

新传媒产业联盟等举办“中国新媒体创新大会”，24 日结束。

北京空竹博物馆开馆。

5 月 19 日

工信部下发《关于计算机预装绿色上网过滤软件的通知》。

第十二届中国北京国际科技产业博览会开幕，24 日落幕。

5 月 20 日

第十二届科博会“科技成果推广与商务项目合作推介会”举行。

“2009 北京现代音乐节”在中央音乐学院举行，26 日结束。

国家产业政策重点扶持的创意产业项目“中国宋庄创意谷”启动。

5 月 21 日

市政府与中国联通、中国移动、中国电信签署有关把北京建成一流信息化城市的战略合作框架协议。

5 月 22 日

“2009 中国品牌与品牌领袖高峰论坛”举行，23 日结束。

5 月 23 日

市园林绿化局等举办北京首届月季文化节，6 月 2 日结束。

5 月 24 日

第四届两岸城市青年戏剧演出季在东城区展开，8 月 23 日结束。

5 月 25 日

2009BIBF 北京国际版权贸易研讨会举行，26 日结束。

“朝阳区 2008 年文化创意产业精英榜”揭晓。

5 月 26 日

团市委等举办的“爱祖国、爱北京、爱家乡”——2009“北京七日”摄影大赛启动，8 月 31 日结束。

第三届北京南新仓·东四奥林匹克社区文化节暨南新仓“开仓节”开幕。

市财政局、文化局下发《关于印发北京市舞台创作生产专项扶持资金管理暂行办法的通知》。

5 月 27 日

市政府直属国有独资文化公司北京演艺集团成立。

5 月 28 日

市委宣传部等在延庆县妫水公园举办首届北京端午文化节暨北京市首届龙舟大赛。

北京出版社出版集团由事业单位改制成为企业。

大型广场儿童剧《北京传说》在水立方上演，6 月 1 日结束。

5 月 30 日

2009 China Joy Cosplay 嘉年华北京赛区预选赛暨首届北京千色境界 ComiQ 动漫游戏嘉年华启动。

第六届海淀文化节开幕，6 月 26 日结束。

5 月 31 日

中宣部等 10 部委和市委市政府共同启动“爱国歌曲大家唱”。

第六届国际商标标志双年奖颁奖庆典暨国际创意产业论坛在北京 798 举行。

6 月 1 日

信息产业部发布的《互联网网络安全信息通报实施办法》开始实施。

朝阳区政府宣布定福庄传媒产业园建设启动。

首都图书馆内的北京明德少儿英文图书馆启用。

6 月 3 日

文化部下发《关于促进民营文艺表演团体发展的若干意见》。

6 月 4 日

文化部、财政部、国家税务总局发布《关于实施〈动漫企业认定管理办法（试行）〉有关问题的通知》。

6 月 5 日

由市商委主办的“北京老字号非物质文化遗产校园展”在北京财贸职业学院启动。

中央电视台播音员罗京病逝。

6 月 6 日

为伟大祖国骄傲——北京市庆祝新中国成立 60 周年系列文化活动在朝阳公园正式启动。

6 月 8 日

北京老爷车博物馆在怀柔区杨宋镇开馆。

6 月 7 日

中国维基行业发展高峰论坛暨《2009 中国维基发展报告》发布仪式举行。

6 月 9 日

国家工信部下发《农村综合信息服务站建设和服务基本规范（试行）》。

首都文明办发布《首都深入开展“迎国庆讲文明树新风”活动实施方案》。

6 月 10 日

国子监街被授予“中国历史文化名街”。“首届国子监文化节”开幕，12 日结束。

国家文物局主办的第二届中国文化遗产动漫大赛启动。

6 月 12 日

市商委等在王府井步行街举办“北京老字号非物质文化遗产展”。

聂耳音乐（合唱）周在北京人民大会堂揭幕。

文化部举办中国非物质文化遗产展演——少数民族传统音乐舞蹈专场，14 日结束。

6 月 13 日

中国第四个“文化遗产日”。

中国第四纪冰川遗迹陈列馆修葺一新后重新开馆。

6月15日

“爱祖国爱北京爱生活”首都青少年绘画大赛启动。9月26日在首都图书馆举行颁奖典礼和获奖作品展览揭幕仪式。

北京产权交易所与中国工艺美术集团共同筹建的工艺美术品交易平台启用。

《文艺报》和“盛大文学”举办“网络文学中的幻想王国——起点四作家作品研讨会”。

6月18日

市旅游局主办2009北京国际旅游博览会，20日闭幕。

6月20日

北京市第七届全民健身体育节开幕。

由市旅游局等举办的“十三陵国际旅游文化节”开幕。

中国姿态·首届中国雕塑大展在宋庄上上美术馆新馆举行。

6月21日

“蓝调北京·老知青金麦收割文化节”在金盏地区蓝调庄园举行，22日结束。

6月22日

2009海淀国际文化论坛在中关村举行。

6月25日

《文化部办公厅关于“原创动漫扶持计划（2009）”申报工作的通知》发布。

6月26日

中关村多媒体创意产业园与中国传媒大学动画学院签订关于共建大学生实训实践基地的合作协议。

6月27日

第四届北京国企来京务工人员“金隅杯——首都是我快乐的家”卡拉OK大赛启动，11月14日落幕。

市广播电影电视局将国家广电总局颁发的“国家动画产业基地”授予海淀、石景山和通州三个文化创意产业集聚区。

由中国电影基金会、台湾两岸交流委员会共同主办的第一届两岸电影展中的“电影联通你我台湾电影展”开幕。

6 月 28 日

由市学联等主办的“创业北京·创意北京”大学生创意创业邀请赛颁奖仪式举行。

由世界华人书画家联合会与市文创产业领导小组办公室等主办的“中国书画名家作品展”举行，7 月 8 日结束。

6 月 29 日

国家数字版权研究基地落户北京大学。

6 月 30 日

市出版工作者协会游戏、网络出版工作委员会成立。

纪念京剧大师马连良从艺 100 周年大会暨《京剧大师马连良》大型画册首发式举行。

“中国北京‘鸟巢’夏季音乐会——2009《魅力·中国》”举办。

7 月 1 日

“盛世华章——为伟大祖国骄傲”北京市庆祝新中国成立 60 周年优秀舞台剧（节）目展演在长安大戏院开幕。

“北京华彬艺术品产权交易所”揭牌成立。

文化部开展文化市场集中整治行动，10 月 31 日结束。

7 月 3 日

市金融学会举办“2009 首都金融论坛”，主题为“北京优势：文化创意与金融支持”。

7 月 5 日

“走进世博会——中国 2010 年上海世博会暨世博会历史回顾展览”在首都博物馆举办。

7 月 6 日

北京多媒体行业协会和北京市工贸技师学院联合成立北京数字动画和影视特效高技能人才培训基地。

7 月 7 日

第三届中国数字出版博览会开幕，主题为“落实数字化发展战略推进出版业升级转型”。

7月9日

由市文化局、北京画院主办的“华彩北京美术作品展”在中国美术馆开幕。

7月7日

2009年两岸互联网发展论坛开幕。

7月10日

北京银监局发布《关于金融支持首都文化创意产业发展的指导意见》的通知。

中山公园音乐堂“八喜·打开艺术之门——2009暑期艺术节”开幕，8月31日结束。

7月11日

2009北京合唱节在中国音乐学院开幕，8月8日结束。

第四届中国国际设计艺术博览会在北京展览馆开幕，13日结束。

十三陵明文化创意产业集聚区建设研讨会在居庸关长城古客栈举行。

国家图书馆名誉馆长任继愈病逝。

北京大学教授季羡林病逝。

7月14日

“青春牵两岸、十年大聚首”——第十届京台青少年交流周活动在首都体育学院开幕。

7月16日

“新笑声客栈”相声俱乐部在西城区文化中心成立。

7月17日

财政部、国家税务总局颁布《关于扶持动漫产业发展有关税收政策问题的通知》。

第三届中国·北京永定河文化节在中山公园音乐堂开幕。

7月21日

北京演艺集团与怀柔区人民政府签署在怀柔合作成立演艺服务中心战略合作意向书。

7月22日

国务院新闻办公室和英国商业、创新和技能部联合举办第二届中英互联网圆桌会议，主题为“面对挑战，共享机遇”。

7月23日

"首届网络小说创作大赛"启动，2010年1月23日结束。

7月25日

《人才与未来——中国设计教育与企业发展高峰论坛》在首都师范大学开幕，27日结束。

7月26日

由市民委和市文化局共同举办的首届北京国际古筝音乐节开幕，31日结束。

2009北京世界魔术大会开幕。

7月27日

中宣部、文化部出台《关于深化国有文艺演出院团体制改革的若干意见》。

宦官历史陈列馆建成。

7月28日

中关村动漫游戏孵化基地揭牌启动。

7月30日

文化部办公厅下发《关于开展全国非物质文化遗产保护督查工作的通知》。

7月31日

海淀区"惠民电影月"活动启动，免费播映电影1600余场。

第三届"全球华人非常短片创意盛典"颁奖首映会在北大百年讲堂举行。

8月4日

文化部、国家工商行政管理总局发布《文化部、工商总局开展动漫市场专项整治行动》的通知。

广电总局印发《关于加快广播电视有线网络发展的若干意见》。

8月6日

北京奥运城市发展促进会成立。

中国手机新文学大赛在北京启动。

新闻出版总署颁布《报刊记者站管理办法》，10月1日起执行。

8月7日

市政府举办"北京奥运城市发展论坛"。

8月8日

"全民健身日"启动仪式在国家游泳中心"水立方"举行。

“无与伦比的盛典——北京 2008 奥运会残奥会大型摄影图片展”在北京奥林匹克公园开幕，9 月 17 日结束。

“2009 北京节拍”文化广场活动在中华世纪坛开幕。

北京文化发展基金会设立的“周昌新艺术基金”启动。

意大利超级杯红牛北京赛在“鸟巢”北京国家体育场进行。

8 月 9 日

北京第四届民族健身操舞大赛在地坛体育馆举行。

8 月 10 日

北京大环旅游文化集聚区示范项目——“梦公园高尚文化生活驿站”举行开园仪式暨汇报首演。

8 月 11 日

第七届大学生戏剧节以“行动”为主题，在北京朝阳区文化馆开幕。

《广电总局关于加强以电视机为接收终端的互联网视听节目服务管理有关问题的通知》发布。

8 月 12 日

北京动漫游戏产业联盟成立。

新闻出版总署与中国银行签署《支持新闻出版业发展战略合作备忘录》。

世界贸易组织发布《中国：影响部分出版物和音像娱乐产品的贸易权利和销售服务措施》，措施称，中国在音像和图书进口及外商分销领域的限制措施，违反了中国入世承诺及 WTO 相关规定。

8 月 13 日

石景山区文化传媒产业基地举行挂牌仪式。

中国技术交易所举行揭牌仪式。

中国首届“金拇指”手机视频创意挑战赛正式启动暨 CCTV 手机电视“金拇指”频道上线新闻发布会举行。

8 月 15 日

周口店遗址文化节开幕。

东城区方家胡同 46 号创意集聚区启动。

8 月 16 日

第二届中华民族艺术珍品文化节开幕，9 月 18 日结束。

“2009 年上苑艺术家村开放联展”在昌平区举行，9 月 12 日结束。

8 月 18 日

《小学生互联网使用行为调研报告》发布。

文化部全国文化信息资源建设管理中心发布《全国文化信息资源共享工程 2009 年艺术资源征集公告》。

原北京奥组委官方网站改组成为北京奥运城市发展促进会官方网站。

8 月 26 日

第七届中国国际影视节目展在北京展览馆举行，28 日结束。

8 月 27 日

第十二届北京国际艺术博览会在国贸中心举行，31 日结束。

“两岸影视版权贸易交流会”在国际版权交易中心举行。

2009 首届“22 影展”原创牛人短片高峰论坛暨颁奖礼举行。

8 月 28 日

文化部修订发布《营业性演出管理条例实施细则》，10 月 1 日起施行。

中国科技产业化促进会成立大会举行。

《中国新闻出版报》发布《中华新闻报》停刊清算公告。

8 月 29 日

第 13 届电影华表奖颁奖典礼在北京展览馆剧场举行。

北京市曲剧团推出的“京味文化展魅力，十台大戏献厚礼”北京曲剧演出月活动开幕，9 月 25 日闭幕。

中国传媒大学文化产业研究院与北京大学文化产业研究院举办“国有文艺演出院团体制改革研讨会”。

9 月 1 日

北京开始发放电影优惠券 90 万张。

9 月 2 日

文化部等和北京市政府共同举办首届亚欧文化艺术节，8 日结束。

9 月 3 日

第十六届北京国际图书博览会开幕，7 日结束。

9 月 4 日

“2009 艺术中关村国际博览会”举行，8 日结束。

9月6日

《全民健身条例》公布。10月1日施行。

9月7日

文化部关于制定《文化部文化产业投资指导目录》的公告发布。

中央编办颁布《中央编办对文化部、广电总局、新闻出版总署“三定”规定中有关动漫、网络游戏和文化市场综合执法的部分条文的解释》，明确文化部系动漫和网络游戏主管部门。

2009年度北京青年戏剧节开幕，27日结束。

9月10日

由人民网主办的第二届中国3G网络创意大赛启动。

9月15日

广电总局发布《广电总局关于互联网视听节目服务许可证管理有关问题的通知》。

文化部印发《关于加强和改进网络音乐内容审查工作的通知》。

“中国网络视频反盗版联盟”在北京启动。

9月16日

中国科技馆新馆开放。

海淀相声俱乐部在海淀文化馆小剧场开业。

9月17日

国家新闻出版总署启动2009“原动力”中国原创动漫出版扶持计划。

9月19日

“第五届中国·宋庄艺术节——群落！群落！”开幕，10月12日闭幕。

798艺术节开幕，10月25日闭幕。

北京电影家协会成立。

“辉煌60年——中华人民共和国成立60周年成就展”在北京展览馆开幕。

全国科普日活动启动，北京的主题为“坚持科学发展、创新引领未来”。25日结束。

9月20日

孔庙国子监文化节开幕，28日结束。

瑞士琉森（卢塞恩）音乐节首度进驻北京，25日结束。

9 月 21 日

第 11 届精神文明建设“五个一工程”评选结果揭晓。

中国出版工作者协会举办“中国出版：资本时代新业态”高层论坛。

9 月 22 日

老建筑西单科普画廊对外开放。

9 月 23 日

文化部公布《关于印发〈网吧连锁企业认定管理办法〉的通知》。

中国首个《搜索营销标准与规范》发布。

9 月 24 日

北京当代十大建筑颁奖晚会在北京电视中心大剧院举行。

9 月 26 日

国务院办公厅颁布《文化产业振兴规划》。

第七届中国花卉博览会在顺义区开幕，10 月 5 日结束。

第四届崇文区“龙潭映月”彩灯文化节开幕，10 月 10 日结束。

10 月 1 日

首都各界庆祝中华人民共和国成立 60 周年大会在天安门举行。

第四届北京国际钢琴艺术节在中国音乐学院开幕，10 日结束。

10 月 6 日

张艺谋执导的意大利经典歌剧《图兰朵》在国家体育场“鸟巢”上演。

10 月 9 日

世界媒体峰会在北京人民大会堂开幕，主题为“合作、应对、共赢、发展”。

10 月 10 日

第十二届北京国际音乐节开幕，30 日结束。

北京体育产业高峰论坛举行。

10 月 12 日

商务部、工信部举办第二届国际电子商务应用博览会，15 日结束。

人民网舆情监测室发布 2009 网络文化热点排行榜。

10 月 13 日

2009 北京怀柔原创音乐剧艺术文化节暨怀柔首部百老汇原创音乐剧《何处

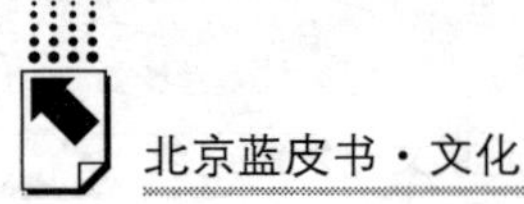

寻爱》金秋演出开幕，12 月 11 日闭幕。

10 月 14 日

《北京市关于支持影视动画产业发展的实施办法（试行）》及《北京市关于支持网络游戏产业发展的实施办法（试行）》颁布。

文化部和北京市联合启动的中国动漫游戏城（暨国家级动漫游戏产业园区）项目在首钢落户，新组建的北京动漫游戏产业联盟同时揭牌。

全国动漫游戏产业发展与管理工作座谈会举行。

10 月 16 日

北京市举办首届“档案馆日”。

2009 北京秋季书市在地坛公园举办，26 日结束。

中国首届秋季古玩艺术品博览会开幕，19 日结束。

香山红叶节开幕，11 月 8 日落幕。

10 月 17 日

2009 中国国际教育展开幕，18 日结束。

10 月 19 日

市政府批准公布第三批北京市级非物质文化遗产名录。

《北京市动漫企业认定管理工作实施方案》印发。

2009 北京拍卖季开幕，12 月 30 日落幕，成交额 103.98 亿元。

南京市政府等举办的第四届“创意中国·和谐世界”文化产业国际论坛在中国传媒大学举行。

10 月 22 日

北京市发布《北京市网络与信息安全事件应急预案》。

2009 中国创新设计红星奖终评举行。

10 月 23 日

第十一届北京国际旅游节在北京奥林匹克公园开幕，25 日结束。

10 月 24 日

第二届中国国际版权博览会举行，27 日结束。

“2009 北京世界设计大会暨北京国际设计周”开幕，30 日结束。

10 月 25 日

2008 年奥运会、残奥会创意设计与文化活动纪念展在歌华设计艺术馆举办，

11月25日结束。

设计·创造力——国际工业设计精品展在中华世纪坛举办，10月30日结束。

10月26日

时传祥纪念馆开馆。

首届中国动漫艺术大展在中国美术馆举行，11月18日结束。

繁星戏剧村在北京市西城区正式开业。

10月27日

第13届“北京放映”开幕，30日闭幕。

北京青年戏剧节组委会举办首届“独立戏剧展”，12月3日结束。

《设计·生产力》展览在中国美术馆举办，11月10日结束。

10月28日

中关村多媒体创意产业园首届“中国原创动漫”商业模式研讨会举行。

“第四届中国（北京）国际大学生动画节”在中国传媒大学举行，31日结束。

北京市音视频产业知识产权联盟在中科院计算技术研究所成立。

国家新闻出版总署下发《关于下发音像（电子）出版业体制改革实施方案的通知》。

10月30日

第七届北京国际戏剧·舞蹈演出季开幕，12月16日闭幕。

2009北京国际钱币博览会在国贸中心开幕。

“京津老字号精品展”举行，11月1日结束。

10月31日

北京国安足球队获得2009赛季中超冠军。

全球经济与东方文化研讨会举行，11月1日结束。

中国科学院钱学森教授逝世。

歌手陈琳弃世。

11月1日

《北京市乡村旅游特色业态标准及评定》正式实施。

第三届北京国际书法双年展在中国人民革命军事博物馆开幕。

11月2日

2009世界车王争霸赛在鸟巢举行，4日结束。

11月4日

“中国玉文化推广展·莱百典藏·施禀谋玉石画展”在中华世纪坛开幕，8日结束。

11月5日

“废品再设计”——设计走进市民生活互动科普活动在北京DRC工业设计创意产业基地举办。

11月6日

首届艺术北京·经典艺术博览会在全国农业展览馆开幕，11月9日落幕。

第十二届北京中国古玩艺术品博览会开幕，9日结束。

第六届北京论坛开幕，主题为“文明的和谐与共同繁荣——危机的挑战、反思与和谐发展”，8日结束。

11月10日

2009诺贝尔奖获得者北京论坛开幕。

第二届体育产业高峰论坛在北京新世纪日航饭店举办。

国务院颁布《广播电台电视台播放录音制品支付报酬暂行办法》。

11月12日

帝京“印”像——西方版画中的老北京展在中华世纪坛展出，13日结束。

11月18日

第二十三届北京市残疾人棋牌比赛举行，20日结束。

11月19日

首届“中国影协杯”优秀电影剧作推选活动启动。

11月20日

“2009中国版权年会”举行。

市商委举办老字号与“人文北京”圆桌会议。

11月21日

第二届非物质文化遗产手工艺品交易博览会暨“金石·篆刻”艺术展在潘家园旧货市场举办，29日结束。

11 月 24 日

商务部等举办中国服务贸易大会数字动漫游戏洽谈会，25 日结束。

11 月 25 日

商务部等举行 2009～2010 年度文化出口重点企业和重点项目授牌仪式。

11 月 26 日

第四届中国北京国家文化创意产业博览会开幕，29 日落幕。

广播电影电视发展论坛在北京广播大厦举行。

北京国际体育收藏论坛国家会议中心举办，27 日结束。

改变世界的新媒体——2009 中国新媒体盛典暨第二届新媒体节举行，29 日结束。

文化旅游创意商品京港台设计师论坛在北京举行。

11 月 27 日

2009 北京国际文化创意产业论坛在北京国际饭店举行。

中国（北京）国际版权论坛在北京歌华大厦举行。

动漫产业发展国际论坛在石景山区举行。

11 月 28 日

第三届文化创意产业集聚区发展论坛在尚 8 文化中心举行。

12 月 1 日

第七届中国游戏行业年会在北京人民大会堂召开。

12 月 3 日

国际残疾人日，北京市残疾人曲艺培训基地揭牌仪式暨曲艺专场演出活动举行。

“2010 年京津冀名胜文化休闲旅游年卡”开始在北京、天津、河北三地同时销售。

12 月 4 日

第七届中国国际网络文化博览会开幕，7 日结束。

北京青年学习节暨北京冬季书市在地坛公园举办，14 日结束。

第一届“创新中关村 2009 主题活动”在北京海淀展览馆启动，6 日结束。

12 月 5 日

北京市旅游行业协会与台湾原住民多族群文化交流协会等在台湾南投县工艺研究所共同举办“京台乡村旅游交流与合作研讨会”。

12 月 11 日

35 家涉及出版、动漫行业的企业结成“中关村版权联盟”。

12 月 12 日

中华文化促进会旅游文化研究中心、世界华侨华人社团联合总会旅游合作组织、国际休闲产业协会举办 2009 中国文化休闲旅游高峰论坛。

12 月 15 日

第 24 届延庆冰雪旅游节开幕。

12 月 15 日

网络文学版权保护研讨会召开。

12 月 18 日

首届动漫版权服务周活动在东城区国际版权交易中心启动。

12 月 19 日

鸟巢欢乐冰雪季开幕。

国家大剧院二周年庆典音乐会暨院庆演出周活动举行。

12 月 20 日

新中国成立六十周年科普作品有奖征集活动“走进科普场馆感受多彩科技”颁奖典礼举行。

12 月 21 日

由市社科院等启动“2009 北京文化创意产业年度大奖”评选活动。

中国科学院与北京市签署《中国科学院北京市人民政府联合推动中关村国家自主创新示范区建设协议》。

12 月 23 日

北京影视动画协会成立。

“新中国六十年优秀中短篇报告文学奖”颁奖大会举行。

12 月 24 日

北京欢乐谷第四届圣诞冰雪狂欢季开幕，2010 年 1 月 3 日结束。

12 月 28 日

国家综合网络视频公共平台“中国网络电视台”开播。

12 月 30 日

全国动漫企业认定管理工作办公室举办全国部分动漫企业座谈会。

后　记

只要投入地工作，就可能会遇到想得到的和想不到的问题。本想在告一段落后一一检讨陈述。可一旦大致完成、完全松懈下来后，发现许多事情已经淡去，只剩下一个如何编蓝皮书的问题。

所谓蓝皮书，通常的定义是由第三方完成的综合研究报告。也就是说，是站在学者立场上的对某一个领域或主题所作的系列调研报告的集合。对它的预期则是：准确、全面，有客观的评述和独立的见解，能够发现问题并提出有助益的建议。

不同领域的蓝皮书所覆盖的范围不尽相同。文化蓝皮书可能是涉猎范围最广的蓝皮书之一，因而也就成了难度最大的蓝皮书之一，需要全力以赴，需要广泛集结各个文化领域、行业的专家。

广义文化分为物态文化、制度文化、行为文化和心态文化四层，即物质文化和精神文化的总和。这是任何一部文化蓝皮书都无法囊括的。我们现在的文化蓝皮书中的“文化”，实际上指的是与当前的文化工作紧密相连的狭义文化。大体上可以分为思想文化（文化艺术）、事业文化（公共文化服务）和产业文化（文化创意产业）。

即使是狭义的文化，用一部蓝皮书对一个年度的文化做总结，往往也只能点到为止，最多一年突出一两个专题。经常是捉襟见肘，留下无尽的遗憾。

于是，在国家文化蓝皮书系列中，在《中国文化产业发展报告（2001～2002)》编纂5年之后，2007年开始出现《中国公共文化服务发展报告》。

地方文化蓝皮书也有加以细分的。如原来的《黑龙江省文化蓝皮书（2005～2006)》以“黑龙江文化产业发展研究报告”为主要内容，兼顾“十五”期间边疆文化大省建设相关工作。这是大多数地方蓝皮书的做法，北京也不例外。

不过，第二年，黑龙江就将其分成了两部：《黑龙江文化蓝皮书——2007文化事业发展报告》，专题探讨黑龙江文化事业发展特点、居民公共文化需求、公共文化产品、群众文化活动、文化人才队伍、公共文化服务体系政策、公共文化服务基础设施、公共文化服务体系建设以及公共图书馆、美术馆、博物馆、对俄文化交流、文学创作等；《黑龙江文化蓝皮书——2007文化产业发展报告》，专题探讨黑龙江关于推进文化产业发展的工作、文化产业“三大板块”发展态势、文化产业发展面临的问题及对策建议等。

仅就文化总量而言，由于特殊的区位条件，北京各类文化活动在全国所占份额要大得多，一些领域已经或者正在成为名副其实的“文化中心”。北京实在也应该像黑龙江那样，分别编纂：

《北京文化蓝皮书——文化事业（公共文化服务）发展报告》。

《北京文化蓝皮书——文化产业（文化创意产业）发展报告》。

如果气魄再大一点，还应做一点创新尝试，添加：

《北京文化蓝皮书——思想文化（文化艺术）发展报告》。

如果那样的话，《北京文化蓝皮书》就可以既为北京的文化发展史留下更加翔实的史料，又为当下发展北京文化的领导决策和实际操作提供更具针对性的案例参考和理论支持。

北京已经把准星瞄准“建设国际城市的高端形态”。众所周知，文化软实力是“世界城市”的重要指标之一。与国际公认的“世界城市”相比，现在的北京不缺高楼大厦，不缺流光溢彩，不缺灯红奢华，缺的是人文环境和文化影响力，即文化软实力。而这与博大深厚的中华文化在北京的积淀极不相称。

如果上述设想能够实现，《北京文化蓝皮书》将在提升北京文化软实力方面发挥更大的作用。

张　泉

2009年1月12日

一个久违了的冷冬的深夜

图书在版编目（CIP）数据

北京文化发展报告.2009～2010/张泉主编. —北京：社会科学文献出版社，2010.4

（北京蓝皮书）

ISBN 978-7-5097-1407-2

Ⅰ.①北… Ⅱ.①张… Ⅲ.①文化事业-发展-研究报告-北京市-2009～2010 Ⅳ.①G127.1

中国版本图书馆CIP数据核字（2010）第051412号

北京蓝皮书

北京文化发展报告（2009～2010）

主　　编/张　泉

出 版 人/谢寿光
总 编 辑/邹东涛
出 版 者/社会科学文献出版社
地　　址/北京市西城区北三环中路甲29号院3号楼华龙大厦
邮政编码/100029
网　　址/http://www.ssap.com.cn
网站支持/（010）59367077
责任部门/皮书出版中心（010）59367127
电子信箱/pishubu@ssap.cn
项目经理/周映希
责任编辑/王　颉
责任校对/张丽萍
责任印制/蔡　静　董　然　米　扬
品牌推广/蔡继辉

总 经 销/社会科学文献出版社发行部
（010）59367080　59367097
经　　销/各地书店
读者服务/读者服务中心（010）59367028
排　　版/北京中文天地文化艺术有限公司
印　　刷/北京季蜂印刷有限公司

开　　本/787mm×1092mm　1/16
印　　张/20
字　　数/343千字
版　　次/2010年4月第1版
印　　次/2010年4月第1次印刷

书　　号/ISBN 978-7-5097-1407-2
定　　价/49.00元

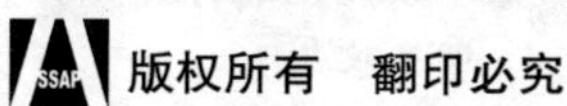

广视角·全方位·多品种

皮书系列

皮书系列

皮书系列

皮书系列

权威·前沿·原创

皮书系列

皮书系列

皮书系列

皮书系列

皮书系列